REGIERUNGSPRÄSIDIUM STUTTGART
LANDESAMT FÜR DENKMALPFLEGE

Die Alamannen auf der Ostalb

Frühe Siedler im Raum zwischen
Lauchheim und Niederstotzingen

zusammengestellt von Andreas Gut

Mit Beiträgen von
Horst Wolfgang Böhme, Sebastian Brather,
Immo Eberl, Andreas Gut, Matthias Knaut,
Barbara Scholkmann, Silvia Spors-Gröger,
Heiko Steuer, Ingo Stork, Barbara Theune-Großkopf

Archäologische Informationen
aus Baden-Württemberg
Heft 60

**BEGLEITHEFT
ZUR GLEICHNAMIGEN SONDERAUSSTELLUNG
IM ALAMANNENMUSEUM ELLWANGEN
VOM 26. JUNI 2010 BIS 16. JANUAR 2011**

IMPRESSUM

Archäologische Informationen
aus Baden-Württemberg
Heft 60

Herausgegeben vom
Landesamt für Denkmalpflege
im Regierungspräsidium Stuttgart
in Zusammenarbeit mit dem
Alamannenmuseum Ellwangen

Bezug durch die
Gesellschaft für Archäologie
in Württemberg und Hohenzollern
Berliner Straße 12, 73728 Esslingen

© Landesamt für Denkmalpflege, Esslingen
Alle Rechte vorbehalten

Umschlagbild:
Bernsteincollier von Bopfingen-Trochtelfingen
(Foto Y. Mühleis)

Redaktion: Andreas Gut
Lektorat: Leoni Hellmayr, Tina Steinhilber, Birgit Wüller
Produktion: Verlagsbüro Wais & Partner, Stuttgart
Gestaltung: Hans-Jürgen Trinkner, Stuttgart
Druck: Beltz Druckpartner, Hemsbach
Printed in Germany
ISBN 978-3-942227-00-1
Stuttgart 2010

Inhalt

- 4 VORWORT DES HERAUSGEBERS
- 6 VORWORT
- 8 ZEITTAFEL

Horst Wolfgang Böhme
- 10 DIE ZEIT DER FRÜHEN ALAMANNEN VOM 3. BIS ZUM 5. JAHRHUNDERT – EIN GESCHICHTLICHER ÜBERBLICK

Andreas Gut
- 28 DIE ALAMANNEN AUF DER OSTALB – ERFORSCHUNG EINER ARCHÄOLOGISCHEN FUNDLANDSCHAFT

Silvia Spors-Gröger
- 40 DIE ERSTEN ALAMANNEN

Silvia Spors-Gröger
- 56 DIE ERSTEN ALAMANNEN – DIE SIEDLUNG VON SONTHEIM IM STUBENTAL (KREIS HEIDENHEIM)

Silvia Spors-Gröger
- 62 DIE ERSTEN ALAMANNEN – DIE SIEDLUNG VON HEIDENHEIM-GROSSKUCHEN (KREIS HEIDENHEIM)

Heiko Steuer
- 68 DIE ALAMANNEN IN DER MEROWINGERZEIT

Immo Eberl
- 80 DIE ALAMANNEN IN DER MEROWINGERZEIT MIT AUSBLICK IN DIE KAROLINGERZEIT

Ingo Stork
- 92 FRIEDHOF UND DORF – DER EXEMPLARISCHE FALL LAUCHHEIM

Barbara Theune-Großkopf
- 106 VOM UMGANG MIT DEN TOTEN – BESTATTUNGSFORMEN IM WANDEL

Matthias Knaut
- 120 DAS GRÄBERFELD VON BOPFINGEN (OSTALBKREIS)

Andreas Gut
- 128 DAS GRÄBERFELD VON NIEDERSTOTZINGEN (KREIS HEIDENHEIM)

Andreas Gut
- 138 DAS GRÄBERFELD VON KIRCHHEIM A. RIES (OSTALBKREIS)

Andreas Gut
- 144 TRACHT UND BEWAFFNUNG DER ALAMANNEN

Sebastian Brather
- 152 EIN VOLK DER ALAMANNEN? – VOM WANDEL ARCHÄOLOGISCHER PERSPEKTIVEN

Barbara Scholkmann
- 162 CHRISTLICHE GLAUBENSWELT UND FRÜHE KIRCHEN – DIE ALAMANNEN UND DAS CHRISTENTUM

Barbara Scholkmann
- 172 GRÄBERFELDER UND SIEDLUNGEN – DIE OSTALB IN DER MEROWINGERZEIT

Immo Eberl
- 180 DIE OSTALB IN DER MEROWINGERZEIT UND IN DER FRÜHEN KAROLINGERZEIT

- 184 LITERATUR
- 192 ABBILDUNGSNACHWEIS

Vorwort des Herausgebers

Wir freuen uns sehr, mit dem vorliegenden Band der Schriftenreihe Archäologische Informationen aus Baden-Württemberg diesmal den Begleitband zu der Sonderausstellung „Die Alamannen auf der Ostalb – Frühe Siedler im Raum zwischen Lauchheim und Niederstotzingen" im Alamannenmuseum in Ellwangen präsentieren zu können. Ausstellungen gehören zu den wichtigsten Instrumenten der Vermittlung neuer Erkenntnisse archäologischer Forschungen für die interessierte Öffentlichkeit. Deshalb passt diese Ausstellung hervorragend ins Profil der Schriftenreihe.

Die Sonderausstellung zeigt neben vielen sehr bedeutenden und außergewöhnlichen Ausgrabungsfunden, vor allem aus den vergangenen 50 Jahren, auch Objekte, die erst kürzlich bei Rettungsgrabungen des Landesamtes für Denkmalpflege im Regierungspräsidium Stuttgart zum Vorschein kamen. Dazu zählen völkerwanderungszeitliche und frühmittelalterliche Grabfunde auf der Trasse der NATO-Pipeline im Ostalbkreis und im Kreis Heidenheim. Ein Highlight dieser Ausstellung ist das einzigartige Collier aus Bernstein- und Glasperlen aus dem 4. Jahrhundert n. Chr. von Bopfingen-Trochtelfingen. Es wurde 2006 im Rahmen der systematischen Prospektion der Pipeline-Trasse entdeckt. Die spektakulären neuen Funde belegen eindrücklich, welche Überraschungen sich im hiesigen Boden noch verbergen. Rettungsgrabungen sind neben den Plangrabungen daher nach wie vor ein wichtiges Instrument der archäologischen Bodenforschung. Wenn im Vorfeld von großen Baumaßnahmen wie Pipeline-, Straßen- oder Eisenbahntrassen keine systematischen Ausgrabungen erfolgen, werden solche wertvollen archäologischen Hinterlassenschaften unentdeckt beseitigt. Lineare Projekte bieten darüber hinaus die einmalige Chance, archäologische Einblicke in Regionen zu erhalten, die bislang gänzlich außerhalb des Blickfeldes der Bodendenkmalpflege lagen.

Die Einrichtung eines für ganz Baden-Württemberg zuständigen Alamannenmuseums im Jahr 2001, vorwiegend auf Initiative der Stadt Ellwangen, war ein bedeutender Schritt. Das Landesamt für Denkmalpflege unterstützt solche regionalen Initiativen sehr, zumal dabei die Möglichkeit gegeben ist, auch überregional bedeutende Funde zu präsentieren. Den Schwerpunkt des Museums in Ellwangen und der Sonderausstellung bilden die herausragenden Funde aus dem nahen Lauchheim, wo von 1986 bis 1996 durch das Landesdenkmalamt das größte bisher bekannte frühmittelalterliche Gräberfeld Südwestdeutschlands mit über 1300 Bestattungen und von 1989 bis 2005 die zugehörige Siedlung auf 12 ha Fläche ausgegraben und erforscht wurden. Für die Vermittlung dieser einmaligen Funde und Forschungsergebnisse ist das Alamannenmuseum Ellwangen äußerst wichtig. Wir hoffen deshalb, dass das Museum seine bislang sehr erfolgreiche Arbeit fortsetzen kann.

Mein besonderer Dank gilt an dieser Stelle dem Oberbürgermeister der Stadt Ellwangen Karl Hilsenbek, Herrn Museumsleiter Andreas Gut vom Alamannenmuseum, dem Archäologischen Landesmuseum Baden-Württemberg und dem Landesmuseum Württemberg für die gute Zusammenarbeit bei der Vorbereitung der Ausstellung und bei der Erstellung des Begleitbandes. Den Autoren, die mit ihren Beiträgen diesen Band erst ermöglichten, gilt unser Dank, wie auch dem Verlagsbüro Wais & Partner für seine bewährt professionelle Betreuung.

Schließlich wünsche ich, stellvertretend für das Landesamt für Denkmalpflege, der Ausstellung eine gute Resonanz in der Öffentlichkeit und eine weite Verbreitung des Begleitbandes.

Esslingen am Neckar, im Mai 2010   **PD Dr. habil. Dirk Krausse**
                                                                    LANDESARCHÄOLOGE

Vorwort

Das Alamannenmuseum der Stadt Ellwangen hat seit seiner Eröffnung im Jahr 2001 im jährlichen Turnus jeweils eine größere Sonderausstellung, beginnend mit der Sonderausstellung „Die Reiterkrieger von Pfahlheim", angeboten. Schwerpunkt der bisherigen Vermittlungsarbeit des Museums waren die hier ausgestellten Alamannenfunde aus dem 10 km entfernt gelegenen Lauchheim, wo von 1986 bis 2005 ein ungeahnter archäologischer „Schatz", nämlich die Hinterlassenschaften des bisher größten Alamannenfriedhofs in Baden-Württemberg samt der zugehörigen Alamannensiedlung mit weiteren wertvollen Grabfunden, geborgen wurde. Punktuell werden in der Dauerausstellung auch andere Forschungen zu den Alamannen in diesem Raum behandelt, etwa aus Kirchheim a. Ries, Bopfingen, Neresheim, Kösingen und Großkuchen. Was bislang jedoch fehlte, war ein umfassender Gesamtüberblick über die alamannische Besiedlung in dem Gebiet zwischen Ellwangen und Nördlingen einerseits und dem Donautal zwischen Dillingen und Ulm andererseits. Dieser Raum war in alamannischer Zeit nicht nur besonders dicht besiedelt, sondern weist aufgrund des Baumsargfundes von Zöbingen im Jahr 1161 und der Grabfunde von Pfahlheim (ab 1876) auch die längste Forschungstradition im gesamten Alamannengebiet auf.

Die Ausstellung „Die Alamannen auf der Ostalb – Frühe Siedler im Raum zwischen Lauchheim und Niederstotzingen" beendet nun dieses Desiderat und gibt einen Überblick über die Ergebnisse dieser Forschungen in Ergänzung zu dem bisher im Museum Gezeigten. Die Ausstellung umfasst im Wesentlichen eine Darstellung der Alamannen in den beiden Landkreisen Ostalbkreis und Heidenheim, die seit der Kreisreform der 1970er Jahre zusammen die Region Ostwürttemberg bilden und unter diesem Begriff bekannt sind. Naturgemäß sind damit keine historischen Grenzen verbunden. Folglich wurde als erweitertes Arbeitsgebiet das Gebiet zwischen Nördlinger Ries, Schwäbisch Gmünd, Ulm und Dillingen bzw. der Raum zwischen dem Limes und der Donau im Osten Baden-Württembergs gewählt. Dem Rang des Alamannenmuseums als archäologisches Museum entsprechend ist sie primär eine archäologische Ausstellung, ohne den Beitrag der Geschichtswissenschaft zu diesem Thema zu vernachlässigen. Die Erarbeitung des Ausstellungskonzepts erfolgte in enger Abstimmung mit dem seit 2004 bestehenden wissenschaftlichen Beirat des Alamannenmuseums.

Die in der Dauerausstellung des Alamannenmuseums behandelten Funde aus Lauchheim wurden in ihren Ergebnissen in die Sonderausstellung integriert. Die Zahl der mit Ausstellungsobjekten vertretenen Fundorte wurde überschaubar gehalten, die fünf wichtigsten werden exemplarisch ausführlicher vorgestellt. Trotzdem freuen wir uns, dass alle archäologischen Spitzenstücke der Region gezeigt werden können, wie etwa die Beigaben der 1962 entdeckten Reitergräber von Niederstotzingen, die erstmals in ihrer Herkunftsregion zu sehen sind. Zeitlich umfasst die Ausstellung den Zeitraum vom Ende der Römerzeit bis in die beginnende Karolingerzeit, das heißt vom 3. bis zum 8. Jahrhundert.

Die Präsentation baut auf der Dauerausstellung des Alamannenmuseums und auf den vom Museum oder in Zusammenhang mit diesem gezeigten Sonderausstellungen „Die Dame von Kirchheim/Ries" (Ellwangen 2004) und „Die Alamannen kommen" (Neresheim 2007) auf. Die Ausstellung wird in zwei Teilen im Alamannenmuseum präsentiert, mit einem ersten Teil im Sonderausstellungsraum im ersten Obergeschoss und einem zweiten Teil in der Westhälfte des Dachgeschosses. Hierfür musste ein Teil der ständigen Ausstellung abgebaut werden.

Rund 400 Exponate werden in der Ausstellung gezeigt, meistenteils Grabfunde, von der zierlichen goldenen Haarnadel bis zum Langschwert, vom Kleidungsstück bis zum alamannischen Totenbaum. Das Gestaltungskonzept verbindet die wertvollen Exponate mit erläuternden und vertiefenden Texten, Grafiken und Abbildungen. Durch die Art der Aufstellung wurden kleine „Kabinette" geschaffen, die die einzelnen Themenbereiche voneinander abgrenzen. Eine markante Leitfarbe sorgt dafür, dass sich der Sonderausstellungsbereich deutlich von der Dauerausstellung abhebt und der Besucher auf einen Blick wahrnimmt, wo sich die Ausstellung im Dachgeschoss fortsetzt. Beide Teilbereiche sind durch das Treppenhaus im Neubauteil des Museums direkt miteinander verbunden, sodass sie insgesamt als Ausstellung „aus einem Guss" empfunden werden.

Mein Dank gilt an dieser Stelle den Leihgebern, die bereit waren, sich für längere Zeit von zahlreichen exquisiten Ausstellungsstücken zu trennen. In erster Linie möchte ich hier das Landesmuseum Württemberg in Stuttgart, das Archäologische Landesmuseum Baden-Württemberg sowie das Landesamt für Denkmalpflege im Regierungspräsidium Stuttgart, beide mit Sitz in Esslingen, nennen. Weitere Leihgaben verdanken wir der Stadt Heidenheim a. d. Brenz.

Dank sagen wir auch den Autoren dieses Begleitbandes zur Ausstellung, die ihr profundes Wissen sowie den neuesten Forschungsstand zu dieser Darstellung beigesteuert haben und deren Beiträge zur Grundlage für die Ausstellungstexte genommen wurden. Der Grafikerin Christina Faber verdanken wir die exzellente grafische Gestaltung dieser Ausstellung.

Mein besonderer Dank gilt dem Förderverein Alamannenmuseum Ellwangen unter dem Vorsitz von Herrn Staatssekretär a. D. Dr. Eugen Volz, auf dessen Anregung diese Ausstellung ursprünglich zurückgeht. Der Verein hat einen namhaften Betrag zur Umsetzung dieser Idee beigesteuert. Auch den weiteren Sponsoren dieser Ausstellung, der Kreissparkasse Ostalb, der VR-Bank Ellwangen sowie den Firmen J. Rettenmaier & Söhne (Rosenberg), Inneo Solutions (Ellwangen) und dem Bauunternehmen Hans Fuchs (Ellwangen), gilt unser herzlicher Dank.

In den Dank einschließen möchte ich die Mitarbeiter des Alamannenmuseums, die zum Gelingen dieser Ausstellung beigetragen haben, allen voran Herrn Museumsleiter Andreas Gut, der das Entstehen und die Vorbereitung der Ausstellung in bewährter Weise geleitet und koordiniert hat, sowie Herrn Stadtarchivar Prof. Dr. Immo Eberl, in dessen Zuständigkeitsbereich das Museum fällt.

Ich wünsche der bisher größten Sonderausstellung des Alamannenmuseums eine gute Resonanz und bin überzeugt, dass diese erste Gesamtschau zu den Alamannen auf der Ostalb weit über den Ort und den Zeitraum der Ausstellung hinaus Beachtung finden wird.

Ellwangen, im Mai 2010
Karl Hilsenbek
OBERBÜRGERMEISTER

Zeittafel

213	Sieg des römischen Kaisers Caracalla über die Germanen
254	Ende des rätischen Teils des obergermanisch-rätischen Limes
260	Sieg der Römer gegen die „Barbaren des Stammes der Semnonen oder Juthungen" bei Augsburg
278–282	Verstärkung der römischen Grenzbefestigungen an Rhein, Donau und Iller (Rhein-Iller-Donau-Limes)
381	Das Christentum wird römische Staatsreligion
391	In Rom werden die heidnischen Kulte verboten
451	Schlacht auf den Katalaunischen Feldern: Ein römisch-germanischer Heeresverband besiegt die Hunnen
454/55	Niedergang des Weströmischen Reiches; Zeit der größten Freiheit und räumlichen Ausdehnung der Alamannen
482–751/52	Herrschaft der Merowinger (Chlodwig, König der Franken, 482–511)
496/97	„Schlacht bei Zülpich": Die Alamannen werden von den Franken besiegt, der Frankenkönig Chlodwig lässt sich daraufhin taufen
506/07	Weitere Niederlage der Alamannen gegen die Franken. Der Ostgotenkönig Theoderich nimmt einen Teil der Alamannen unter seinen Schutz
537	Ende der ostgotischen Schutzherrschaft und Einsetzung alamannischer Herzöge. Damit befinden sich alle Alamannen unter fränkischer Herrschaft
um 600–630	Gründung des Bistums Konstanz, dessen Ausdehnung im Wesentlichen mit dem alamannischen Herzogsgebiet übereinstimmt

631/32	Alamannenherzog Crodobert nimmt mit seinem Heer an einem fränkischen Feldzug teil
635–650	Alamannenherzog Gunzo residiert in Überlingen
700	Gotfrid, Herzog von Alamannien, unterzeichnet in Cannstatt eine Schenkungsurkunde
709	Der Alamannenherzog Gotfrid stirbt, der Herzogstitel geht an seine Söhne Lantfrid und Theudebald über
709–712	Der Karolinger Pippin der Mittlere führt Feldzüge gegen die Alamannen
719	Gründung des Klosters St. Gallen
722	Der Karolinger Karl Martell unterwirft Alamannien mit Waffengewalt
723	Alamannen erheben sich gegen Karl Martell
724	Gründung des Klosters Reichenau
730	Karl Martell führt einen Feldzug „zu den Suaven"
730	Der Alamannenherzog Lantfrid stirbt, sein Bruder Theudebald regiert als alleiniger Herzog bis 746
741	Karl Martell stirbt, sein Sohn Karlmann erhält Alamannien
742	Pippin und Karlmann unterwerfen die Alamannen
746	„Gerichtstag" von Cannstatt: Das alamannische Herzogtum erlischt
751/52–919	Herrschaft der Karolinger (800 Kaiserkrönung Karls des Großen)
764	Gründung des Klosters Ellwangen

Die Zeit der frühen Alamannen vom 3. bis zum 5. Jahrhundert
Ein geschichtlicher Überblick

HORST WOLFGANG BÖHME

Unsere Vorstellungen von Geschichte und Lebensverhältnissen der Alamannen in der Zeit vom 3. bis zum 8. Jahrhundert haben sich in den letzten Jahren dank zahlreicher archäologischer Ausgrabungen und sorgfältiger Analysen des dabei entdeckten Fundmaterials stark verändert. Die neuen Erkenntnisse sind zwar geeignet, mit so manchen Fehleinschätzungen aufzuräumen, sie sind aber noch weit davon entfernt, endgültige Klarheit über alle offenen Fragen der historischen Entwicklung in den von Alamannen besiedelten Landschaften zu bieten. Gerade für die Frühzeit sind die Befunde noch zu spärlich und zu sehr dem Zufall verdankt, als dass nicht neue Entdeckungen zu Korrekturen unseres aktuellen Geschichtsbildes führen könnten.

Dennoch soll versucht werden, nach derzeitigem Forschungsstand einige wesentliche Veränderungen in der alamannischen Welt nach archäologischen Quellen zu skizzieren, wobei einerseits regional weit über die Ostalb hinausgegriffen werden muss und anderseits die Frühphase bis zum Beginn des 6. Jahrhunderts besonders berücksichtigt wird, da für diese Zeit die wichtige Frage zu klären ist, wie das einstige römische Provinzgebiet überhaupt zum alamannischen Siedlungsraum werden konnte.

Die früher vorherrschende These vom Überrennen des obergermanisch-rätischen Limes durch Alamannen im Jahr 259/60, dem anschließend die gewaltsame Eroberung des Landes sowie die Vertreibung aller Provinzbewohner folgte, ist schon seit Längerem widerlegt und als unrealistische Einschätzung der damaligen politischen und wirtschaftlichen Verhältnisse erkannt worden. Von einer „Landnahme" des Limeshinterlandes durch Alamannen kann heute keine Rede mehr sein. Die Vorgänge während des 3. bis 5. Jahrhunderts waren viel komplizierter und vielschichtiger. Um diese zu erkennen und richtig einzuschätzen, ist es notwendig, ganz deutlich drei Gruppen von Germanen zu unterscheiden, die die Geschicke der rechtsrheinischen Provinz Obergermanien und der norddanubischen Provinz Rätien (im Folgenden als Limeshinterland bezeichnet) nachhaltig gestaltet und verändert haben.

Die unterschiedlichen germanischen Gruppen im 3. Jahrhundert

Zur ersten Gruppe gehörten jene Germanen, die – wohl schon seit der Zeit um 200 n. Chr. – als Freiwillige oder Kriegsgefangene regulär in den Limeskastellen als Soldaten stationiert waren und nach Erlangung des römischen Bürgerrechtes auch auf dem Lande, in *vici* und *villae rusticae*, ansässig wurden. Durch ihre lange Dienstzeit waren sie bereits weitgehend romanisiert und daher auch mit der Geldwirtschaft vertraut. Infolge ihrer Akkulturation gelingt der archäologische Nachweis dieser bereits lange im Römischen Reich lebenden Germanen nur in Einzelfällen. In den schriftlichen Quellen ist von diesen loyalen germanischen Provinzbewohnern keine Rede, denn sie waren bereits ein integrierter Bevölkerungsteil.

Zur zweiten Gruppe der Germanen müssen die gewaltsam ins Reich einfallenden Kriegerbünde gerechnet werden, die auf ihren Beutezügen plündernd, raubend und mordend vorgingen, um anschließend mit ihrer Beute – wertvolle Objekte ebenso wie Menschen – wieder in ihre Heimat zurückzukehren, was freilich nicht immer gelang, wie die Flussfunde von Hagenbach und Neupotz (beide Rheinland-Pfalz) oder der römische Siegesaltar von Augsburg belegen. Das Ausgangsgebiet dieser wohl gefolgschaftlich organisierten Raubzüge lag, soweit wir heute erkennen können, grenzfern im Innern Germaniens, denn die 259 eingefallenen und 260 bei Augsburg besiegten Juthungen dürften semnonischer Herkunft gewesen sein, also ursprünglich aus der heutigen Landschaft Brandenburg gestammt haben. Der furchtbare Einfall des Jahres 233 könnte dagegen aus dem von Rhein-Weser-Germanen bewohnten Niedersachsen gekommen sein, sofern das jüngst entdeckte „Schlachtfeld" zwischen Römern und Germanen am Harzhorn bei Kalefeld (nahe Northeim) mit dem bezeugten Rachefeldzug des Maximinus Thrax 235 in Zusammenhang steht.

Offenbar handelte es sich bei diesen kriegerischen Vorstößen um Aktionen von germanischen Bevölkerungsgruppen, mit denen Rom bisher keine Bündnisse geschlossen hatte. Gemäß ihrer Struktur war das primäre Ziel dieser Kriegerbünde das Kriegführen und Beutemachen, nicht aber die Ansiedlung auf Reichsboden. Da die zerstörerischen Einfälle dieser Germanen fast regelmäßig in den römischen Schriftquellen genannt werden, schenkte man ihnen mehr Aufmerksamkeit, als ihnen eigentlich zukam, denn für die Entstehung der Alamannen und die Besiedlung Südwestdeutschlands spielten sie keine Rolle und waren nur indirekt von Bedeutung. Die für das Limeshinterland wichtigste Gruppe bildeten indes jene Germanen, die sich seit dem späten 3. und frühen 4. Jahrhundert dort dauerhaft niederließen und Siedlungen anlegten. Kontrovers diskutiert wird freilich die Frage, ob es sich dabei um eine willkürliche „Landnahme" oder eher um eine von den Römern geduldete oder sogar initiierte Ansiedlung im ehemaligen Provinzgebiet gehandelt hat. Auch wenn die Entscheidung nicht eindeutig zu treffen ist, neige ich dennoch der letzten Möglichkeit zu, und zwar aus mehreren Gründen.

Der von der Forschung seit dem 19. Jahrhundert immer wieder beschworene Antagonismus zwischen Römern und Germanen bezieht sich vor allem auf die räuberischen Überfälle der zweiten germanischen Gruppe, die weder mit der ersten noch mit der dritten Gruppe etwas gemeinsam hatte. Man übersieht nämlich allzu leicht, dass Römer und Germanen viel häufiger Partner gewesen sind, die – durch Verträge gebunden – aufeinander angewiesen waren, wobei es vorrangig um Militärbündnisse gegangen ist. Infolge solcher Allianzen dienten Germanen erwiesenermaßen schon in der ersten Hälfte des 3. Jahrhunderts häufiger in den römischen Grenzkastellen (erste Gruppe), zum anderen waren Germanen zur Zeit des „Gallischen Sonderreiches" (259–274) begehrte Söldner sowohl dieser in Köln residierenden Usurpatoren als auch des rechtmäßigen Kaisers Gallienus und seiner Nachfolger. Sehr viele dieser heiß umworbenen Hilfstruppen *(auxilia)* stammten aus dem von Elbgermanen besiedelten Saale-Unstrut-Gebiet. Gerade sie gelten nach dem gut begründeten Urteil von Jan Bemmann bereits als weitgehend „romanisierte Barbaren", denen auch der Umgang mit römischer Lebensart nicht mehr fremd war. Es dürfte daher kaum ein Zufall sein, dass die ältesten germanischen Funde im Limeshinterland gerade zu jenem Raum die engsten Beziehungen aufweisen, wie Helga Schach-Dörges eindrucksvoll nachweisen konnte. Offensichtlich handelt es sich bei einer großen Zahl dieser dritten Gruppe also um Elbgermanen, mit denen – trotz ihrer Grenzferne – schon seit Jahrzehnten enge und erfolgreiche Militärbündnisse geschlossen worden waren. Lag es da nicht auf der Hand, diese barbarische, aber dienstwillige Bevölkerung näher an sich heranzuziehen und damit zwei Probleme auf einen Schlag zu lösen? Das Rekrutierungsgebiet für künftige Truppenaushebungen lag nun grenznah unter römischer Kontrolle, und das stark entvölkerte Limeshinterland konnte durch gezielte Ansiedlung „rekultiviert" werden, möglicherweise sogar landwirtschaftliche Überschüsse erwirtschaften. Für eine solche vertragliche Förderung der Ansiedlung von Germanen könnte sowohl das Vorkommen römischer Erzeugnisse in den Gräbern der neuen Bewohner als auch deren bemerkenswert häufige Niederlassung bei römischen Gutshöfen, *vici* oder Kastellen sprechen, die ihnen zur Nutzung überlassen worden waren.

Gestützt wird diese Vermutung durch die ganz ähnlich verlaufende Ansiedlung von rechtsrheinischen Germanen in den nördlichen Provinzen Galliens während des 4. Jahrhunderts, wo diese „Barbaren" ebenfalls in der Nähe römischer Siedlungsplätze sesshaft gemacht wurden, Landwirtschaft betrieben, zum Militärdienst eingezogen wurden und sich langsam in die Provinzialbevölkerung integrierten. Ihre Sonderstellung als bevorzugt rekrutierte Soldaten der spätantiken Armee führte schon bald zur Ausbildung eines besonderen Bestattungsbrauchtums, das ihr Kriegertum betonte, wobei einzelnen Personen ein „Militärgürtel", gelegentlich sogar Waffen (Äxte und Lanzen) ins Grab gelegt wurden, während die Beigabe eines Schwertes offenbar nur den militärischen Anführern zustand.

Frühe germanische Gräber und Siedlungen im Limeshinterland

Auch wenn die Annahme einer friedlichen, von den Römern bewusst herbeigeführten Niederlassung von Germanen in Südwestdeutschland, also auf einstigem Provinzboden, zwar wahrscheinlich gemacht werden kann, aber noch keineswegs endgültig bewiesen ist, so ist auf jeden Fall zu konstatieren, dass seit der Zeit um 300 die archäologischen Zeugnisse elbgermanischer Herkunft (Keramik, Fibeln und anderer Schmuck, Kämme) im Limeshinterland ständig zunehmen, wobei die allerdings immer noch geringe Zahl der aussagekräftigen Grabfunde ein langsames, regional unterschiedliches Vordringen der Besiedlung von Norden nach Süden anzudeuten scheint.

Bei diesen Gräbern des 3. bis 5. Jahrhunderts handelt es sich um wenige Brandgräber, mehrheitlich um Körperbestattungen, die – zumeist Nord-Süd ausgerichtet – einzeln oder in sehr kleinen Gruppen angelegt worden sind, sodass sie keineswegs die Gesamtbevölkerung auch nur andeutungsweise widerspiegeln können. Man könnte daher vermuten, in ihnen allein die Bestattungen der landbesitzenden Oberschicht zu sehen, zumal einige Gräber sogar in oder unmittelbar bei aufgelassenen römischen Gutshöfen angelegt wurden. Die geringe Gräberzahl hatte dazu geführt, dass man irrtümlich von einer semipermanenten, also einer nicht konstanten Siedlungsweise der frühen germanischen Bevölkerung in ihrer neuen Heimat ausgegangen war.

1 Beigaben eines Frauengrabes von Erlbach (Ries) aus der Zeit um oder kurz vor 300 n. Chr. Charakteristisch für diese frühe Zeit sind sowohl der germanische Schmuck als auch das Keramikgefäß und der Kamm.

Nun haben die Ausgrabungen der letzten Jahrzehnte allerdings ein gänzlich anderes Bild vor unseren Augen entstehen lassen. Mittlerweile sind nämlich im Limeshinterland – soweit man nur den baden-württembergischen und bayerischen Anteil berücksichtigt – immerhin 114 Siedlungsplätze sicher nachgewiesen worden, deren Verbreitung eine recht verlässliche Vorstellung von der germanischen Besiedlung während des späten 3. bis frühen 5. Jahrhunderts bieten kann. So erweist sich auch die Ostalb, die wegen des Fehlens von Grabfunden bisher als weitgehend siedlungsleer gelten musste, als eine äußerst dicht besiedelte Landschaft, ebenso wie das östlich anschließende Ries und die Altmühlregion. Der einstige rätische Anteil des Limeshinterlandes

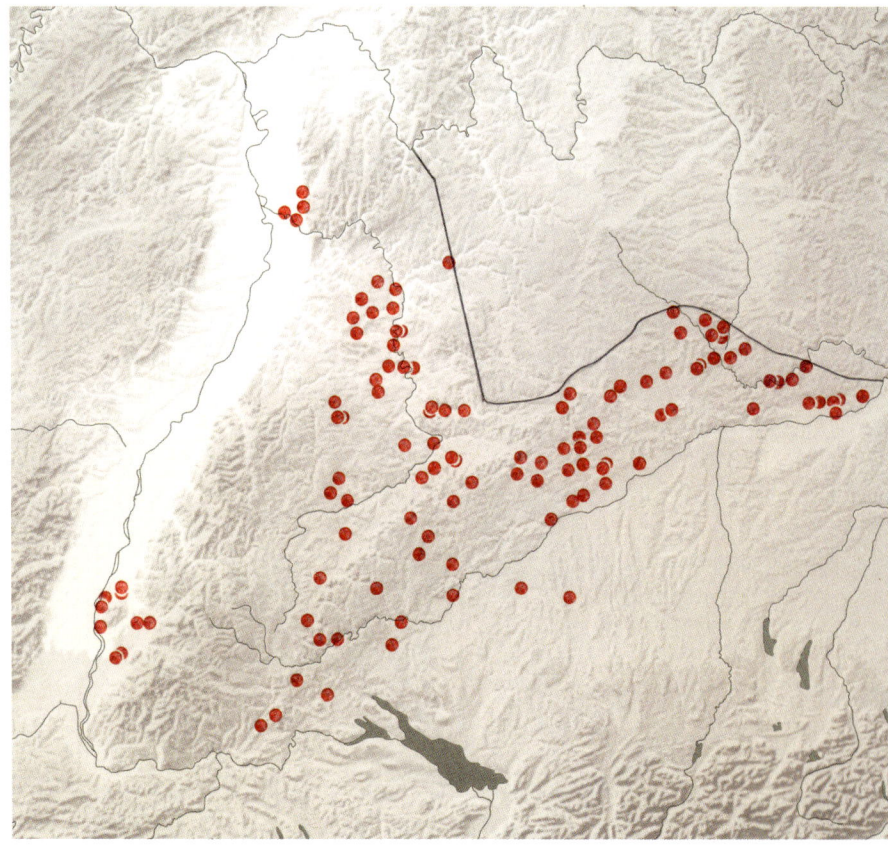

2 Verbreitungskarte frühalamannischer Siedlungen des späten 3. bis mittleren 5. Jahrhunderts im Hinterland des obergermanischen und rätischen Limes. Stand 2009.

bis zur Donau war nahezu flächendeckend von der neuen Bevölkerung in Besitz genommen worden, während sich unmittelbar jenseits der Limesgrenze nur wenige zeitgleiche Siedlungen finden, wie zum Beispiel am Kocher und an der unteren Altmühl. Die meisten dieser frühen Siedlungen lassen sich aufgrund der äußerst schwierigen Datierung der Keramik und Metallkleinfunde nur allgemein ins 4. und frühe 5. Jahrhundert datieren, doch gibt es einige wenige Ausnahmen (Bietigheim, Wurmlingen, Echzell/Wetterau), die offensichtlich bereits um 260/70 angelegt wurden und belegen, dass mit einer sporadischen Besiedlung bereits bald nach Aufgabe des Limes zu rechnen ist. Bezeichnenderweise handelt es sich bei diesen Fundstellen um germanische Niederlassungen in unmittelbarer Nähe von römischen Steinbauten. Dabei schätzte man augenscheinlich vorrangig deren zugehörige offene Feldfluren samt Wiesen, Weiden und Wegen, errichtete die neue Siedlung jedoch – möglichst nahe fließenden Gewässers – in traditioneller Weise mit Holzpfostenbauten, Speichern und Grubenhäusern neben den meist schon ruinösen römischen Gebäuden, die nur ausnahmsweise einmal in veränderter Funktion weitergenutzt wurden.

Die Aufgabe des römischen Limes

Damit berühren wir ein wichtiges Problem der Landesforschung, das in den letzten Jahren heftig und kontrovers diskutiert wurde. Die neuesten Forschungen zum angeblichen „Limesfall" 260 haben sehr deutlich gemacht, dass die einzelnen Regionen strikt getrennt zu betrachten sind, da sie augenscheinlich unterschiedliche Entwicklungen durchgemacht haben, was auch auf die germanische Besiedlung nicht ohne Einfluss gewesen ist.

Der oben erwähnte verheerende Germaneneinfall von 233 traf vor allem das obergermanische Limesgebiet einschneidend und berührte den rätischen Limes noch nicht. Trotz erheblicher Zerstörungen und dem starken Rückgang der Zivilbevölkerung vor allem in der Wetterau kam es dort zu einem reduzierten Wiederaufbau. Der nächste schwere Einfall des Jahres 254 richtete sich dagegen offenbar ausschließlich auf den rätischen Limes, was in jenem Streckenabschnitt – bezeugt durch massive Brandschichten und das abrupte Ende der Münzkurven – zum „finalen Ende" fast aller Limeskastelle führte. Seitdem scheint es im rätischen Limeshinterland einschließlich der Ostalb für die nächsten Jahrzehnte keinerlei Spuren einer Besiedlung gegeben zu haben. Nur fünf Jahre später kam es zu einem weiteren kriegerischen Raub- und Plünderungszug, der 259 den bereits „gefallenen" rätischen Limes und sein verwüstetes Hinterland rasch durchquerte und bis tief nach Oberitalien vorstieß. Zumindest die mit Beute beladenen Teile jener germanischen Kriegerschar wurden 260 bei Augsburg während ihres Rückzuges vernichtend geschlagen, wobei wir erfahren, dass es sich in diesem Fall um Juthungen semnonischer Herkunft gehandelt hatte.

Dieser Einfall von 259/60 richtete sich zwar – wie schon 254 – gegen Rätien, aber kaum auf den obergermanischen Limes, denn zumindest in der Wetterau konnten bisher keine diesbezüglichen Zerstörungen festgestellt werden. Bernd Steidl sieht vielmehr Anzeichen dafür, dass römisch geprägtes Leben dort bis in die Zeit um 275 zu beobachten ist. Er bringt diese Zeugnisse mit den Resten germanischer Soldaten im römischen Heeresdienst in Verbindung (erste Gruppe), die als längst romanisierte Provinzbewohner zu Trägern einer etwas länger andauernden Kontinuität wurden, bevor auch hier das bescheidene römische Leben langsam ohne einschneidende Zäsur in der zweiten Hälfte des 3. Jahrhunderts unspektakulär zu Ende geht. Von einem generellen „Limesfall" um 259/60 kann folglich keine Rede mehr sein, vielmehr verlief die Entwicklung in den beiden Provinzen ganz unterschiedlich: finale Zerstörungen am rätischen Limes bereits 254 und langsames Erlöschen römischer Kultur- und Siedlungsaktivitäten hinter dem offenbar kaum zerstörten obergermanischen Limes zwanzig Jahre später. Dementsprechend setzte die germanische Besiedlung offenbar auch unterschiedlich ein: Im obergermanischen Limeshinterland kennen wir die ersten Siedlungszeugnisse bereits aus den 270er und 280er Jahren (Echzell, Bietigheim, Wurmlingen; Gräber von Heidelberg-Rohrbach und Gundelsheim), während im rätischen Limeshinterland die ältesten Hinweise auf eine germanische Ansiedlung erst um oder kurz vor 300 zu beobachten sind (Sontheim im Stubental, Unterrombach; Gräber von Erlbach und Etting).

Die „Ethnogenese" der Alamannen

Auch wenn wir heute noch nicht in der Lage sind, die Herkunftsgebiete der einzelnen zu unterschiedlichen Zeiten sesshaft werdenden Neusiedlergruppen genauer zu bestimmen, so steht aber zweifelsfrei fest, dass die allermeisten von ihnen aus dem großen elbgermanischen Raum zwischen Ostseeküste und Thüringer Wald stammten und dass folglich sämtliche Landschaften wie Westmecklenburg, Altmark, Brandenburg, Mittelelbegebiet, Saale-Unstrut-Gebiet und Nordböhmen als Regionen der Abwanderung zu berücksichtigen sind, in denen erwiesenermaßen auch unterschiedliche, von eigenen Traditionen geprägte Volksgruppen („Stämme") lebten. Es ist also mit kleinen, unabhängigen und zeitlich gestaffelten elbgermanischen Zuwanderergruppen zu rechnen, die zumindest anfangs noch kaum ein Zusammengehörigkeitsgefühl besaßen und sich daher auch nicht als „ethnische Einheit" verstehen konnten. Dieser Tatbestand und die frühestens seit dem ausgehenden 3. Jahrhundert erfolgte Niederlassung der ersten germanischen Siedler im Limeshinterland, die im Laufe des 4. Jahrhunderts ständig weiteren Zuzug erhielten, machen es gänzlich unwahrscheinlich, dass es angeblich bereits 213 *Alamanni* gegeben haben könnte, wie man aus einer unsicheren römischen Schriftquelle herauslesen wollte. Bezeichnenderweise tauchte dieser neue Name auch gesichert erst im Jahre 289 auf, und von der *Alamannia* als neuer römischer Raumbezeichnung für das Limeshinterland ist sogar erst 297 die Rede. Offenbar bezeichnete die römische Verwaltungspraxis seit dieser Zeit nun sämtliche Bewohner östlich des Rheins und nördlich der Donau auf ehemaligem Provinzboden mit dem Namen *Alamanni*, bei denen es sich sowohl um die im Lande verbliebenen romanisierten Germanen der ersten Gruppe als auch um die ständig zunehmenden Neuankömmlinge der dritten Gruppe handelte. Unter und zwischen ihnen lebten sicherlich auch noch die Reste der alten, bodenständigen gallo-römischen Zivilbevölkerung, deren archäologischer Nachweis freilich kaum gelingen kann, da sie offenbar der tonangebenden germanischen Dominanz rasch unterlegen waren.

Zur sog. Ethnogenese („Stammesbildung") der Alamannen auf der Grundlage vielfältiger Bevölkerungsgruppen kam es also erst unter römischer Schirmherrschaft im Limeshinterland.
Folglich kann man auch erst seit den Jahrzehnten um 300, wie es nun auch die Römer taten, zu Recht von Alamannen sprechen, die – unter politisch-militärischen Aspekten angesiedelt – zum Militärdienst und wohl auch zu Abgaben verpflichtet waren. So verwundert es auch nicht, wenn schon im Jahre 306 alamannische Truppen in Britannien zum Einsatz kamen, deren Anführer Chrocus maßgeblich an der Erhebung Konstantins zum Kaiser in York beteiligt war. Seitdem erfreuten sich die Alamannen offensichtlich der Gunst des neuen konstantinischen Herrscherhauses, und so mancher hochrangige Gefolgschaftsführer machte schon bald in der römischen Armee Karriere. Von militärischen Auseinandersetzungen zwischen Römern und Alamannen ist in jener Zeit, bis zur Mitte des 4. Jahrhunderts, auch kaum etwas zu hören.

Alamannen im römischen Militärdienst

Die nun als *Alamannia* bezeichnete Region galt wohl weiterhin als Reichsgebiet, auch wenn die Römer auf eine Wiederherstellung der Provinzverwaltung verzichteten und die Ordnungsaufgaben in diesem Gebiet der alamannischen Führungsschicht überließen, solange diese dafür sorgte, dass genügend Soldaten für das Heer rekrutiert werden konnten. Als nämlich unter Diokletian und Konstantin I. an Donau, Iller und Hochrhein ab 295/300 zahlreiche neue Kastelle zum Schutz Italiens angelegt wurden, in denen bezeichnenderweise auch alamannische Soldaten regulär ihren Dienst versahen (wie in Neuburg und

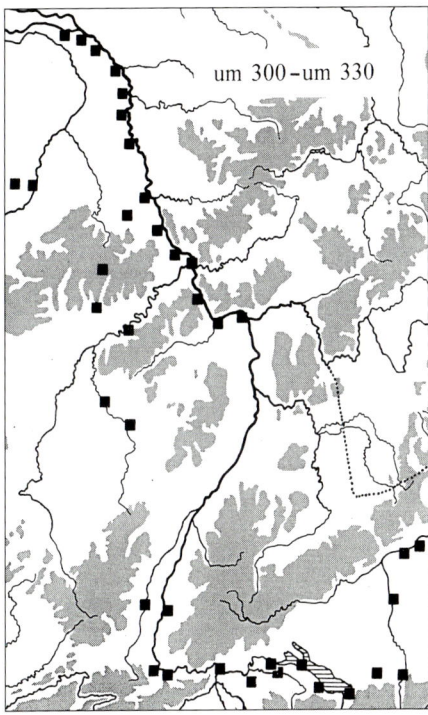 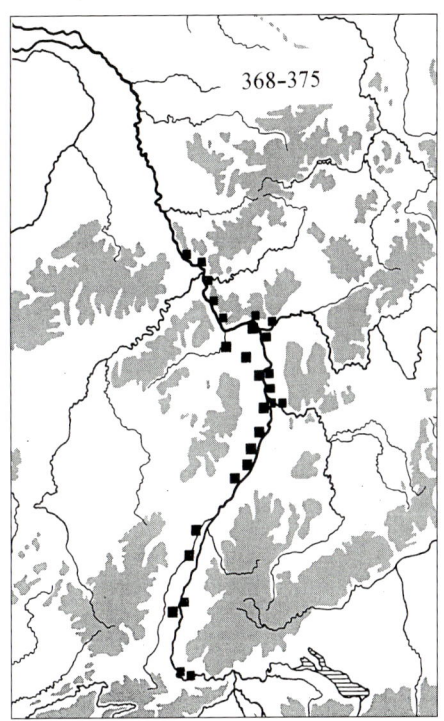

3 Der Ausbau des spätrömischen Donau-Iller-Hochrhein-Limes (295/300–330) und des Oberrhein-Limes (368–375). In der Anfangsphase (um 300) blieb der Oberrhein noch ungeschützt und wurde erst unter Valentinian I. 368 bis 375 durch zahlreiche Kastelle und rechtsrheinische *burgi* befestigt.

Günzburg), beließ man den ganzen Oberrhein zwischen Kaiserstuhl und Mainz ohne jeglichen militärischen Schutz. Offensichtlich vertrauten die Römer auf die Loyalität der Alamannen, die wohl spätestens seit Konstantin I. die Abwehr von Feinden in der *Alamannia* übernommen hatten – in eigenem Interesse und dem des Reiches. Die *Alamannia* wurde als militärisches Vorfeld oder Glacis eingerichtet, und das Römische Reich sollte folglich nicht am Oberrhein, wo auch keine Kastelle lagen, sondern mithilfe der Alamannen weiterhin am obergermanischen Limes und seinem Hinterland verteidigt werden.

Ein halbes Jahrhundert hat dieses römische Militärkonzept, das auf Integration statt auf Konfrontation setzte, anscheinend gut funktioniert, bevor die Alamannen nach der Usurpation des Magnentius 350, zu dessen Bekämpfung sie eigens mit weitreichenden Versprechungen aufgefordert worden waren, zwischen die Fronten eines Bürgerkrieges gerieten. Um ihre Zusagen betrogen, führten alamannische „Kriegerbanden" unter ihren Anführern in den folgenden 15 bis 20 Jahren wiederholt Kriegszüge gegen Römer, auf die im Einzelnen nicht eingegangen werden soll. Wichtig für diese Unruhezeit ist vor allem der Kurswechsel der neuen valentinianischen Kaiserdynastie, der schon 364 mit der kränkenden Zurückweisung alamannischer Tributforderungen sichtbar wurde und sich auch in den Schriftquellen niederschlug, vor allem durch die ungewohnt negative Charakterisierung der bisher reichstreuen Alamannen als größte Feinde des Imperiums. Am markantesten äußerte sich diese „Kehrtwende" der römischen Politik in dem zwischen 368 und 375 rasch erfolgten Ausbau des Oberrheinlimes durch eine dichte Kette von Kastellen rechts und links des Flusses, vermutlich unterstützt durch einige „Heerlager" am Schwarzwaldrand (Geißkopf, Kügeleskopf). Dadurch wurde die seit Diokletians Zeiten bestehende Lücke der römischen Verteidigung am Rhein endgültig geschlossen, wodurch die *Alamannia* – nun eindeutig außerhalb der offiziellen Reichsgrenze – ihren besonderen Status als militärisches Glacis verlor. Seit dieser Zeit stieg kein Alamanne mehr zu einem höheren Offiziersrang auf wie noch in der konstantinischen Epoche, auch wenn die Militärpflicht im Limeshinterland weiterhin bestehen blieb. Dies belegt zum einen das Staatshandbuch der *Notitia dignitatum* aus dem frühen 5. Jahrhundert durch die Nennung alamannischer Truppeneinheiten, zum anderen die alamannische Besatzung mehrerer Militäranlagen entlang des Ober- und Hochrheins.

Die alamannischen *reges* als Militärführer

Von besonderer Bedeutung für die Geschichte der Alamannen sind die vornehmlich über diese Konfrontationsphase berichtenden Nachrichten des Schriftstellers Ammianus Marcellinus, auch wenn dessen Urteil über die Alamannen nicht gerade als objektiv anzusehen ist. Glaubhaft sind jedoch seine Aussagen, dass die Alamannen – wie nicht anders zu erwarten – in mehrere regionale Bevölkerungsgruppen gegliedert waren (sog. Teilstämme, unter anderem die Bucinobantes, Brisigavi, Lentienses und Raetovarii), deren mobile Krieger jeweils von herausragenden Gefolgschaftsführern befehligt wurden, mit denen als Ansprechpartnern die Römer auch Friedensverträge und Militärbündnisse abschlossen. Um seinen römischen Lesern, die mit den völlig andersartigen gesellschaftlichen Verhältnissen in der *Alamannia* nicht vertraut waren, die Stellung dieser hochrangigen militärischen Anführer zu erläutern, verwendete Ammianus Marcellinus für sie die Bezeichnung *rex* oder *regulus*, was man heute am besten mit „war lord" übersetzen könnte, nicht jedoch mit „Stammeshäuptling" oder gar König, denn eine entsprechende stabile, gesellschaftlich anerkannte Struktur der agrarisch lebenden alamannischen Siedlungsgemeinschaften hat es damals offensichtlich noch nicht gegeben. Es fehlten also noch alle Voraussetzungen, als dass sich bereits ein institutionalisiertes Königtum hätte errichten lassen.

Aufschlussreich ist in diesem Zusammenhang, dass frühestens seit der Mitte des 4. Jahrhunderts in der *Alamannia* Höhensiedlungen angelegt wurden, die nach den bisher durchgeführten Ausgrabungen durchaus unterschiedliche Funktionen erfüllt haben. Während viele wohl nur kurzfristig aufgesucht wurden, können nur wenige eine dauerhafte Besiedlung aufweisen, wie die „Gelbe Bürg" bei Dittenheim im rätischen Limeshinterland, der „Runde Berg" bei Bad Urach an der Schwäbischen Alb oder der „Zähringer Burgberg" im Breisgau, die sämtlich inmitten bzw. am Rande einer dicht besiedelten Kleinlandschaft lagen. Das gehäufte Vorkommen von spätrömischen Militaria (unter anderem Militärgürtel und Waffen) auf diesen Plätzen lässt an die zentralen Sitze solcher Militärführer samt ihren kriegerischen Gefolgschaften denken, die als hochrangige Kontaktpersonen mit den Römern lukrative Verträge zwecks Truppenstellungen eingingen und offensichtlich erfüllten. Wie weit ihre „Herrschaft" über die „zivile" Landbevölkerung ihrer Region während des späten 4. und frühen 5. Jahrhunderts reichte, ist heute noch nicht einzuschätzen. Zum Einsatz kamen die auf diese Weise rekrutierten Alamannen sowohl im spät-

4 Bronzene Schnallen, Beschläge und Riemenzungen von spätrömischen Militärgürteln des späten 4. und der ersten Hälfte des 5. Jahrhunderts von der „Gelben Bürg" bei Dittenheim (Mittelfranken) im rätischen Limeshinterland (nach H. Dannheimer).

römischen Feldheer *(comitatenses)* als auch bei den Grenztruppen, doch dürften nicht wenige von ihnen auch weiterhin Schutzaufgaben in der *Alamannia* selbst wahrgenommen haben. Auf jeden Fall muss für den Zeitraum zwischen etwa 360 und 430 noch deutlich zwischen der sesshaften alamannischen Bevölkerung im Limeshinterland und den mobilen alamannischen Kriegergruppen unterschieden werden, die entweder aufgrund von Verträgen als römische

Soldaten kämpften oder als ungebundene Räuberbanden ins Römische Reich einfielen. Nur über deren militärische Aktionen erfahren wir überhaupt etwas aus den römischen Schriftquellen, nicht jedoch über die Alamannen als Siedlungsgemeinschaft.

Veränderungen in der *Alamannia* während des 5. Jahrhunderts

Die *Alamannia* spielte auch in den Jahrzehnten nach 400 noch eine wichtige Rolle als Rekrutierungsgebiet für die römische Armee, auch wenn die Alamannen ihren Verpflichtungen mehrheitlich wohl im ehemaligen Limeshinterland nachkamen, wie die Verbreitung entsprechender „Militärgürtel" (vor allem mehrteilige punzverzierte Gürtelbeschläge mit scheibenförmigen Riemenzungen) nahelegt. Der Wandel der einstigen germanischen Kriegerbünde zu römischen Soldaten einer straff geführten Armee blieb offenbar nicht ohne Auswirkung auf das Selbstverständnis ihrer Militärführer, die ihren hohen Rang nun durch militärische Statussymbole sichtbar zum Ausdruck brachten. Vor allem in der nördlichen *Alamannia* (Wiesbaden, Frankfurt-Praunheim, Schöneck) und am rätischen Limes (Kemathen) fanden sich deren einzeln gelegene Bestattungen, die sich durch die Beigabe eines solchen Militärgürtels sowie eines zweischneidigen Langschwertes (Spatha) auszeich-

5 Grabausstattung eines germanischen Militärführers der Zeit um 420/30 aus Kemathen an der Altmühl bei Kipfenberg (Bayern). In einer großen, Nord-Süd ausgerichteten Grabkammer hatte man die ranghohe Persönlichkeit, die einst in spätrömischem Militärdienst gestanden hatte, mit Schwert, Schild, Militärgürtel, silbernem Fingerring, Fibel, Glasbecher und fünf einheimischen Tongefäßen knapp außerhalb des rätischen Limes bestattet.

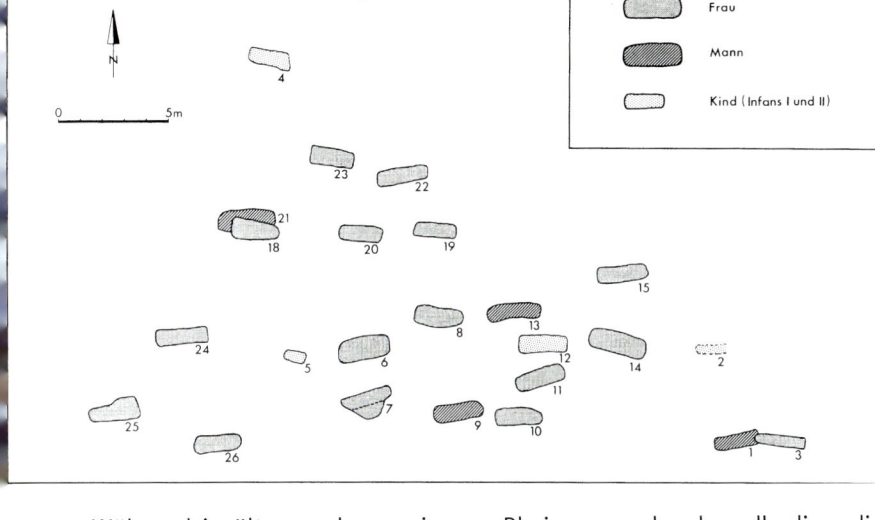

6 Plan des kleinen Gräberfeldes von Großkuchen „Gassenäcker", Stadt Heidenheim, das vom mittleren Drittel des 5. bis Anfang des 6. Jahrhunderts benutzt wurde und zu den frühen Friedhöfen der *Alamannia* gehört, auf denen gemeinschaftlich in West-Ost orientierten Körpergräbern bestattet wurde.

neten. Während in älteren alamannischen Männergräbern des 3. bis frühen 5. Jahrhunderts allein zwei bis drei Pfeilspitzen oder eine Axt nur sinnbildlich ihr Kriegertum andeuteten, so wurde dieses jetzt besonders betont, und das erstmals beigegebene Schwert – manchmal ergänzt durch Schild und Lanze – galt nunmehr als wesentliches Kennzeichen eines Militärführers. Das Aufkommen dieses neuen Bestattungsbrauches bei den Alamannen während der ersten Hälfte des 5. Jahrhunderts dürfte durch Vorbilder aus Nordgallien angeregt worden sein, wo sich diese Sitte bei den römischen Soldaten germanischer Herkunft gut zwei Generationen zuvor langsam ausgebildet hatte.

Die militärischen Kontakte zum gallischen Westen zeigen sich sogar noch um die Mitte des 5. Jahrhunderts, da einige hochrangige alamannische Kriegsherren mit ihren statusanzeigenden Schwertern bestattet wurden (Wyhl/Kaiserstuhl, Hemmingen, Tuttlingen, Neresheim, Großkuchen), die vermutlich in der Maasregion gefertigt wurden und offenbar zur standesgemäßen Ausstattung von Offizieren und Militärführern in römischen Diensten gehörten. Mit dem Niedergang der römischen Herrschaft in Gallien und am Rhein um 455 brachen allerdings diese Verbindungen, die Ansehen und Einfluss, aber auch Soldzahlungen und begehrte römische Trinkgefäße gebracht hatten, langsam ab.

Gerade in dieser Zeit, um die Mitte des 5. Jahrhunderts, vollzog sich in der *Alamannia* ein spürbarer Wandel, der sich auch im archäologischen Fundmaterial, vor allem beim Bestattungsbrauch, deutlich abzeichnet. Allerdings sind diese Veränderungen sehr vielfältig und überschneiden sich zeitlich ein wenig, sodass es bei der immer noch geringen Zahl entsprechender Grabfunde äußerst schwierig ist, die genaue chronologische Abfolge der Ereignisse zu ermitteln und deren mögliche Zusammenhänge zu erkennen, denn es handelt sich bei diesen Vorgängen in der *Alamannia* zum einen um mehrere unabhängige Migrationsbewegungen und zum anderen wohl um einen politisch-militärischen Kurswechsel.

Die im Limeshinterland lebende Bevölkerung begann in den Jahrzehnten zwischen 440 und 470/80 erst sporadisch, dann immer häufiger, ihre Toten in einer bisher nicht üblichen Weise zu bestatten, nämlich in West-Ost orientierten Körpergräbern, die im Laufe der Zeit vielfach zu kleinen Friedhöfen anwuchsen und sich damit von den mehrheitlich Nord-Süd ausgerichteten „Einzelgräbern" des 3. bis frühen 5. Jahrhunderts unterschieden, die zudem oft als große Kammern angelegt waren. Die Bestattung auf einem gemeinsamen Friedhof erfolgte familienweise in kleinen Gruppen, die gelegentlich sogar auf unterschiedliche Herkunft schließen lassen (zum Beispiel Eschborn/Taunus, Hemmingen, Horb-Altheim, Neresheim, Ulm-Böfingen). Neu an diesen keineswegs ganz einheitlichen Kleinfriedhöfen waren nicht allein die nun oft zu beobachtende Bestattung in engen Baumsärgen, das Fehlen von bisher üblichen Keramikservicen oder die Beigabe einzelner Gefäße in seitlichen Grabnischen, sondern auch die Ausstattung der Gräber mit fremdartigen Schmuck- und Waffenformen (Bügelfibeln aus Edelmetall, lange Schmalsaxe), die ihre besten Vergleichsstücke entweder in Nordböhmen („Vinařice-Gruppe") oder im mittleren Donaugebiet besitzen (Mähren, Slowakei, Nordungarn). Besonders in die letzte Richtung weisen die gelegentlich festzustellende künstliche Schädeldeformation weiblicher Personen, die Beigabe von glättverzierter donauländischer Keramik und die Anlage von Pferdegräbern. Alle diese ungewöhnlichen Phänomene insgesamt lassen eine Abkehr von älteren Traditionen und die Übernahme neuer Anregungen erkennen, die ohne eine Zuwanderung fremder Personengruppen und deren friedliche Integration nicht möglich gewesen wäre. Mit dem Beginn solcher Migrationen ist durchaus schon seit 451/55 zu rechnen, als nach dem Tode Attilas die hunnische Herrschaft im Donau- und Karpatenbecken zusammenbrach und eine erhebliche Unruhe- und Wanderungsbewegung unter den dort lebenden germanischen „Stämmen" auslöste.

In dieser Phase des langsamen Übergangs von einer eher individuellen zu einer mehr kollektiven Bestattungsweise, die weiter östlich schon länger praktiziert wurde und letztlich auf spätrömische Vorbilder zurückging, gab es freilich auch weiterhin noch in traditioneller Weise angelegte Einzelgräber oder kleine Grabgruppen, die sich nicht zu größeren Friedhöfen entwickelten (zum Beispiel Rüdern, Stetten auf den Fildern). Erst im ausgehenden 5. Jahrhundert hatte sich die gemeinsame Bestattung von Lebensgemeinschaften auf einem Friedhof weitgehend durchgesetzt. Soweit man die noch immer recht überschaubare Zahl solcher Befunde beurteilen kann, handelte es sich bei der damals in der *Alamannia* lebenden und bestattenden Bevölkerung einerseits um die Nachfahren der schon seit langer Zeit hier ansässigen „Alamannen" sowie andererseits um verschiedene Neuankömmlinge aus Nordböhmen und besonders aus dem mittleren Donaugebiet, unter denen sich vermutlich auch Donausueben befanden, die mit den Alamannen verbündet gewesen waren und nach ihren Niederlagen 466/70 offenbar bei ihnen Zuflucht suchten.

Seit dem Auftauchen dieser donauländischen Bevölkerungsgruppen, das schubweise erfolgte, beobachtet man im archäologischen Fundmaterial zwischen 460 und 500 nicht nur völlig neuartigen, kostbaren Trachtenschmuck (stark reliefierte Bügelfibeln aus Edel-

7 Grabausstattung eines hochrangigen Militärführers der Zeit um 460/80 aus Gültlingen, Kr. Calw. Neben seiner prunkvollen „Goldgriffspatha" besaß er einen byzantinischen Offiziershelm sowie eine Meerschaumschnalle und eine Tasche mit kostbarem goldenem Verschluss, die ebenfalls aus byzantinisch-ostmediterranen Werkstätten stammen. Axt, Schild und Glasschale vervollständigen seine Grabbeigaben.

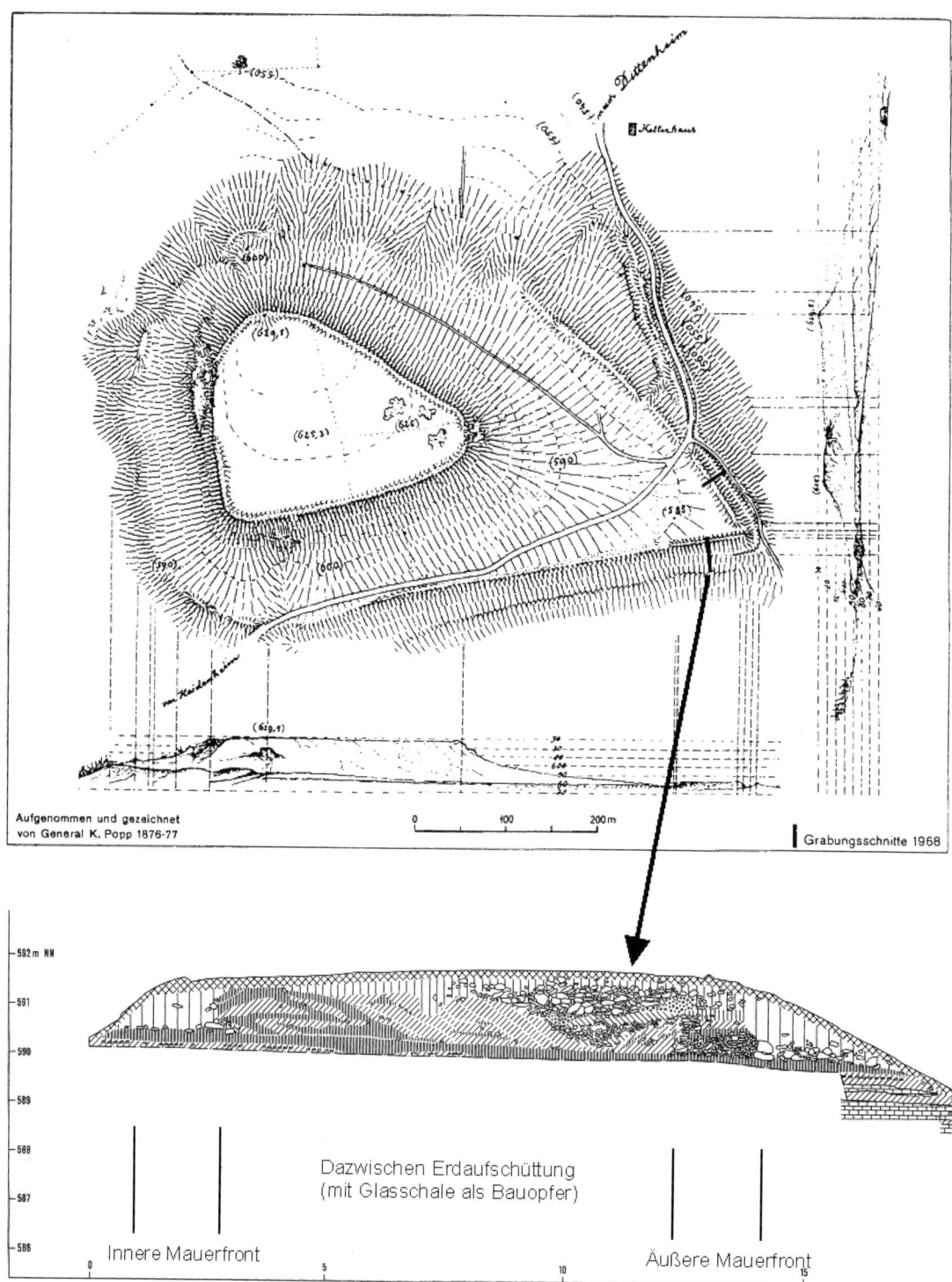

metall sowie silberne Armringe, Haarnadeln und Ohrringe), sondern auch zahlreiche aufwendig verzierte Schwerter mediterraner Herkunft, deren Träger den Schwertgriff gelegentlich mit einer dünnen Goldfolie verkleidet hatten („Goldgriffspathen"), um dadurch den Charakter ihrer Waffen als Statussymbole ranghoher Militärführer noch zusätzlich hervorzuheben. Gleichzeitig erschienen erstmals in manchen dieser Gräber ungewöhnliche Prunkschnallen aus Gold, Bergkristall oder Meerschaum, oft flächig verziert mit roten Schmucksteinen (Almandinen), aber auch einfachere Ausführungen mit Glaseinlagen, die zweifellos aus oströmisch-byzantinischen Werkstätten stammten. Dies gilt ebenso für den besonderes Prestige anzeigenden Spangenhelm aus Gültlingen oder die elegante Glasflasche aus Bräunlingen. Wegen der erstaunlichen Konzentration solcher prunkvollen ostmediterranen Objekte in der *Alamannia* spricht vieles dafür, dass die Alamannen – ebenso wie die Franken unter Childerich – in der zweiten Hälfte des 5. Jahrhunderts engere Kontakte zum byzantinischen Reich aufgenommen hatten, wobei vor allem an gut dotierte Militärbündnisse zu denken ist. Angesehene Militärführer, wie den Herrn von Gültlingen, kann man sich samt ihren kriegerischen Gefolgschaften durchaus als Söldner im Dienste von Byzanz vorstellen. Ob bei der Vermittlung der zu vermutenden Föderatenverträge die neu ins Land gekommenen donauländischen Volksgruppen, darunter wohl auch die Donausueben, eine Rolle gespielt haben, ist zwar nicht unwahrscheinlich, aber auch kaum zu belegen.

In jedem Falle erreichten Wert und Qualität vieler Grabbeigaben während der zweiten Hälfte des 5. Jahrhunderts, im Vergleich zu der eher bescheidenen Ausstattung zuvor, einen bisher nicht gekannten Höhepunkt, der den deutlich gestiegenen materiellen Reichtum der Oberschicht anzeigt, erkennbar an zahlreichen prunkvollen Waffen samt den zugehörigen Gürteln, exotischen Luxusgütern und „schwergewichtigen" Schmuckstücken aus Gold und Silber, die ohne den Zufluss erheblicher Subsidien kaum zu erklären sind. Da die meisten reicher ausgestatteten Gräber dieser Zeit bisher nur im Westen der *Alamannia* zwischen Neckargebiet und Hochrhein zum Vorschein kamen, ist nicht ausgeschlossen, dass die Ostalb von diesem neuen Wohlstand nur wenig profitiert hat.

Die veränderten politischen und wirtschaftlichen Verhältnisse in der *Alamannia* spiegeln sich auch in der Entwicklung der Höhensiedlungen wider, da die meisten dieser anfangs noch weitgehend militärisch geprägten Plätze den Niedergang der weströmischen Herrschaft in Gallien um 455 und damit das Ende der bisherigen Militärallianzen einschließlich der Grenzverteidigung nicht überlebten. Allein drei jener einst mutmaßlich 20 Höhensiedlungen des 4./5. Jahrhunderts im Limeshinterland überdauerten – nach unseren heutigen Kenntnissen – diese Krisenzeit und erlebten in der zweiten Hälfte des 5. Jahrhunderts geradezu eine Blütezeit mit reger Handwerkertätigkeit und weitreichenden Handelsbeziehungen („Runder Berg", „Gelbe Bürg", Glauberg/Wetterau), weshalb sie auch damals erst eine repräsentative Befestigung erhielten.

8 Plan der Ringwallanlage auf der „Gelben Bürg" bei Dittenheim (oben) und Ostprofil des Grabungsschnittes durch den „Südwall" von 1968 (unten). Der dem besiedelten Hochplateau vorgelagerte „Südwall" wurde im mittleren Drittel des 5. Jahrhunderts erbaut, wie eine wohl als Bauopfer deponierte spätrömische Glasschale belegt. Die repräsentative Außenbefestigung dieses alamannischen Herrschaftszentrums bestand einst aus einer 13,30 m breiten Zweischalenmauer mit steinverkleideten Frontseiten, zwischen die Erde geschüttet worden war (nach F.-R. Herrmann).

Mit guten Gründen hält man daher diese wenigen „Zentralorte" des späten 5. Jahrhunderts für Herrschaftsmittelpunkte einer neuen politischen Elite, deren Einfluss weit über die Möglichkeiten der erwähnten älteren Militärführer des 4. Jahrhunderts hinausging.

Die offenbar gelungene Integration donauländischer Zuwanderer, die mutmaßliche Aufnahme von Gewinn und Ansehen bringenden Kontakten zur byzantinischen Welt und die offensichtliche Konzentration von Macht führten sicherlich im späteren 5. Jahrhundert zu einem engeren sozialen Zusammenschluss der einst heterogenen Bevölkerung und damit zu einer kompakteren politischen Struktur bei den Alamannen, die auch von Historikern schon erkannt und beschrieben wurde.

Veränderungen lassen sich aber nicht allein bei den Grabsitten und den zentralen Höhensitzen beobachten, sondern auch im ländlichen Siedlungswesen. Von den mittlerweile recht zahlreichen Siedlungen des 3. bis 5. Jahrhunderts – sofern sie überhaupt so lange bestanden – haben sich offenbar nur ganz wenige kontinuierlich bis in die folgende Merowingerzeit gehalten (zum Beispiel Echzell/Wetterau, Renningen, Großkuchen, Mühlheim-Stetten), während die allermeisten spätestens im 5./6. Jahrhundert innerhalb ihres Siedlungsgefildes an andere Stelle verlagert wurden, wo sie dann oft bis in die Karolingerzeit und darüber hinaus verblieben. Ob für diese oft nur kleinräumigen Siedlungsverschiebungen auch die Ankunft neuer Bevölkerungsgruppen verantwortlich gewesen ist, mit denen man sich verständigen und arrangieren musste, bleibt vorerst ungeklärt.

Auf dem Höhepunkt alamannischer Machtentfaltung um 500, die sich – aus archäologischer Sicht – nicht zuletzt in einem reichen, innovativen Kunsthandwerk mit seinen qualitätvollen Erzeugnissen äußerte, erlitten die Alamannen in mehreren kriegerischen Auseinandersetzungen mit den Franken zwischen 490 und 507 empfindliche Niederlagen und mussten sich ihnen unterwerfen, erkennbar auch an dem recht plötzlichen Ende des „Runden Berges" als Herrschaftsmittelpunkt. Spätestens 537 verloren die Alamannen den letzten Rest politischer Selbstständigkeit und gingen im Frankenreich auf.

Während der nördliche Teil der alten *Alamannia* abgetrennt und in der Folgezeit Bestandteil der *Francia orientalis* (Ostfranken) im engeren Sinne wurde, fasste die Organisation des Merowingerreiches den Süden zu einer neuen, räumlich reduzierten fränkischen Provinz *Alamannia* zusammen, in deren engeren Grenzen sich bald ein neuartiges Zusammengehörigkeitsgefühl der Bewohner entwickeln konnte. Alamannen waren nun allein jene, die in der fränkischen *Alamannia* lebten, ähnlich wie in spätrömischer Zeit, als alle Bewohner der damals wesentlich größeren *Alamannia* einen entsprechenden Namen erhielten, unabhängig ihrer recht unterschiedlichen Herkunft.

Auch in den folgenden 200 Jahren der Merowingerzeit lassen sich im Bereich dieser neuen *Alamannia* vielfältige und gravierende Veränderungen feststellen, die sich auch im archäologischen Fundmaterial niederschlagen und in anderen Beiträgen Berücksichtigung finden. Zu nennen sind die spürbare „Frankisierung" des Landes in politischer, wirtschaftlicher und kultureller Hinsicht seit dem mittleren 6. Jahrhundert, die zunehmende Missionierung der Bevölkerung im 7. Jahrhundert sowie die etwas später folgende straffere Kirchenorganisation, vor allem aber die stärkere soziale Differenzierung der bisherigen Ranggesellschaft, aus der sich seit der Zeit um 600 immer häufiger besonders einflussreiche Familien abzusondern begannen, deren Stellung als adelige Grundbesitzer sich nun deutlicher abzeichnet. Die Gesellschaft hatte sich am Ende der Merowingerzeit ganz erheblich gewandelt, und neue politische Abhängigkeiten bestimmten die zukünftige Entwicklung.

Literatur

Bemmann 2003; Böhme 1994; Böhme 2002; Böhme 2005; Böhme 2008; Böhme 2009; Dick 2008; Fingerlin 2009; Hoeper 2003; Keller 1989; Keller 1998; Luik/Schach-Dörges 1993; Martin 1997b; Quast 1997; Quast 1999; Quast 2002a; Reuter 2007; Schach-Dörges 1997; Schach-Dörges 1998; Schach-Dörges 2007; Scholz 2009; Schreg 2006; Spors-Gröger 2009; Steidl 2000; Steidl 2006; Steuer 1990; Steuer 2003c.

Die Alamannen auf der Ostalb
Erforschung einer archäologischen Fundlandschaft

ANDREAS GUT

Derzeitiger Forschungsstand

Die alamannische Besiedlung im Bereich der Ostalb beschäftigt die archäologische Forschung seit Langem. Neben der bedeutenden Alamannensiedlung von Lauchheim konnten im Ostalbkreis und im Kreis Heidenheim zahlreiche weitere Siedlungsplätze der Alamannen wenigstens ausschnitthaft erforscht werden. Sie zeigen, zusammen mit den zahlreichen Gräberfeldern dieser Zeit, dass dieser Raum, insbesondere die Zonen nördlich und südlich der Alb sowie der Bereich der Kocher-Brenz-Passage über die Alb hinweg, in der Zeit vom 3. bis zum 8. Jahrhundert dicht besiedelt war. Allerdings fehlen uns schriftliche Quellen in diesem Gebiet für den gesamten Zeitraum. Für die rund 500 Jahre vom Ende des Limes um 260 bis zur Gründung des Klosters Ellwangen 764 sind wir nahezu ausschließlich auf archäologische Zeugnisse angewiesen, wenn wir versuchen, ein Bild von den Siedlungs- und Kulturverhältnissen in diesem Raum zu gewinnen.

Der Fundreichtum der Region geht bereits aus dem 1931 erschienenen Werk „Die Alamannen in Württemberg" von Walther Veeck hervor, in dem erstmals alle damals bekannten Fundstellen und Funde zusammengestellt wurden und das bis heute ein wichtiges Standardwerk darstellt. Im Vorwort zu diesem Buch schrieb der damalige Leiter des württembergischen Landeskonservatoriums Peter Goessler: „Noch ist auf diesem Gebiet außerordentlich viel zu tun für den Archäologen, für den Historiker und für den Sprachgeschichtlicher. Das Wort haben einstweilen die Archäologen ... Sie haben die Pflicht, altes Material wohl durchgearbeitet und neues in eingehendster Durchdringung vorzulegen. Insbesondere gilt es, das Gräbermaterial durch Siedlungsforschung, die freilich aus mehrfach erörterten Gründen ganz besonders schwierig ist, zu ergänzen." Gerade in den letzten drei Jahrzehnten hat sich durch die intensive Ausgrabungstätigkeit des 1972 gegründeten Landesdenkmalamtes Baden-Württemberg, seit 2005 Landesamt für Denkmalpflege im Regierungspräsidium Stuttgart, eine sprunghafte Vermehrung des Fundmaterials ergeben, mit dem sich manche der von Goessler angeschnittenen Fragen erstmals genauer beantworten lassen.

Forschungsgeschichte

Den Beginn der archäologischen Erforschung der Alamannen in Ostwürttemberg markiert ein mehr als 2 m langer Totenbaum mit doppelköpfiger Schlange auf dem Deckel, der 1882 neben der Marienkapelle in Zöbingen zutage kam. Bereits rund 700 Jahre zuvor, nämlich 1161, war dort schon ein erster derartiger Baumsarg gefunden worden, bei dem es sich zweifellos um die früheste überlieferte Bergung eines archäologischen Fundes in Süddeutschland handelt. Seine Entdeckung führte zur Errichtung einer ersten Kapelle an diesem Platz und

9 Karte der alamannischen Fundstellen in Ostwürttemberg (nach M. Knaut, ergänzt).
□ Römische Kastelle,
● Gräberfelder,
▲ Siedlungen.

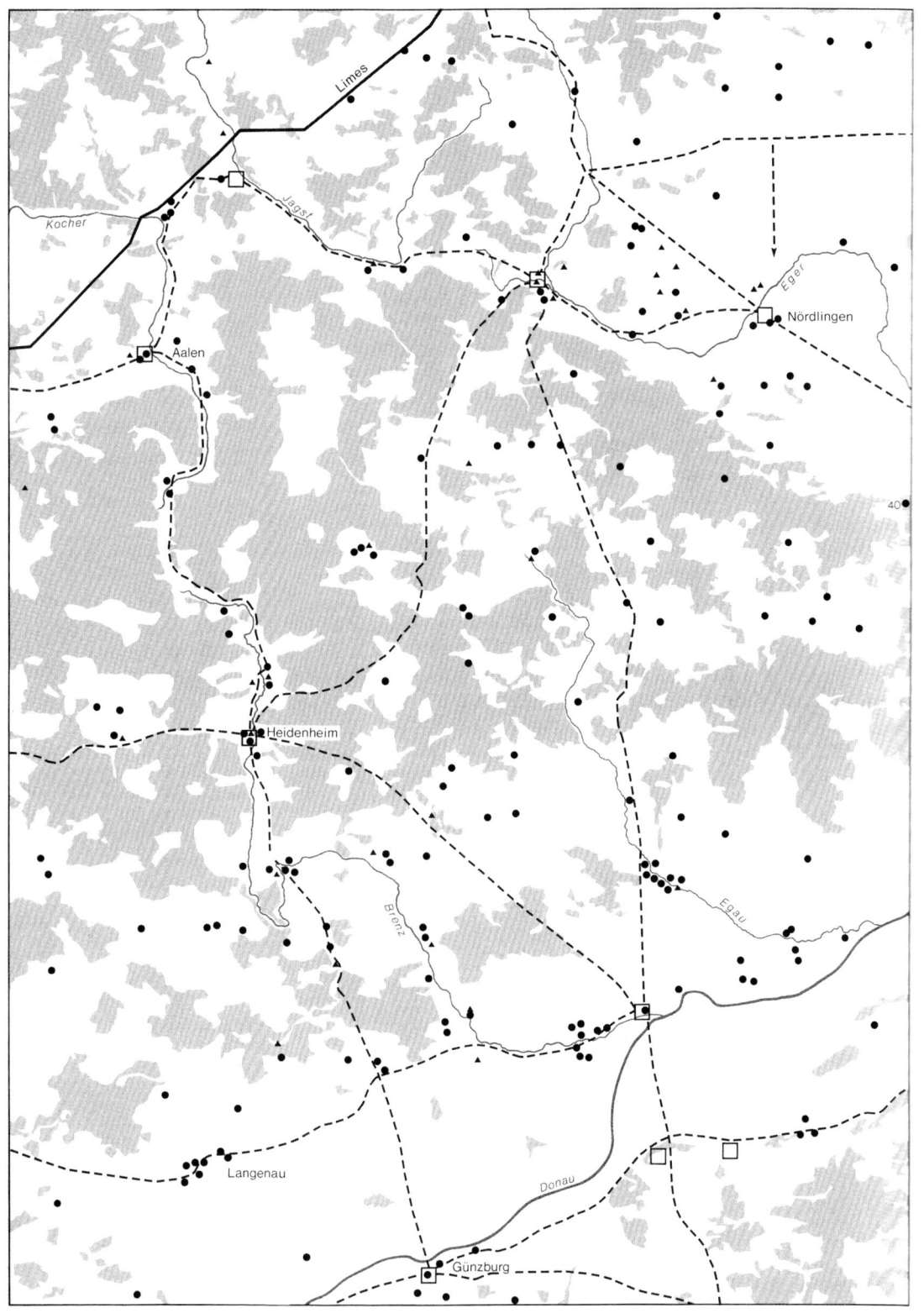

10 Totenbaum mit doppelköpfiger Schlange auf dem Deckel, der 1882 neben der Marienkapelle in Zöbingen gefunden wurde.

zur Begründung der seit dem 13. Jahrhundert bezeugten und bis heute bestehenden Marienwallfahrt am Ort. Vor diesem Hintergrund verwundert es auch nicht, dass der Originalsarg bis heute mit den zur Schau gestellten Skelettresten in der Sakristei der Wallfahrtskirche aufbewahrt wird, wie auch die Geschichte der Auffindung in zwei Szenen im Deckengemälde der Kirche von 1783 wiedergegeben ist. Mit dem Sargfund von 1882 im benachbarten Dorffriedhof und dem Fund dreier weiterer Totenbäume in den folgenden Jahren stellte sich aber heraus, dass hier bereits in der Alamannenzeit ein Friedhof lag, dessen zugehörige Siedlung unweit nördlich im Tal des Riedbaches bei der Flur „Flecken" zu vermuten ist. Aus den Grabfunden dieser Jahre hat sich auch ein besonderes Schwert, eine eiserne Spatha mit einer ansonsten nicht erhaltenen Bastumwicklung der Schwertscheide, erhalten.

Erste systematische Ausgrabungen wurden 1883 im benachbarten Pfahlheim durchgeführt; danach kamen eher selten weitere Funde zutage. Waren bis in die 1930er Jahre, als die Veeck'sche Zusammenstellung entstand, von vielen Fundstellen lediglich einzelne Gräber sowie vor allem Zufallsfunde bekannt und vornehmlich kleine unplanmäßige Ausgrabungen durchgeführt worden, so änderte sich das in den Jahrzehnten nach dem Zweiten Weltkrieg fundamental. Gerade in den überwiegend landwirtschaftlich geprägten Gebieten Ostwürttembergs, in denen der Bauboom und damit die Zersiedlung der Landschaft und das Ausufern der Ortschaften über die jahrhundertelang mehr oder weniger konstanten Ortskerne mit einer gewissen zeitlichen Verzögerung im Vergleich zu den industriellen Ballungsräumen einsetzte, war die archäologische Denkmalpflege seit den 1960er Jahren in der Lage, den Hinweisen auf große alamannische Reihengräberfelder systematisch nachzugehen. So wurden im Vorfeld der Anlage von Neubaugebieten an den Ortsrändern flächenhaft große Friedhöfe wie in Sontheim a. d. Brenz, Kirchheim a. Ries oder Bopfingen ausgegraben. Hinzu kamen Neuentdeckungen wie die Adels-

gräber von Niederstotzingen und Giengen a. d. Brenz, die wegen ihrer außergewöhnlich reichen Funde großes Aufsehen erregten.

Reste der zu den großen Gräberfeldern gehörenden Siedlungen konnten zunächst nur selten entdeckt werden, sodass man zu der Überzeugung gelangte, diese befänden sich in den meisten Fällen unauffindbar unter den heutigen Ortschaften, was in vielen Fällen die räumliche Nähe der Gräberfelder zu bestätigen schien. In der Tat könnte diese Situation für Orte wie Bopfingen, vielleicht auch für Neresheim oder Heidenheim zutreffen. Im Rahmen von Ausgrabungen in Giengen a. d. Brenz, Großkuchen, Schnaitheim, Sontheim im Stubental und Unterkochen und vor allem durch die langjährigen archäologischen Forschungen von 1986 bis 2005 in Lauchheim konnten jedoch Siedlungsreste und dazugehörige Gräberfelder untersucht werden, die in direkter Nachbarschaft zu heutigen Ortschaften liegen und deren Wurzeln wir in alamannischer Frühzeit vermuten. Diese neuen Ergebnisse machen deutlich, dass auch im alamannischen Gebiet, entsprechend andernorts gewonnener Erkenntnisse, mit einem „Wandern" der Ansiedlungen, das heißt mit einer Verlegung der Siedlungsstellen innerhalb kürzerer Zeiträume, gerechnet werden muss. Solche Siedlungen waren nicht ortsfest, sondern konnten im Bereich der Gemarkung nach Bedarf verlegt werden.

Der heutige Stand der Forschung zeigt eine Konzentration von zum Teil groß-

11 Der in der Art eines Reliquienbehältnisses in der Marienkapelle in Zöbingen zur Schau gestellte Baumsarg von 1161.

12 Die Marienkapelle in Zöbingen steht am Ort des frühesten archäologischen Fundes in Süddeutschland. Hier kam 1161 ein alamannischer Totenbaum zutage.

13 Darstellung der Auffindung des Baumsargs von 1161 im Deckengemälde der Marienkapelle in Zöbingen von 1783.

flächig und modern ausgegrabenen Fundplätzen im Bereich der Ostalb. Die dichte Streuung der modern erforschten Fundstellen und der in den letzten Jahrzehnten bereits erreichte Publikationsstand sind im Vergleich zu anderen Fundlandschaften Baden-Württembergs und Bayerns überdurchschnittlich hoch.

14 1883 wurde in Pfahlheim wertvolles Bronzegeschirr ausgegraben, das aus einer Pfanne und einer Kanne bestehende Set in Grab 4/1883 (Mitte 7. Jahrhundert) sowie die ungewöhnliche Röhrenausgusskanne in Grab 9/1883 (2. Viertel 7. Jahrhundert).

Auch die naturräumlichen Gegebenheiten, mit fundleeren Nachbargebieten wie dem Albuch im Westen und den Fränkischen Waldbergen im Norden, lassen diesen Raum als relativ geschlossene Fundlandschaft erscheinen, an die sich im Nordosten mit dem Nördlinger Ries eine ganz eigene Siedlungskammer anschließt, deren moderne Erforschung noch aussteht. Im Süden geht das Arbeitsgebiet nahtlos in den dicht besiedelten Raum der Niederen Flächenalb und des Donaurieds zwischen Brenz und Wörnitz über, zu dem archäologisch, historisch und verkehrsgeografisch enge Verbindungen bestehen.

Über diese Aspekte hinaus ist es in den letzten Jahrzehnten gerade auf der Ostalb gelungen, der lange zu Recht beklagten einseitigen Quellenlage entgegenzuwirken. Die Hunderte, ja Tausende von Grabfunden wurden endlich durch siedlungsarchäologische Entdeckungen ergänzt. Zu nennen sind hier beispielsweise die frühalamannischen Siedlungsbereiche von Sontheim im Stubental und Großkuchen, wo in den 1970er Jahren neben Ursprung im oberen Lonetal erstmals im Land größere Siedlungsflächen der Alamannen freigelegt wurden. 1982 und 1983 konnte in der Flur „Seewiesen" bei Schnaitheim im Anschluss an ein bereits in den 1970er Jahren untersuchtes hallstattzeitliches Grabhügelfeld mit reich ausgestatteten frühmittelalterlichen Gräbern als Nachbestattungen die zugehörige Siedlung mit zahlreichen Hausgrundrissen auf einer Fläche von 2 ha ergraben werden.

Das im 12. Jahrhundert abgegangene Dorf Mittelhofen bei Lauchheim, wo von 1989 bis 2005 ein Siedlungsareal von 12 ha Fläche komplett aufgedeckt werden konnte, gilt heute als die besterforschte Siedlung des frühen Mittelal-

15 Die metallenen Kettengehänge des 7. Jahrhunderts kommen ausschließlich in reichen Frauenbestattungen vor. Die beiden Bronzeketten aus den Gräbern 3/1883 (2 Fragmente rechts) und 9/1883 (links) von Pfahlheim zeigen tierstilverzierte Verteilerplatten und schließen teils mit keulenförmigen Anhängern, den so genannten Donarkeulen, sowie mit Kugeln ab, die mit dem christlichen Kreuzsymbol versehen sind.

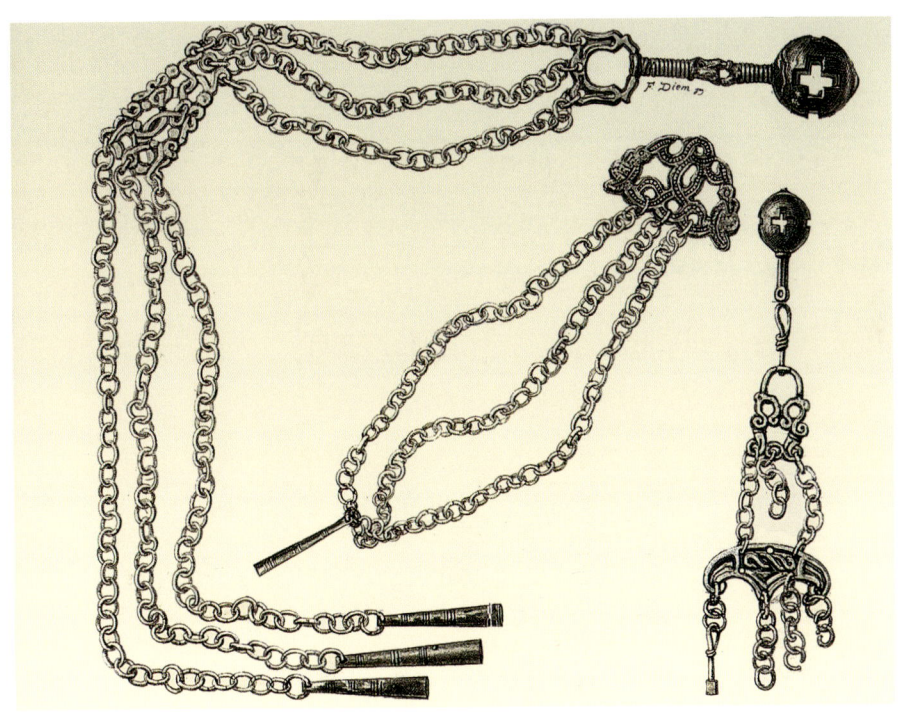

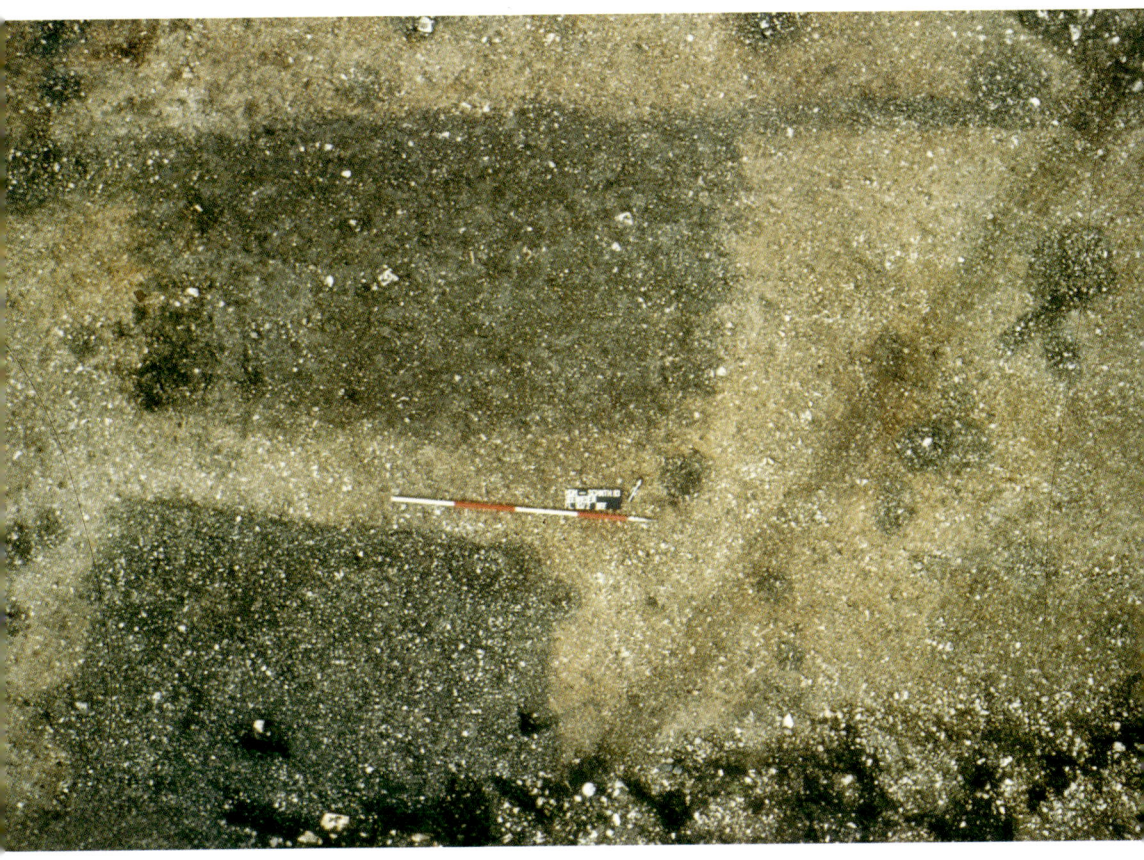

17 Die Erschließung und Überbauung eines großen Industriegebiets in den Seewiesen im Tal der Brenz bei Heidenheim-Schnaitheim machten 1982 und 1983 großflächige Ausgrabungen in einer alamanischen Siedlung notwendig. Hier zwei Grubenhausbefunde und Zaungräbchen, die sich als dunkle Verfärbungen im hellen Kies abzeichnen.

ters weithin. Der Ausgräber Ingo Stork resümierte 2006 in seinem abschließenden Grabungsbericht: „Die Untersuchungen – sämtlich Rettungsgrabungen im Vorfeld von Baumaßnahmen und zuletzt von Zerstörungen durch landwirtschaftliche Nutzung – haben dem ‚Jahrhundertfund' Lauchheim internationale Bedeutung verliehen. Bisher war es in Deutschland nur hier möglich, eine bedeutende Siedlung und ihr Gräberfeld als Gesamtkomplex in diesem Umfang zu erforschen." 1997 wurden in der Stuttgarter Landesausstellung „Die Alamannen" die dortigen Ergebnisse zusammen mit dem von 1986 bis 1996 erforschten Gräberfeld mit seinen 1308 untersuchten Gräbern in einem eigenen Ausstellungsteil präsentiert. Sie führten schließlich zur Gründung des Alamannenmuseums in Ellwangen, wo seit 2001 ein beträchtlicher Teil der Funde gezeigt wird.

Hinzu kommt im Brenztal ein neuer Siedlungsbefund aus frühalamannischer Zeit, der derzeit noch erforscht wird. In dem zwischen Heidenheim und Schnaitheim gelegenen Neubaugebiet „Fürsamen" wurden 1999 bis 2002, 2004 und seit 2006 Flächengrabungen auf einer Fläche von rund 4 ha durchgeführt. Dabei konnten zahlreiche Siedlungsbefun-

16 Blick auf die Kapfenburg und das Jagsttal bei Lauchheim mit dem Friedhofsbezirk der alamannischen Siedlung „Mittelhofen" (im Vordergrund).

18 Düsenziegel und Eisenschlacken eines Rennfeuerofens zur Eisenherstellung, die 2000 in einer frühalamannischen Siedlung in dem zwischen Heidenheim und Schnaitheim gelegenen Neubaugebiet „Fürsamen" am rechten Brenzufer ausgegraben wurden.

19 Beim Bau der Westumgehung Aalens stieß man 1997 bei Unterrombach auf eine frühalamannische Siedlung. Die zugespitzten Eichenpföstchen eines Zaunes hatten sich im feuchten Sediment des Sauerbachs in regelmäßigen Abständen erhalten. Dendrochronologisch konnten die Schlagjahre 297 und 303 bestimmt werden.

20 Frühalamannische Keramik aus der Siedlung am Sauerbach bei Unterrombach. Boden eines Fußgefäßes mit eingestochenen Kreisen. Frühalamannische Keramik aus der Siedlung am Sauerbach bei Unterrombach. Ritz- und stichverzierte Randscherbe.

de vor allem der Völkerwanderungszeit untersucht werden. Zu erwähnen sind mehrere Gehöfte des 4. und 5. Jahrhunderts, die möglicherweise als Vorgänger der frühmittelalterlichen Siedlung „Seewiesen" auf der gegenüberliegenden Brenzseite zu werten sind. Im Jahr 2000 wurden dort Reste von Rennfeueröfen freigelegt, die erstmals in die Zeit der frühen Alamannen datieren. Inzwischen ist Schnaitheim-Fürsamen die größte erforschte frühalamannische Siedlung überhaupt.

In Unterrombach am Westrand von Aalen wurde 1997 beim Bau eines Straßentunnels eine weitere frühalamannische Siedlung ergraben, in der sich durch den nahegelegenen Sauerbach Zaunpfosten aus Eichenholz erhalten hatten. Durch eine Jahrringuntersuchung wurden die Hölzer auf die Jahre 297 und 303 datiert. Damit gelang es, das Alter dieser frühen Siedlung exakt zu ermitteln. Weitere frühalamannische Siedelplätze lassen sich indirekt in der Flur „Weiherwiesen" auf der Albhochfläche bei Essingen erschließen, wo 1990 in den verfüllten Gräben eines römischen Kleinkastells frühalamannische Keramik vermischt mit Eisenschlacken zutage trat. Wichtige Hinweise liefern außerdem die in das 4. bis 5. Jahrhundert zu datierenden Altfunde aus den Höhlen „Kleine Scheuer", „Haus" und Finsterloch am Rosenstein bei Heubach sowie Funde vom Goldberg bei Nördlingen, wobei die beiden zuletzt genannten, auf Berghochflächen liegenden Stationen als Höhenburgen eines alamannischen Kleinkönigs interpretiert werden.

Den Forschungen der vergangenen Jahre ist es ebenfalls zu verdanken, dass auch das Fundbild für die Grabfunde der Frühzeit in Ostwürttemberg erweitert werden konnte. So führten Untersuchungen im Vorfeld von Baumaßnahmen einer NATO-Pipeline von Aalen nach Leipheim im Jahr 2006 zum Fund des wertvollen Bernsteincolliers von Bopfingen-Trochtelfingen in einem Grab des 4. Jahrhunderts. Ein solcher Neufund ist

21 Bernsteincollier von Bopfingen-Trochtelfingen.

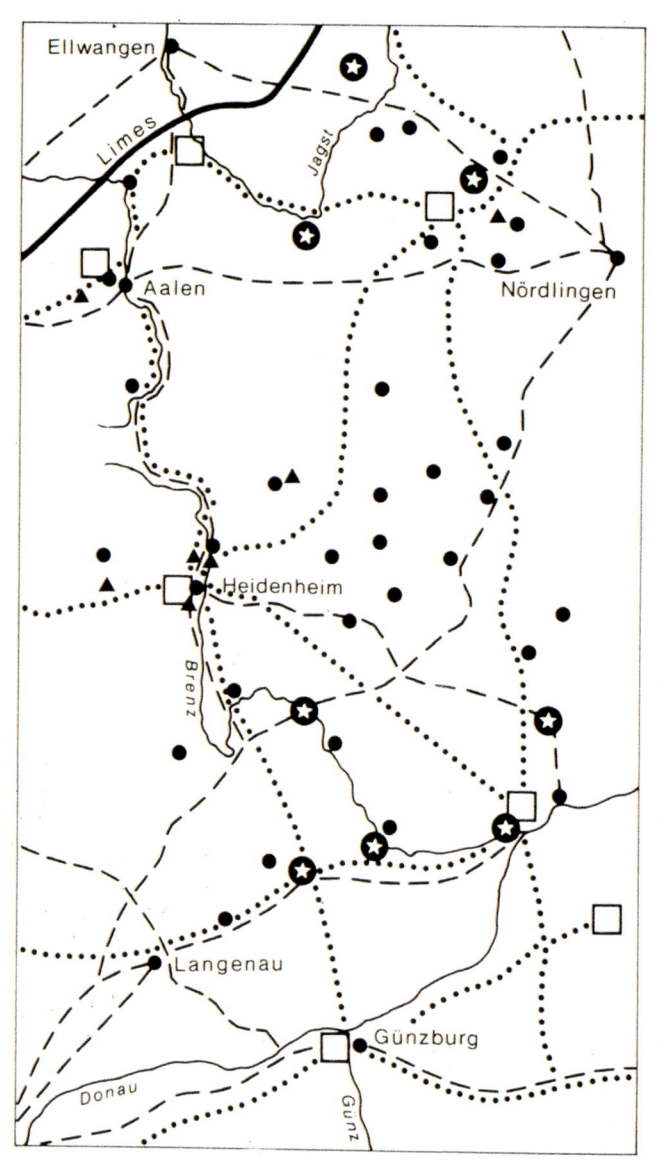

22 Bedeutende alamannische Fundstellen in Ostwürttemberg und angrenzenden Gebieten (nach M. Knaut, ergänzt). ☐ Römische Kastelle, ● Gräberfelder, ▲ Siedlungen, ✪ Adelsgräber, ····· römische Straße, – – – Geleitstraßen um 1550.

Brenz a. d. Brenz hier erwähnt werden. Sie wurde in den 1960er Jahren durch archäologische Ausgrabungen entdeckt, die in ihrer Auswertung zu dem Ergebnis führten, dass hier als Vorläuferin der späteren Pfarrkirche St. Gallus um die Mitte des 7. Jahrhunderts eine dreischiffige Holzkirche von über 10 m Länge und 7,50 m Breite errichtet worden war. Darin befanden sich wenige, zumeist ärmliche, beigabenführende Bestattungen der Zeit zwischen 650 und dem beginnenden 8. Jahrhundert. Es handelt sich damit um die früheste fassbare Kirchengründung in dem hier behandelten Gebiet.

Das Kartenbild der alamannischen Besiedlung der Ostalb, wie es sich aus den archäologischen Daten ergibt, lässt sich in vielfältiger Weise interpretieren. Ein entsprechend guter Forschungsstand wie im Ostalbgebiet ist für das südlich anschließende, zum Teil bayerische Donaugebiet mit den Fundstellen Niederstotzingen, Wittislingen, Schretzheim und Unterthürheim zu verzeichnen, dagegen mangelt es an modernen, großflächigen Untersuchungen im zentralalamannischen Siedlungsgebiet des Mittleren Neckarraumes. Fundament für eine landesgeschichtliche Auswertung der archäologischen Quellen ist aber gerade die Klärung der Besiedlungsgeschichte der einzelnen Kleinräume und daraus folgend der größeren Regionen.

jedoch ein Glücksfall, denn allgemein sind nur wenige archäologisch fassbare Spuren der frühen Alamannen überliefert, was unter anderem aus der in dieser Zeit verbreiteten Sitte der Totenverbrennung resultiert.

Neben den Siedlungen und Gräberfeldern muss auch die frühe Kirche von

Sozial- und Infrastrukturen

Die bislang von der Ostalb bekannten Gräberfelder lassen vom Ende des 5. bis zum 7. Jahrhundert eine eher ländlich-bäuerliche Prägung der Besiedlung erkennen. Die sozial Bestgestellten dieser Gemeinschaften waren die am Ort ansässigen Hofbesitzer; ihren Grabausstattungen zufolge erreichten sie nur in einzelnen Fällen ein überdurchschnittliches Wohlstandsniveau. Diese Bevölkerung besiedelte mit wachsender Intensität im 6. und 7. Jahrhundert die landwirtschaftlich nutzbaren Flächen des Härtsfeldes und die Flusstäler von Kocher und Brenz. Lediglich das nordwestliche Härtsfeld und der Albuch blieben wohl wegen der ungünstigen naturräumlichen Gegebenheiten siedlungsleer. Das nördliche Albvorland und das Ries sind in dieser Zeit mindestens ebenso dicht, zum Teil sogar dichter besiedelt.

In dieser Zeit gegen Ende des 6. und verstärkt im 7. Jahrhundert kommen besonders reiche Bestattungen in den Ortsgräberfeldern vor. Hinter diesen Bestattungen verbirgt sich eine aus der Masse der Bevölkerung herausgehobene Schicht, die im Laufe der Zeit eigene, von den Ortsgräberfeldern separierte Grablegen gründete. Diese wegen ihres materiellen Reichtums von der einschlägigen Forschung als „Adel" bezeichnete Gruppe verfügte als Grundherren über Landbesitz sowie Abhängige und übte wohl auch administrative Funktionen im herzoglichen oder königlichen Auftrag aus. Wie groß ihre Besitzungen waren und wie weit ihre Machtbefugnisse reichten, ist bislang unklar. Die relativ dichte Lage der Adelsbestattungsplätze von Pfahlheim, Lauchheim und Kirchheim a. Ries, die teilweise gleichzeitig bestanden, lässt auf eine breitere Streuung der verschiedenen Adelsfamilien schließen. Das Fehlen vergleichbar reicher Gräber auf dem Härtsfeld könnte ein Hinweis darauf sein, dass sich die Grundherren dieses Gebietes an anderer Stelle beisetzen ließen, vielleicht auf einem der bekannten Gräberfelder nördlich und südlich der Alb.

Die zuletzt genannten Bestattungsplätze, ebenso der von Bopfingen, und die dazugehörigen Siedlungen liegen dicht bei ehemaligen römischen Straßen. Anscheinend wurden diese Straßen auch in der Merowingerzeit als Verkehrswege genutzt, da sie im Mittelalter bis in die Neuzeit hinein als Handelswege dienten und von überregionaler Bedeutung waren. Ein ähnlicher Befund ergibt sich bei den Adelsgräbern südlich der Ostalb im Donauraum. Wittislingen und Niederstotzingen liegen beide genau dort, wo jeweils eine römische, die Alb überquerende Nord-Süd-Straßenverbindung das Donauried erreicht. Sontheim a. d. Brenz, an der Römerstraße von Cannstatt über Ursprung und Langenau nach Gundelfingen auf dem Nordufer der Donau gelegen, ist gleichzeitig auch auf das Brenztal als Wasserweg und günstige Nord-Süd-Verbindung über die Alb ausgerichtet. Wie nördlich der Ostalb ist es auch in diesem Bereich mangels schriftlicher Quellen bislang nicht gelungen, eine möglicherweise vorhandene Besitzverteilung oder Abgrenzung und Abhängigkeiten zwischen den merowingerzeitlichen Adelsfamilien herauszuarbeiten.

Ausblick

Als Fazit lässt sich festhalten, dass die archäologische Forschung mit ihren eigenen Quellen einen wichtigen Beitrag zur Erforschung der Zeiträume mit geringem Bestand an schriftlichen Quellen leistet. Im Zusammenspiel mit den historischen, landeskundlichen und immer mehr auch naturwissenschaftlichen Disziplinen trägt sie Wesentliches zur Erhellung der frühen Landesgeschichte bei.

Literatur

Adelmann u.a. 1973; Böhm u.a. 1995; Bofinger/Bollacher 2009; Christlein 1991; Dollhopf 2004; Gut 2004; Gut 2006; Kempa 1991; Knaut 1988b; Knaut 1990; Knaut 1993b; Krause 1998; Leinthaler 2003; Nawroth 2001; Neuffer-Müller 1966; Neuffer-Müller 1983; Oeftiger/Wagner 1985; Paulsen 1967; Paulsen/Schach-Dörges 1978; Scholz 2009; Spors-Gröger 2009; Stork 1988; Stork 1997a; Stork 2001a; Stork 2002; Stork 2006; Veeck 1931.

Die ersten Alamannen

SILVIA SPORS-GRÖGER

Seit der zweiten Hälfte des 3. Jahrhunderts treten in römischen Quellen Germanen auf, die als *Alamanni* bezeichnet und wohl in Anlehnung an den Chronisten Asinius Quadratus (erstes Drittel des 3. Jahrhunderts) als „zusammengespülte und vermengte Menschen" charakterisiert werden. Gleichfalls tauchen im 3. Jahrhundert bzw. um 300 elbgermanische Funde im süddeutschen Raum auf, die schon seit Langem mit den erwähnten *Alamanni* in Verbindung gebracht werden (Abb. 23). Ihre Herkunftsgebiete liegen im elbgermanischen Kulturraum, der von der unteren bis zur oberen Elbe reicht. Früher wurde angenommen, dass sich der Stamm der Alamannen bereits im Elbegebiet herausgebildet habe und geschlossen nach Süddeutschland übergesiedelt sei. Heute wird hingegen für wahrscheinlich gehalten, dass die Alamannen in kleineren Bevölkerungsgruppen oder Personenverbänden aus verschiedenen Gegenden des Elberaumes nach Süddeutschland gezogen sind und dort erst allmählich der Stammesbund der Alamannen entstanden ist.

Wenn auch nicht bezweifelt wird, dass es sich bei den Alamannen in der Hauptsache um Elbgermanen handelt, so lassen die süddeutschen Funde vermuten, dass auch Germanen aus anderen Regionen

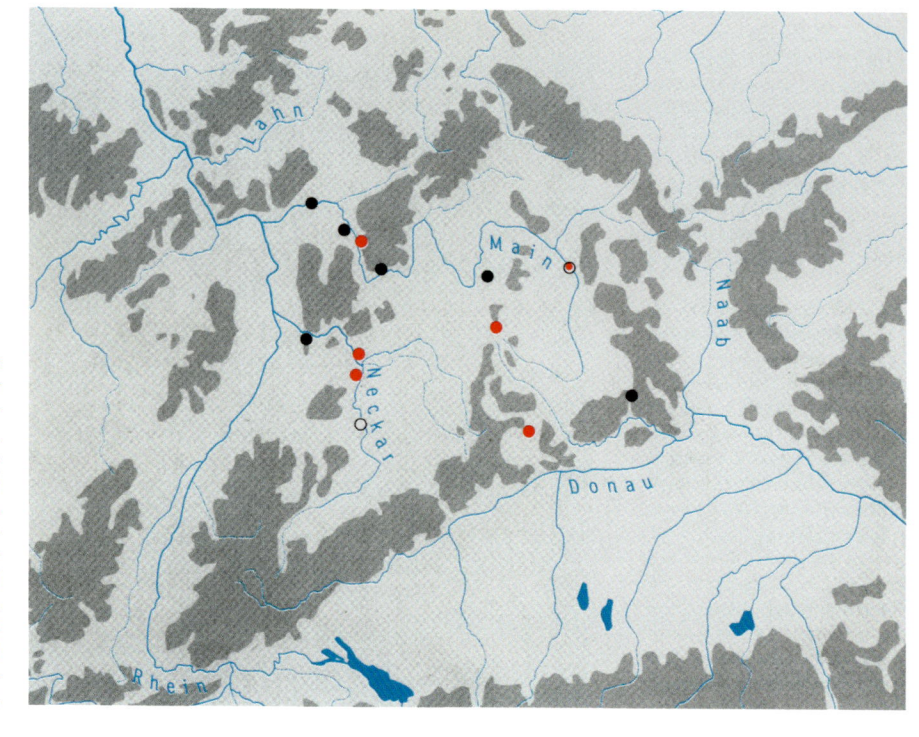

23 Germanische Grabfunde aus der Zeit um 300 in Süddeutschland. ● Bestattungsplätze mit Frauen-/ Mädchengräbern, ● Bestattungsplätze mit ausschließlich Männer-/ Knabengräbern, ⦿ mit mehr als 10 Gräbern, (Kreis) unsicherer Grabfund.

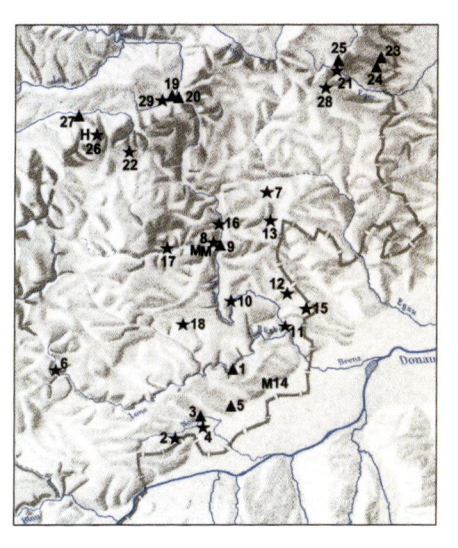

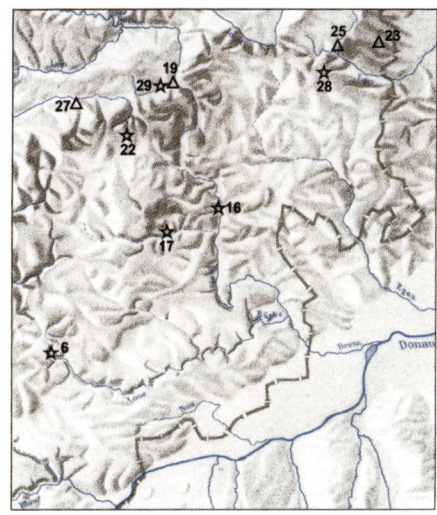

24 Die Besiedlung der Ostalb im 3. bis 5. Jahrhundert. 1 Asselfingen. 2 Göttingen, Stadt Langenau. 3.4 Langenau. 5 Rammingen. 6 Urspring, Gde. Lonsee. 7 Großkuchen, Stadt Heidenheim. 8.9 Heidenheim. 10 Herbrechtingen. 11 Hermaringen. 12 Hohenmemmingen, Stadt Giengen a. d. Brenz. 13 Nattheim. 14 Niederstotzingen. 15 Sachsenhausen, Stadt Giengen a. d. Brenz. 16 Schnaitheim, Stadt Heidenheim. 17 Sontheim im Stubental, Gde. Steinheim a. Albuch. 18 Zwischen Heuchlingen und Heldenfingen. 19.20 Aalen. 21 Bopfingen. 22 Essingen. 23.24 Goldburghausen, Gde. Riesbürg. 25 Oberdorf a. Ipf. 26 Rosenstein b. Heubach. 27 Unterböbingen, Gde. Böbingen. 28 Unterriffingen, Stadt Bopfingen. 29 Unterrombach, Stadt Aalen. Links: ▲ Einzel-/Lesefunde der Stufen C1/C2–D, (M) Münzschätze bzw. Goldmünzen, ★ Siedlungsfunde der Stufen C1/C2–D, |H| Höhensiedlung. Rechts: △ Einzel-/Lesefunde der Stufen C1/C2, ☆ Siedlungsfunde der Stufen C1/C2.

an der Aufsiedlung Süddeutschlands beteiligt waren. Welche diese waren und in welchem Umfang sie an der „Landnahme" teilhatten, wird eine der Fragen sein, die zukünftig zu klären sind.

Des Weiteren wurde lange Zeit angenommen, dass der obergermanisch-rätische Limes auf breiter Front von den Alamannen überrannt worden sei. Zur Diskussion standen hierbei vor allem die Jahre 254 und 259/60 n. Chr. Inzwischen wird es für möglich gehalten, dass die Aufsiedlung Südwestdeutschlands kleinräumig erfolgte, das heißt, einzelne Limesabschnitte zu unterschiedlichen Zeiten aufgegeben wurden – so etwa der rätische Limes im Bereich der Ostalb, der nach einer Analyse der Münzfunde bis in die Zeit „um 300" Bestand gehabt haben könnte. Nach den in Sontheim im Stubental (17) geborgenen Funden zu urteilen dürfte die dortige Siedlung aber noch vor 300, das heißt in der zweiten Hälfte des 3. Jahrhunderts, gegründet worden sein (Abb. 24). In der zweiten Hälfte des 3. Jahrhunderts bzw. in der Zeit „um 300" wurden wahrscheinlich ebenfalls die alamannischen Siedlungen von Lonsee-Urspring (6), Heidenheim-Schnaitheim (16), Essingen (22) und Aalen-Unterrombach (29) errichtet. Als

Sonderfall ist vermutlich die germanische Siedlungsstelle von Unterriffingen „Mazenbronn„ (28) zu werten, die noch in die mittlere Kaiserzeit gehören soll (Abb. 25). Bisher sind Funde dieser Epoche innerhalb des Limesgebietes selten, und wenn vorhanden, treten sie nach den Beobachtungen von Helga Schach-Dörges in der Regel zusammen mit jüngerkaiserzeitlichen Funden auf. Außerdem müsste die Kulturzugehörigkeit dieser Fundstücke geklärt werden, denn diejenigen des 2./3. Jahrhunderts werden zum Beispiel im Taubergebiet den Rheinwesergermanen und nicht den Elbgermanen zugeordnet.

Auf der Ostalb wurden seit den siebziger Jahren des letzten Jahrhunderts verstärkt Siedlungsplätze des 3. bis frühen 5. Jahr-

25 Unterriffingen, Stadt Bopfingen, Gewann Mazenbronn. Germanische Keramik der Römischen Kaiserzeit.

hunderts entdeckt. Im Vergleich zur Aufstellung Christleins aus dem Jahre 1974 sind heute auf der Ostalb fast doppelt so viele frühalamannische Siedlungsstellen bekannt.

Besiedlungsverlauf

Als Voraussetzung für die alamannische Aufsiedlung der Ostalb war sicher die noch vorhandene römische Infrastruktur sehr wichtig, da viele der alamannischen Siedlungsgründungen an aufgegebene römische Villen oder Kastellplätze anknüpfen bzw. in deren Nähe liegen. Ganz entscheidend für die Anlage einer Siedlung war das Vorhandensein von Wasser, denn auf der Albhochfläche, die vom Weißen Jura eingenommen wird, versickert das Wasser in der Regel sehr schnell. Deshalb dürfte die Existenz einer abgegangenen Siedlung grundsätzlich von Neusiedlern als Hinweis auf „Wasser" gewertet worden sein. Außerdem waren die römischen Plätze verkehrstechnisch gut angebun-

26 Eisenerzvorkommen im mittleren Bereich der Ostalb.

den. Ursprung (6) war beispielsweise Verkehrsknotenpunkt der römischen Straße von Mainz nach Augsburg und der Ost-West-Verbindung zwischen den ehemaligen Albkastellen. Sontheim (17) liegt an der Route Ursprung (6)–Heidenheim (8) und Heidenheim-Großkuchen (7), das im 4. Jahrhundert bestand, an der Strecke Heidenheim–Oberdorf/Ipf (25). Heidenheim-Schnaitheim (16) befindet sich an der überaus wichtigen Nord-Süd-Verbindung durch die Ostalb von Aalen (19) nach Günzburg an der Donau.

Bei den in die Zeit um 300 zu datierenden Einzelfunden, die in römischen Ruinen im Bereich des Albtraufs entdeckt wurden, handelt es sich wahrscheinlich um Verlustfunde von Alamannen, die diese Plätze auf der Suche nach Wiederverwertbarem durchkämmten. Möglicherweise lebten sie bereits in der Nähe oder kamen aus anderen germanischen Gegenden, nur mit dem Ziel zu plündern. Sehr beliebt waren zum Beispiel Metallschrott, der wieder eingeschmolzen werden konnte, oder auch Fragmente von Sigillaten, die zumindest in nachrömischer Zeit als Ersatz für Granate verwendet wurden.

Eisenerzverhüttung und Landwirtschaft

Eine ganz entscheidende Bedeutung für die Besiedlung der Ostalb, die zumindest in vor- und frühgeschichtlicher Zeit als siedlungsfeindlich gelten kann, kommt den Eisenerzvorkommen – Bohn- und Schwartenerz – zu (Abb. 26). Beide eignen sich gut für das Rennfeuerverfahren zur Eisengewinnung. Außerdem sind sie im Gelände einfach zu erkennen. Bohnerz zeigt sich bereits, wenn an der Oberfläche Vegetation und Humus entfernt sind, und es kann leicht mittels Schürfgruben abgebaut werden. Hin-

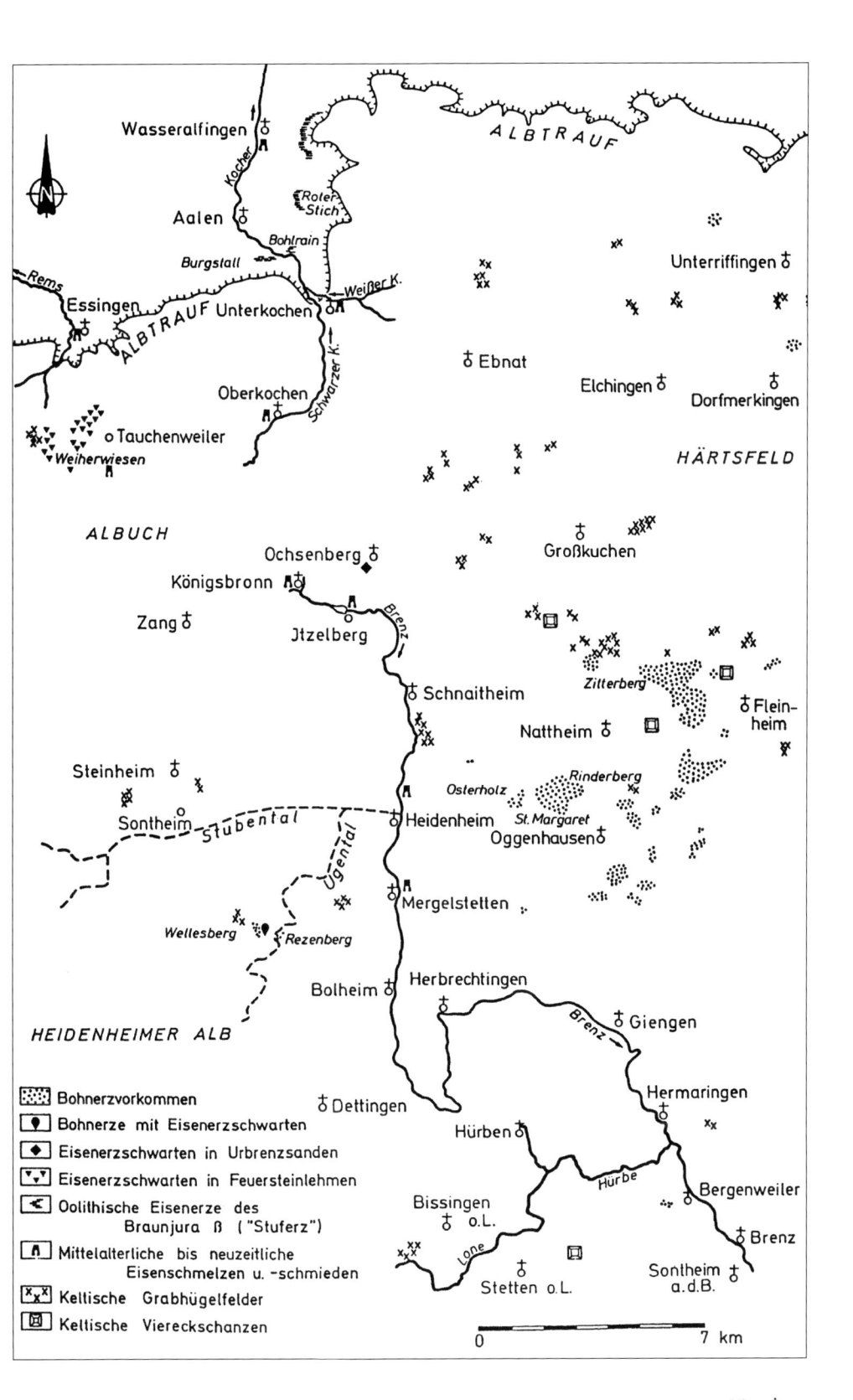

Legend:
- ⁙ Bohnerzvorkommen
- ⬩ Bohnerze mit Eisenerzschwarten
- ◆ Eisenerzschwarten in Urbrenzsanden
- ▼ Eisenerzschwarten in Feuersteinlehmen
- ◄ Oolithische Eisenerze des Braunjura β ("Stuferz")
- ⌂ Mittelalterliche bis neuzeitliche Eisenschmelzen u. -schmieden
- ˣxˣ Keltische Grabhügelfelder
- ▣ Keltische Viereckschanzen

Map labels:
Wasseralfingen, Aalen, Roter Stich, Bohlrain, Burgstall, Rems, Essingen, ALBTRAUF, Unterkochen, Weißer K., Kocher, Schwarzer K., Oberkochen, Tauchenweiler, Weiherwiesen, ALBUCH, Ochsenberg, Königsbronn, Zang, Itzelberg, Brenz, Unterriffingen, Ebnat, Elchingen, Dorfmerkingen, HÄRTSFELD, Großkuchen, Schnaitheim, Zitterberg, Nattheim, Fleinheim, Steinheim, Sontheim, Stubental, Ugental, Osterholz, Rinderberg, Heidenheim, St. Margaret, Oggenhausen, Mergelstetten, Wellesberg, Rezenberg, HEIDENHEIMER ALB, Bolheim, Herbrechtingen, Brenz, Giengen, Hermaringen, Dettingen, Hürben, Hürbe, Bergenweiler, Bissingen o.L., Lone, Stetten o.L., Sontheim a.d.B., Brenz

0 — 7 km

43

27 Lovosice, Tschechien. Profil und Planum einer Arbeitsgrube mit drei in die Grubenwand eingebauten kleinen Rennöfen, wie sie wahrscheinlich auch auf den Weiherwiesen bei Essingen in Gebrauch waren.

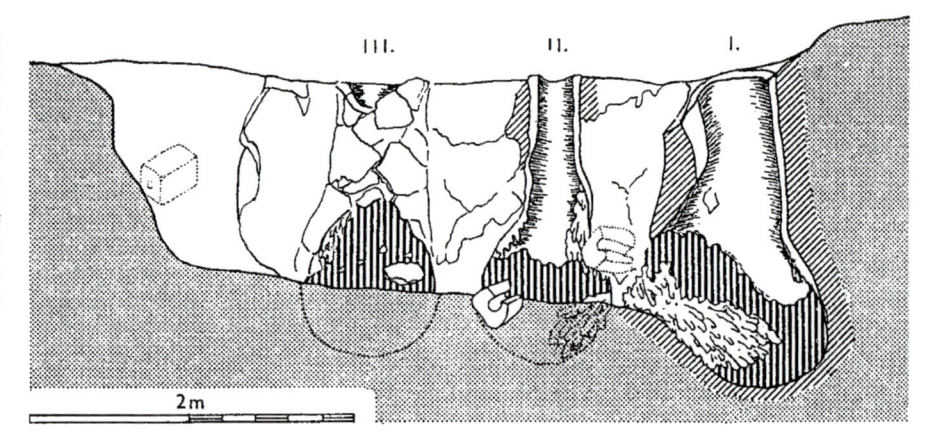

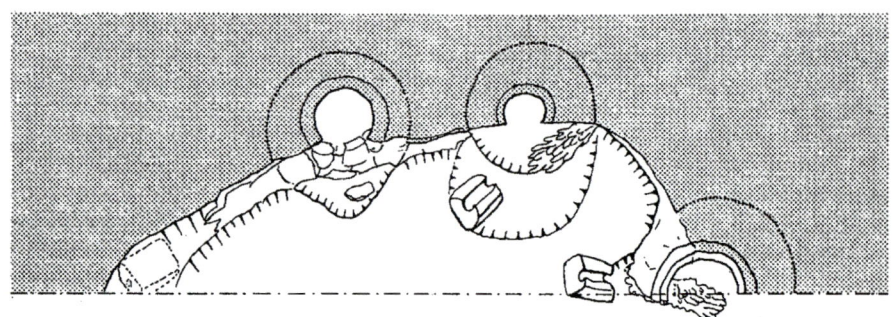

weise auf Schwartenerz liefern Erzbrocken, die an der Oberfläche liegen. Das Schwartenerz selbst steht meist erst in größerer Tiefe an und muss in Schächten gefördert werden. Möglicherweise hatten die elbgermanischen Siedler schon im Vorfeld der Aufsiedlung Kenntnis von den reichen und relativ leicht zugänglichen Eisenerzvorkommen. Vielleicht gab es sogar Erzprospektoren, die Lagerstätten systematisch suchten und erfassten.

Die Bohnerzlagerstätten der östlichen Schwäbischen Alb liegen hauptsächlich auf dem Härtsfeld. Kleinere Reviere befinden sich auf der Heidenheimer Alb (Wellesberg) und im südlichen Brenztal. Aus heutiger Sicht wird für möglich gehalten, dass die Sontheimer Schlackenfunde auf Bohnerze vom 3,8 km süd-südöstlich gelegenen Wellesberg zurückzuführen sind.

Verhüttungsreste frühalamannischer Zeit finden sich außer in Sontheim (17) unter anderem ebenso in Essingen (22), Unterrombach (29), Schnaitheim (16) und Großkuchen (7). Bisher lassen sich auf der Ostalb zwei Typen von Rennöfen erschließen, die von den germanischen Hüttenleuten verwendet wurden. Zum einen sind es kleine Rennöfen ohne Schlackenabstich, wie sie auf den „Weiherwiesen" bei Essingen (22) durch Relikte erschlossen werden konnten und vielleicht ebenso in Sontheim (17) in Gebrauch waren (Abb. 27). Nach Martin Kempa sind sie vom Typ Tuklaty/Podbaba herzuleiten, ein vor allem in Böhmen nachweisbarer Ofentyp, mit dem 2 bis 3 kg Eisen produziert werden konnten. Mehr Eisen pro Schmelzvorgang ließ sich mit Rennfeueröfen mit Schlackenabstich gewinnen. Solche Öfen wurden beispielsweise in Großkuchen (7) und Nattheim (13) betrieben, das heißt, die Eisenerzverhüttung war dort wohl nicht nur für den Eigenbedarf gedacht.

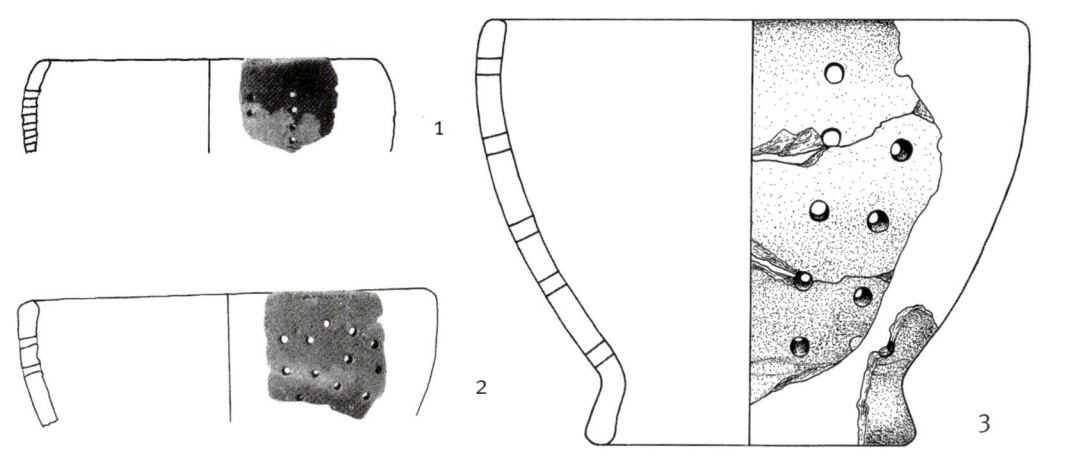

28 Keramiksiebe. 1.2 Sontheim im Stubental. 3 Lauffen, Kr. Heilbronn.

Ausgehend vom rauen Klima und den damit verbundenen zu kurzen Vegetationszeiten herrschen auf der Ostalb noch heute sehr ungünstige Bedingungen bezüglich einer landwirtschaftlichen Nutzung. Hiervon ausgenommen sind nur das südliche Brenztal und die Flächenalb (zum Beispiel Herbrechtingen [10], Hermaringen [11] und Langenau [3]). Das Steinheimer Becken, an dessen Südrand Sontheim (17) liegt, besitzt dagegen eine mittelgünstige Lage. Hier wurde zumindest wohl Weidewirtschaft betrieben, wie die gefundenen Fragmente von Keramiksieben zeigen, die wahrscheinlich zur Quarkherstellung dienten und auf jeden Fall Milchvieh voraussetzen (Abb. 28). Dass Rinder in der alamannischen Landwirtschaft von Bedeutung waren, beweist zum Beispiel die Zusammensetzung des frühalamannischen Knochenmaterials, das aus Bietigheim-Weilerlen vorliegt. Hier dominierte das Rind, gefolgt von Schwein und Schaf (Abb. 29).

Für den Eigenbedarf wurden auf der Ostalb wohl auch Pflanzen angebaut. Aber welche das im Einzelnen waren, ist bisher nicht bekannt. Zu vermuten ist, dass als Getreide Gerste ausgesät wurde,

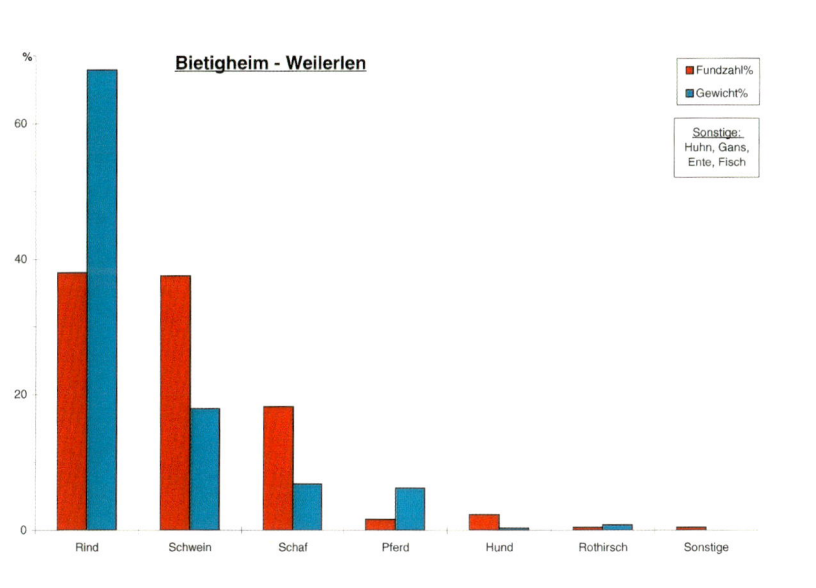

29 Prozentuale Anteile von Tierknochen in der frühalamannischen Siedlung von Bietigheim-Weilerlen, Kr. Ludwigsburg.

30 und 31 Prozentuale Anteile von Getreidesorten und anderen Nahrungspflanzen in den völkerwanderungszeitlichen Siedlungen von Mühlheim-Stetten, Mengen und Igersheim.

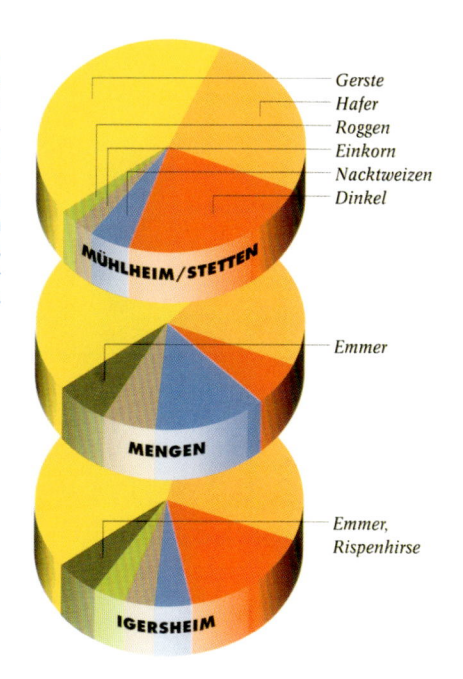

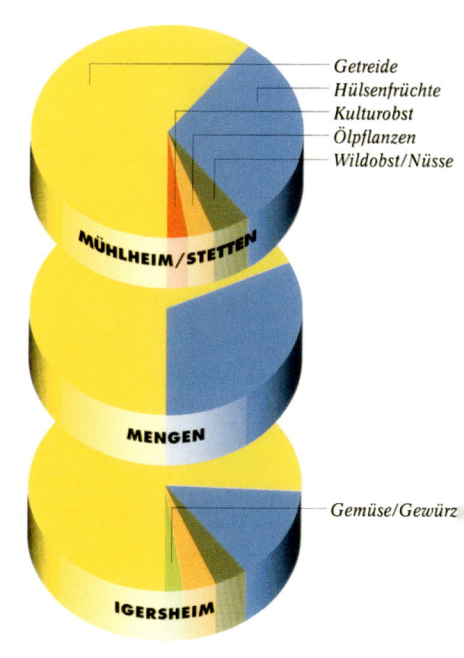

denn der Anbau von Gerste ist von allen Getreidearten unter den größten Extremen möglich. In der frühalamannischen Siedlung von Mengen im Breisgau war die Gerste mit einem Anteil von 41 Prozent das wichtigste Getreide, möglicherweise gilt dies ganz allgemein für Siedlungsplätze des 3. bis 5. Jahrhunderts in Deutschland (Abb. 30; 31). Was Gemüsesorten betrifft, so ist in Mengen nur die Linse belegt, die ebenfalls auf der Ostalb in dieser Zeit gewachsen sein könnte, denn die historischen Hauptanbaugebiete der Linse in Deutschland bis ins 20. Jahrhundert befanden sich in Bergländern der Muschelkalk- und Juraformation, wie beispielsweise der Schwäbischen Alb.

Haus und Hof

Unter den Gebäudegrundrissen des 3. bis 5. Jahrhunderts, die auf der Ostalb aufgedeckt wurden, befinden sich Grubenhäuser und ein- sowie mehrschiffige Pfostenbauten. Darunter sind die dreischiffigen Langhäuser oder auch Wohnstallhäuser und die Grubenhäuser mit sechseckiger Pfostenstellung von besonderem Interesse. Erstere gelten als charakteristisch für germanische Siedlungen und konnten in Heidenheim (8) und Schnaitheim (16) nachgewiesen werden (Abb. 32). Sie stellen in der Regel das Hauptgebäude eines Gehöfts dar, in dem es abgegrenzte Bereiche für Menschen und Tiere gab. In Süddeutschland sind sie bisher jedoch noch nicht in allzu großer Zahl belegt (Abb. 33). Auch in Sontheim (17) findet sich kein solches Gebäude (Abb. 34). Hier bestand das Hauptgebäude aus zwei aneinandergebauten zweischiffigen Pfostenhäusern mit sehr ähnlicher Baustruktur, die einheitlich Nord-Süd orientiert waren und eine gemeinsame Trennwand besaßen. Hinweise, dass das Gebäude zeitlich gestaffelt errichtet wurde, gibt es nicht. Zweischiffige Pfostenbauten sind bei den Germanen während der gesamten römischen Kaiserzeit verbreitet. Bei den Elbgermanen kommen sie relativ häufig vor. Im Vergleich zu den dreischiffigen

32 Dreischiffige Wohnstallhäuser aus Heidenheim (oben) und Heidenheim-Schnaitheim (unten).

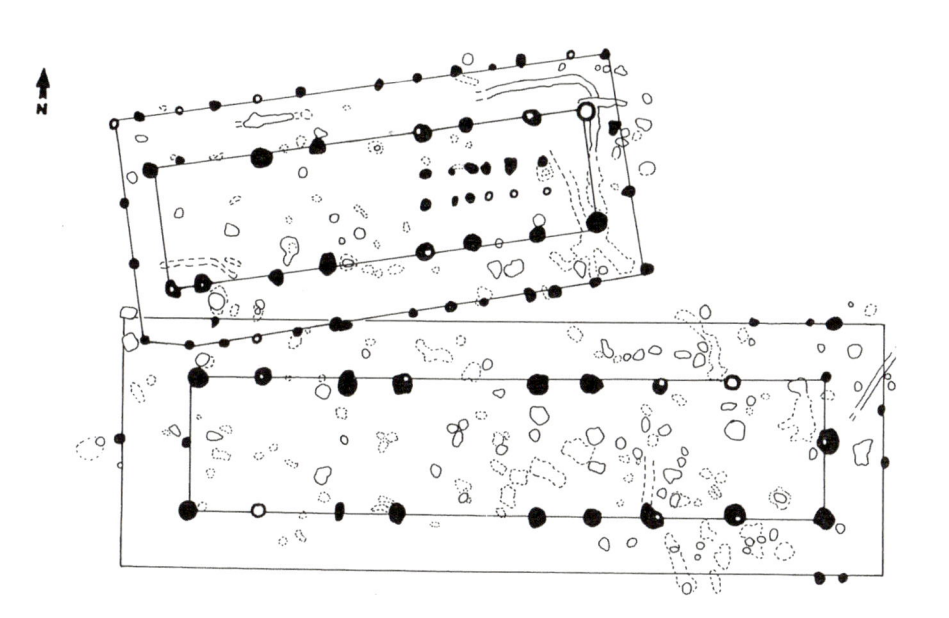

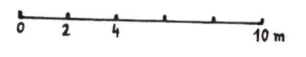

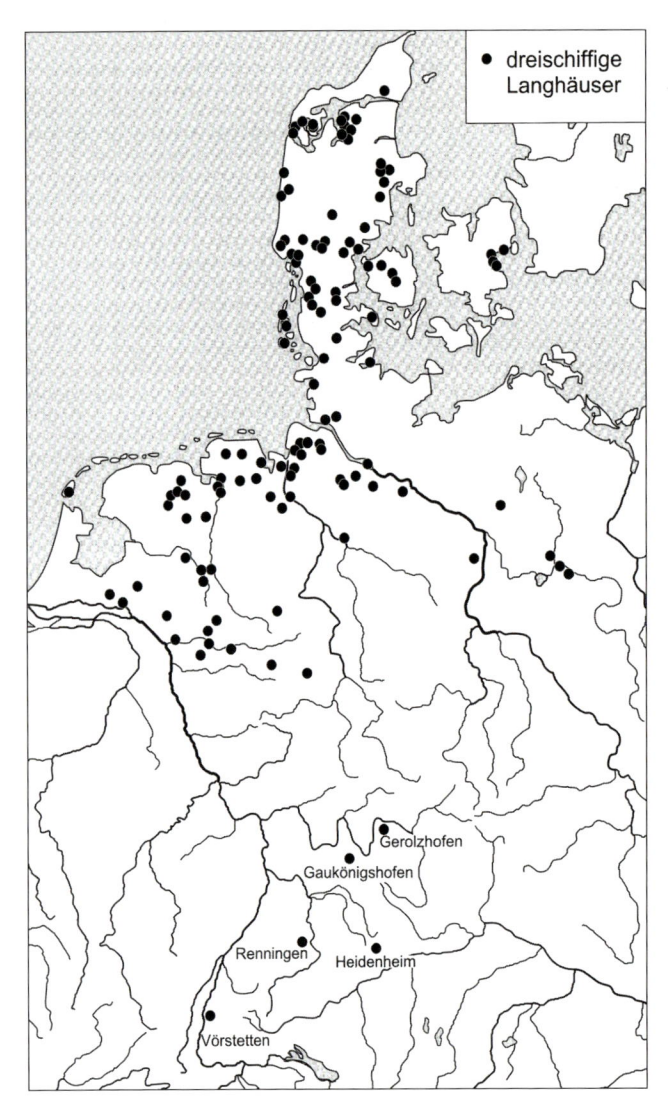

33 Verbreitung von dreischiffigen Langhäusern.

Hallenhäusern sollen sie jedoch nur eine untergeordnete Rolle in der germanischen Bautradition gespielt haben. Bislang ist schwierig zu entscheiden, ob es weitere zweischiffige Bauten während des 3. bis frühen 5. Jahrhunderts auf der Alb gegeben hat, da die Auswertung jüngerer Ausgrabungen noch aussteht. Nach Markus Scholz liegt zum Beispiel in der Siedlung von Schnaitheim-Fürsamen (16) ein mit dem Sontheimer Gebäude vergleichbarer Bau vor.

Neben dem Hauptgebäude gehörten zu einem Gehöft Nebengebäude, die landwirtschaftlich, handwerklich oder auch zum Wohnen genutzt werden konnten. Weiter zählten Speicher und Brunnen zum Bestand einer Hofstelle. Letztere sind in der Siedlung von Großkuchen (7) nachgewiesen.

Auf der Ostalb bilden Grubenhäuser mit sechseckiger Pfostenstellung, die außer in Sontheim (17) ebenfalls in Schnaitheim (16) und Unterrombach (29) freigelegt wurden, eine kleine Gruppe typologisch und chronologisch paralleler Befunde (Abb. 35). Sie besitzen einen Durchmesser von ca. 5 m. In der Regel werden sie Speichern zugeordnet, in jüngerer Zeit wird auch über eine mögliche Funktion dieser Bauten im Verhüttungsprozess von Eisenerz nachgedacht. Wahrscheinlich wurde der genannte Gebäudetyp im frühalamannischen Siedlungswesen multifunktional eingesetzt, was ebenfalls ganz allgemein für Kleinhäuser zutreffen dürfte.

Das Hofareal betrug im frühen und hohen Mittelalter in der Regel wohl 1000 bis 2000 m² und war in frühalamannischer Zeit vermutlich ähnlich groß, wie zum Beispiel die Hofstelle von Gaukönigshofen, die ins 4. Jahrhundert gehört, und ebenso Sontheim (17) zeigen (Abb. 36). Häufig war ein Gehöft durch einen Zaun oder eine Einfriedung vom Nachbarhof abgegrenzt. Ein entsprechender Befund liegt aus Heidenheim (8) vor, wo wie in Schnaitheim (16) mehrere Hofstellen freigelegt wurden, die mindestens zwei Perioden angehören (Abb. 37). Die Siedlungsstelle von Nattheim (13) ist ebenfalls mehrphasig. In Unterrombach (29) existierten maximal wohl zwei Höfe.

Die Wirtschaftsflächen, die zu den Gehöften gehörten, sind uns nicht bekannt, aber in unmittelbarer Nähe anzunehmen. Einen Anhaltspunkt für die Gesamtgröße des Wirtschaftsareals liefern mittelalterliche Vergleichsbeispiele, die von einer Ackerfläche von mindestens

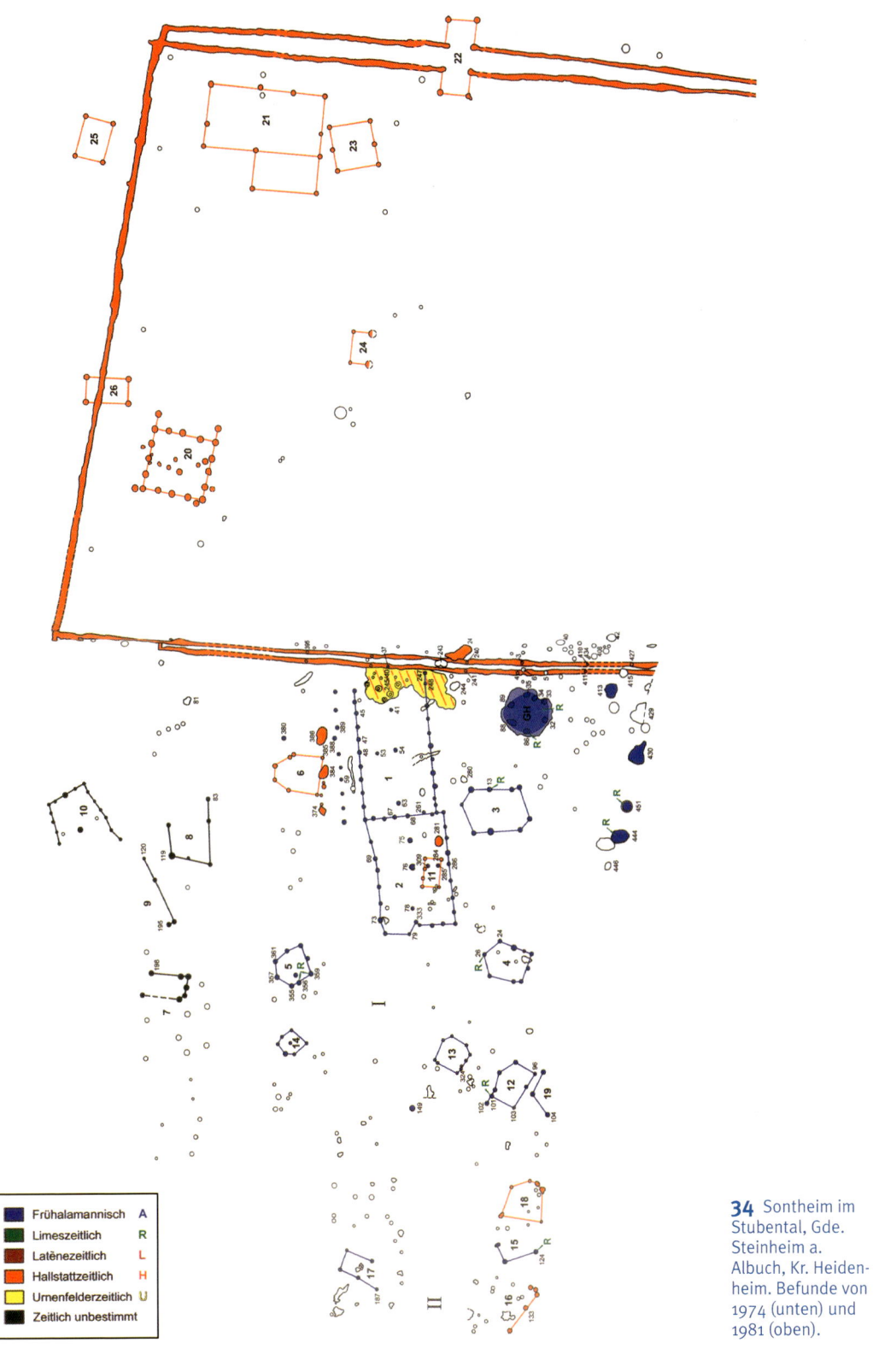

■ Frühalamannisch	A
■ Limeszeitlich	R
■ Latènezeitlich	L
■ Hallstattzeitlich	H
■ Urnenfelderzeitlich	U
■ Zeitlich unbestimmt	

34 Sontheim im Stubental, Gde. Steinheim a. Albuch, Kr. Heidenheim. Befunde von 1974 (unten) und 1981 (oben).

35 Frühalamannisches Grubenhaus mit sechseckiger Pfostenstellung (rechts oben) sowie weitere Gebäudestrukturen aus Heidenheim-Schnaitheim.

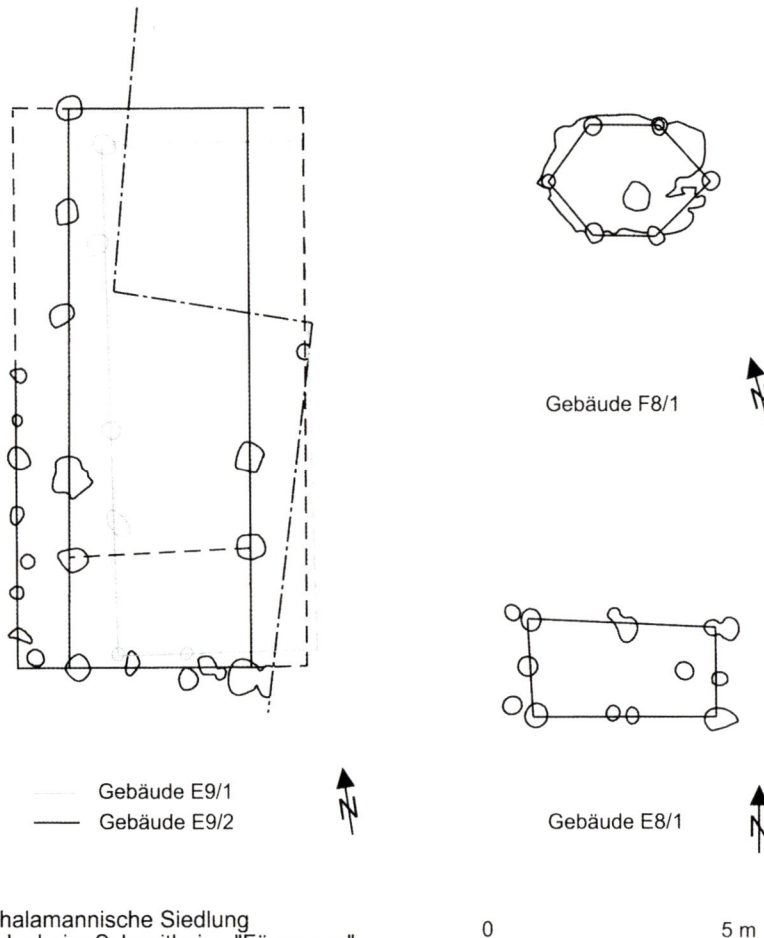

Gebäude F8/1

Gebäude E9/1
Gebäude E9/2

Gebäude E8/1

Frühalamannische Siedlung
Heidenheim-Schnaitheim, "Fürsamen"

0 — 5 m

Ch. Dreier 2006

3 ha für die Ernährung einer siebenköpfigen „Kernfamilie" (Eltern, Kinder, Großeltern) ausgehen. Doch kennen wir die Anzahl der Personen, die in den Gehöften lebten, nicht, zumal die zugehörigen Gräberfelder bislang unbekannt sind.

Kulturelle Beziehungen und Herkunft der Siedler

Die Hinterlassenschaften der frühen Alamannen auf der Ostalb sind, wie anfangs beschrieben, eng mit dem elbgermanischen Kulturraum verknüpft. Dies wird ganz besonders an der handgemachten Keramik deutlich, die alle gängigen Formen aufweist: Schüsseln, Schalen, Töpfe, Siebe, Teller und Flaschen. Die elbgermanische Prägung der Gefäße kommt vor allem durch die Verzierungen aus Schrägriefen, Winkelbändern, Eindrücken, Keilstichen, Einstichen, Buckeln, umlaufenden Wülsten, senkrechten Rippen usw. zum Ausdruck (Abb. 38; 39). Weiter lassen sich nach Rainer Schreg Grubenhäuser mit sechseckiger Pfostenstellung, wie sie in Sontheim (17), Unterrombach (29) und Schnaitheim (16) aufgedeckt wurden (Abb. 35; 40), ebenso wie die kleinen Rennfeueröfen vom Typ Tuklaty/Podbaba aus dem Elbegebiet herleiten. Sie waren dort während der jüngeren Kaiserzeit

36 Gehöft des 4. Jahrhunderts von Gaukönigshofen, Lkr. Würzburg.

37 Frühalamannische Hofstellen im Bereich des römischen Kastells von Heidenheim.

38 Handgemachte Keramik frühalamannischer Zeit aus Südwestdeutschland (9–16.24–30) im Vergleich mit handgemachter elbgermanischer Keramik der jüngeren Kaiser- und der Völkerwanderungszeit. 1 Sanne. 2 Kahrstedt. 3 Merseburg. 4–6 Pritzier. 7 Ichstedt. 8 Voigtstedt. 9 Mengen. 10.11 Kirchheim u. Teck. 12 Mengen. 13 Sontheim im Stubental. 14 Großkuchen. 15 Heidelberg-Rohrbach. 16 Berching-Pollanten. 17 Dederstedt. 18 Wechmar. 19 Bad Dürrenberg. 20 Merseburg. 21 Běsno bei Louny. 22 Hassleben. 23 Kannawurf. 24 Bietigheim. 25 Benningen a. Neckar. 26.27 Rendel. 28 Großkuchen. 29 Groß-Gerau. 30 Günzburg.

Elbgermanisch	Südwestdeutsch	Elbgermanisch	Südwestdeutsch
1	9	17	24
2	10	18	25
3	11	19	26
4	12	20	27
5	13	21	28
6	14	22	29
7	15	23	30
8	16		

im Mittelelbegebiet, in Böhmen und besonders in Mähren und der westlichen Slowakei verbreitet. Nach Böhmen weist ebenfalls eine kleine handgemachte Flasche aus Großkuchen (7), die in Běsno bei Louny eine gute Parallele besitzt (Abb. 38; 39). Ihre Verzierung aus tiefen Punkteinstichen ist charakteristisch für böhmische Keramik der jüngeren Kaiserzeit, und über diesen Dekor ist die Flasche mit Gefäßfragmenten aus Unterrombach (29) und Kirchheim u. Teck verbunden. Dazu passt in Sontheim (17) das Vorkommen einer kleinen Silberfibel mit bandförmigem Bügel, deren Fuß leider nicht erhalten ist (Abb. 41). Sie gehört wahrscheinlich in das Umfeld einer Fibelgruppe, die außer im Bereich der Przeworsk-Kultur einen Verbreitungsschwerpunkt in Mähren und in der westlichen Slowakei besitzt und für die eine Datierung in das späte 2. Jahrhundert und in die erste Hälfte des 3. Jahrhunderts vorgeschlagen worden ist. Sie stammt aus einer Grube, die neben einigen chronologisch nicht näher zu bestimmenden handgemachten frühalamannischen Scherben unter anderem noch eine Wandscherbe mit Schrägriefenverzierung enthielt. Diese gehört zu einer Schüssel mit abgesetztem Rand, die in Anlehnung an ein Gegenstück aus

39 Handgemachte Keramik aus den frühalamannischen Siedlungen Sontheim im Stubental, Großkuchen (vorne links) und Mengen.

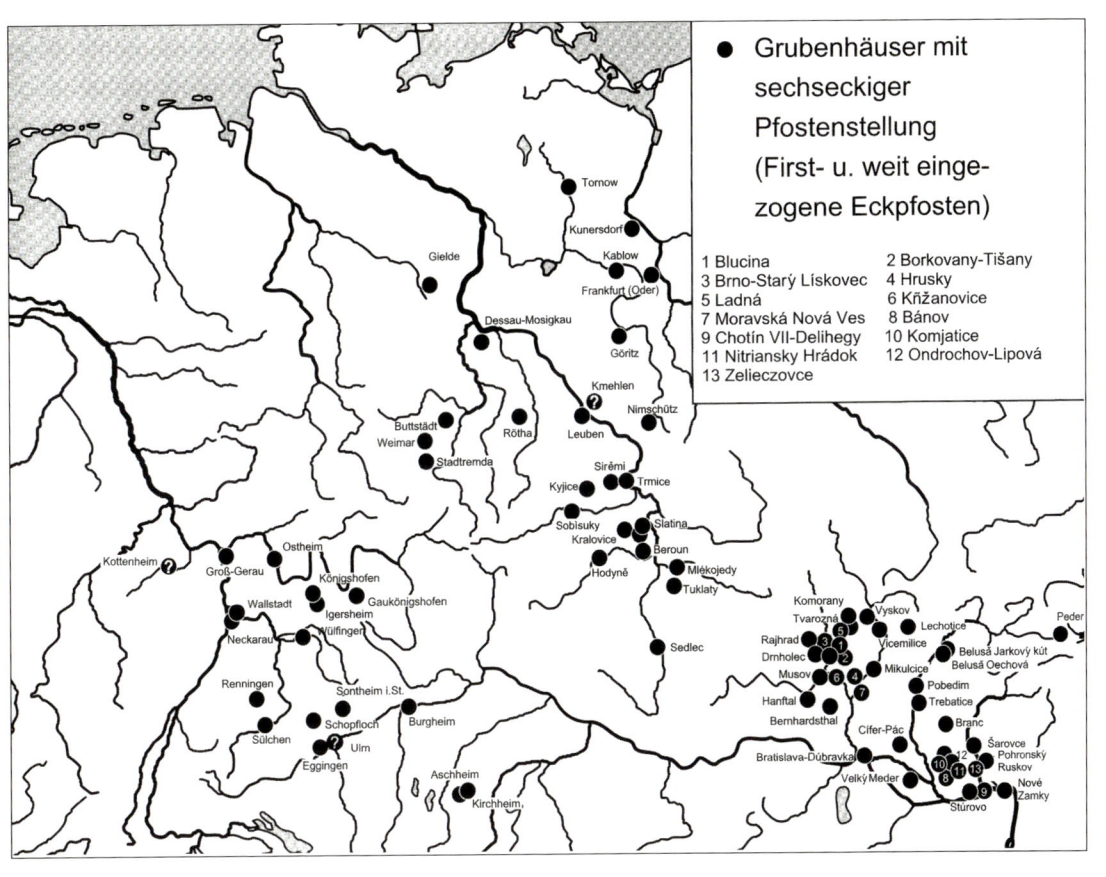

dem Grabfund von Aschaffenburg-Obernau wahrscheinlich in die Zeit um 300 zu datieren ist. Zusammen mit der Silberfibel ergibt sich für die Anlage der Grube folglich wohl eher eine Datierung in die Zeit vor 300.

Zudem liegen in Urspring (6) Fragmente donauländisch beeinflusster Drehscheibenkeramik und das Bruchstück eines schrägriefenverzierten Gefäßes elbgermanisch-böhmischer Tradition vor.

Vieles spricht also dafür, dass die germanischen Siedler von der Ostalb oder zumindest ein Teil von ihnen aus diesen östlichen Gegenden zugezogen sind, wobei das noch bestehende römische Straßennetz sicherlich hilfreich war. Wie eingangs schon angemerkt, hatten aber wahrscheinlich noch andere Bevölkerungsgruppen Anteil an der Besiedlung der Ostalb. Zu denken wäre dabei zum Beispiel an Personen aus nördlicher gelegenen Landschaften des elbgermanischen Kulturkreises wie dem Saale-Unstrut-Gebiet oder dem nördlichen Elberaum. Hinweise auf romanische Bevölkerungsteile liegen jedenfalls nicht vor.

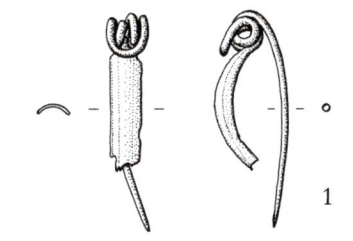

40 Verbreitung der Grubenhäuser mit sechseckiger Pfostenstellung.

41 Sontheim im Stubental, Gde. Steinheim a. Albuch. Silberfibel aus Grube 413.

Literatur
Alamannen 1997; Imperium Romanum 2005; Böhm u. a. 1995; Bücker 1999; Filtzinger/Planck/Cämmerer 1986; Körber-Grohne 1987; Schach-Dörges 1999; Scholz 2009; Schreg 2006; Spors-Gröger 2009.

Die ersten Alamannen
Die Siedlung von Sontheim im Stubental (Kreis Heidenheim)

SILVIA SPORS-GRÖGER

Grabung Flur „Hochfeld/Hohe Beet"

Bei Erschließungsarbeiten für ein Neubaugebiet am Südostrand von Sontheim im Stubental, Gemeinde Steinheim a. Albuch, wurde 1973/74 und 1981 ein mehrperiodiger vor- und frühgeschichtlicher Siedlungsplatz untersucht, der sich in geschützter Lage auf einem Westhang am Südrand des Steinheimer Beckens erstreckte (Abb. 42; 43). Dabei kamen mehrere Pfostenbauten und ein Palisadengeviert zutage, deren frühalamannische Zeitstellung angenommen, danach aber immer wieder zur Diskussion gestellt wurde.

Die durchgeführte Untersuchung ergab, dass sich im Bereich der ausgegrabenen Fläche einst eine frühalamannische Siedlungsstelle befand sowie ein hallstattzeitlicher „Herrenhof", der von einer Palisade – wohl mit Wehrgängen auf der Nord- und Südseite – eingefasst war.

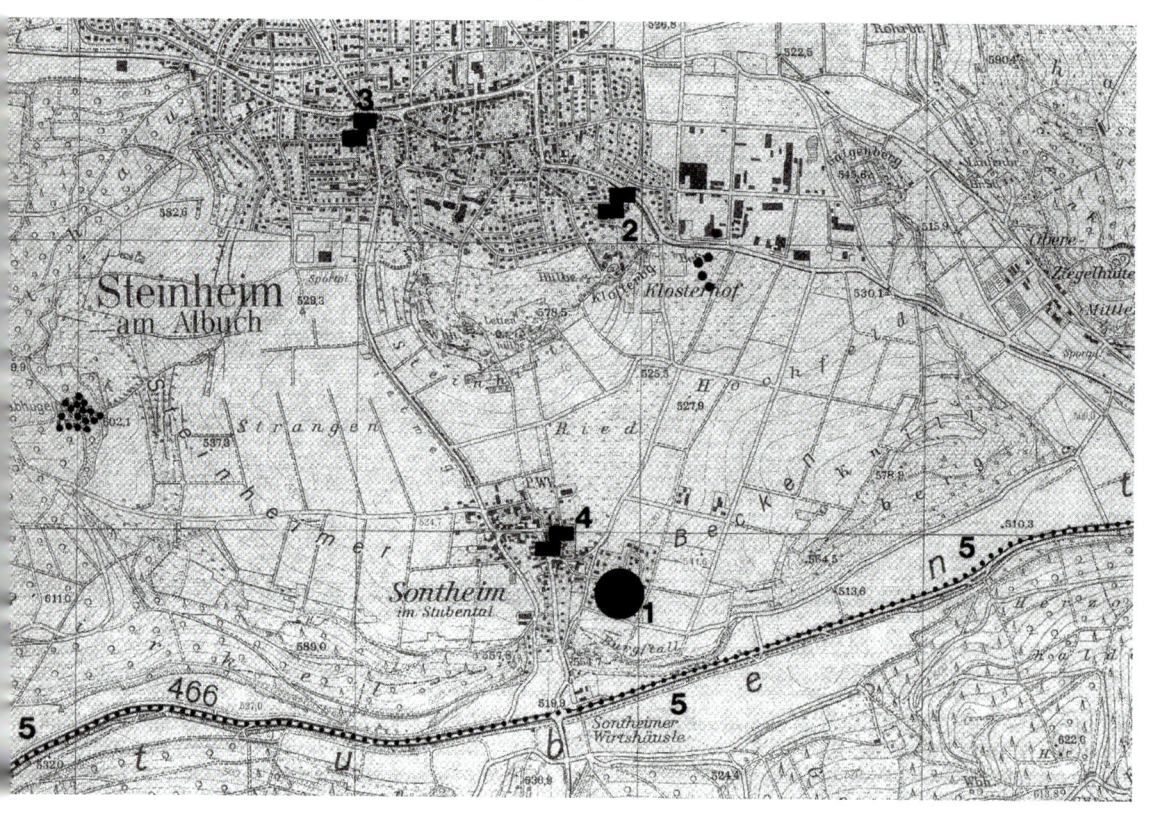

42 Sontheim im Stubental, Gde. Steinheim a. Albuch. 1 Frühalamannische Siedlung mit Verhüttungsabfällen, hallstattzeitlicher Rechteckhof, spätlatènezeitliche und römische Siedlungsstelle. 2–4 Frühmittelalterliche Reihengräber. 5 Römische Straße Heidenheim–Ursprung.

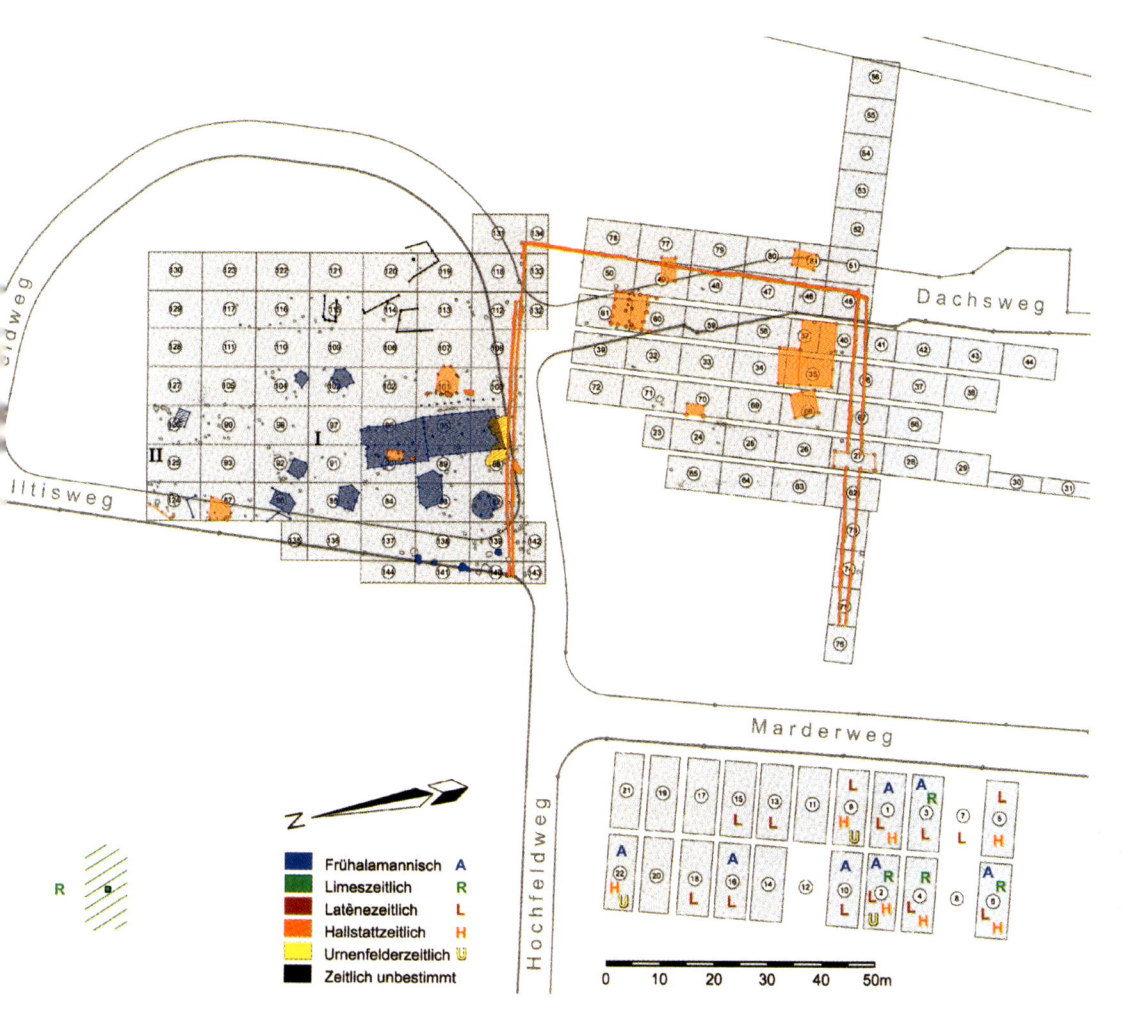

43 Sontheim im Stubental, Gde. Steinheim a. Albuch. Links: oben Grabungsfläche von 1981, unten römische Siedlungsstelle (Gartengrundstück „Schwarz"). Rechts: oben Grabungsfläche von 1974, unten von 1973.

Den Funden zufolge wurde der Herrenhof in der frühen Eisenzeit (Ha C/D1) errichtet, möglicherweise ist er zeitlich auf den Beginn der jüngeren Hallstattzeit einzugrenzen, gehört also in die Zeit um 600 v. Chr. Sein Ende fand er entweder bereits in dieser oder in der nachfolgenden Stufe, das heißt, der Rechteckhof von Sontheim wurde entweder noch in der ersten Hälfte des 6. Jahrhunderts v. Chr. oder wie der Goldberg in dessen zweiter Hälfte aufgegeben. Sicher ist, dass es auf dem Platz eine relativchronologisch ältere Besiedlung gegeben hat, die wohl bis ans Ende der Urnenfelderzeit (Stufe Ha B3) zurückreicht.

Eine spätkeltische Siedlungsstelle, die durch Funde nachgewiesen ist, hat wahrscheinlich westlich der Rechteckanlage gelegen. Zugehörige Bauten kennen wir nicht.

Die frühalamannische Siedlung

Wahrscheinlich gründeten die Alamannen bereits in der zweiten Hälfte des 3. Jahrhunderts im Bereich unmittelbar nördlich des abgegangenen hallstattzeitlichen Herrenhofes eine kleine Sied-

44 Sontheim im Stubental, Gde. Steinheim a. Albuch. Rekonstruiertes Gehöft.

lung, die mindestens aus zwei Höfen bestand (Abb. 43). Hierfür sprechen die Inhalte der Gruben 413 und 430, die am westlichen Rand der untersuchten Fläche lagen. Beide Gruben enthielten Fundstücke, die in Mähren wahrscheinlich bereits in der fortgeschrittenen ersten Hälfte des 3. Jahrhunderts in Umlauf waren. Es handelt sich dabei um eine Silberfibel und um das Randfragment einer handgemachten Schüssel, die mit einem von innen herausgedrückten horizontal umlaufenden Wulst verziert ist. Des Weiteren gehört eine Armbrustfibel mit Nadelscheide, die 1973 zutage kam, nach Erwin Keller in die erste und beginnende zweite Hälfte des 3. Jahrhunderts.

Für die Ansiedlung der Alamannen spielten offenbar die reichen Bohnerzvorkommen auf der Ostalb (zum Beispiel Wellesberg) eine entscheidende Rolle. Die Platzwahl der Alamannen wurde besonders durch das römische Straßennetz und vor allem durch die aufgegebene römische Villa des 2./3. Jahrhunderts begünstigt, die ca. 60 m westlich der frühalamannischen Siedlungsstelle lag und von den Alamannen geplündert wurde, wie das Vorkommen römischer Funde der mittleren Kaiserzeit in frühalamannischen Kontexten nahelegt.

An Gebäuden dieser Zeit konnten neben einem Grubenhaus und einem Hauptgebäude neun weitere Pfostenbauten mithilfe der Pfostengrubeninhalte herausgearbeitet werden, wobei die geborgenen römischen Funde die chronologische Einordnung der Befunde unterstützen. Die Gebäude gehörten wahrscheinlich zu zwei Gehöften, von denen das weiter nördlich gelegene Gehöft II lediglich angeschnitten wurde.

Gehöft I bestand aus dem Hauptgebäude und acht Nebengebäuden, die um das Hauptgebäude angeordnet waren. Die Gebäude 12 bis 14 und 19 bildeten wahrscheinlich die nördliche Grenze von Hof I. Insgesamt markierten die Nebengebäude ein rechteckiges Hofareal, das eine Ausdehnung von ca. 40 m x 50 m (0,2 ha) besaß und auf dessen Westseite in frühalamanischer Zeit mehrere Gruben angelegt worden waren. Weiter ist festzustellen, dass zwischen beiden Hofstellen ein deutlicher Abstand bestand. Eine entsprechend klare Abgrenzung zum benachbarten Hofareal lässt sich auch in der germanischen Siedlung von Eichstädt erkennen, die vier Gehöfte aufwies, wobei einer der dortigen Höfe ungefähr dieselben Flächenmaße wie die Sontheimer Hofstelle I besaß.

Das Sontheimer Hauptgebäude bestand aus zwei zweischiffigen Pfostenbauten, die einheitlich Nord-Süd orientiert waren und eine gemeinsame Trennwand besaßen (Abb. 44). Ihre Länge beträgt zusammengenommen mehr als 26 m, ihre Breite liegt bei ca. 8 m, ohne den überdachten Vorplatz an der östlichen Langseite von Pfostenhaus 1 mitzurechnen, der wahrscheinlich eine Portikus imitierte und somit wohl aus römischer Bautradition abzuleiten ist. Ein verwandter, aber kleinerer Bau mit portikusartig vorgelagerter Pfostenreihe ist in der germanischen Siedlung von Gaukönigshofen in Mainfranken nachgewiesen (Abb. 36).

Die Grundflächen der beiden Pfostenhäuser waren mittels Firstpfosten und je einer dazu im rechten Winkel verlaufenden Pfostenreihe in drei Zonen aufgeteilt. Weitere Hinweise auf eine Untergliederung der Hausfläche und auf deren unterschiedliche Funktionen liegen nicht vor.

Im Bereich des erweiterten Vordaches an der Ostseite lag wohl der Eingang zu Haus 1, der direkt in den Wohn- und Arbeitsbereich führte. Wahrscheinlich hat es auch eine Verbindungstür zwischen beiden Gebäuden gegeben. Möglich ist, dass in der Westhälfte von Haus 2 Nutztiere, darunter auch Großvieh, aufgestallt waren. Zwar sind keine Boxen nachgewiesen, doch spricht die Breite des Tores im Nordgiebel von ca. 2 m dafür, dass Tiere in das Gebäude getrieben wurden und auch ein Zugtier mit Wagen oder Karren hineinfuhr. Das Tor zu Haus 2 besaß wahrscheinlich einen überdachten Vorplatz, der als Wetterschirm diente.

Zu den Fundstücken gehören unter anderem Fragmente von Keramiksieben. Es handelt sich dabei um zwei Exemplare mit einem Randdurchmesser von 12 bzw. 15 cm, die zur Milchverarbeitung benutzt wurden (Abb. 28). Wie Parallelen aus Lauffen a. Neckar, Hirschaid, Kr. Bamberg, und vom Zullestein bei Biblis, Kr. Bergstraße, zeigen, dürften beide formal einer gewölbten Schale mit Standring geähnelt haben, die allerdings keinen Boden besaß. Zur Nutzung musste das Sieb mit einem Tuch ausgelegt werden. Nur so wurde verhindert, dass neben der Molke auch das zur Quarkherstellung nötige Kasein verloren ging. Das Gefäß mit dem größeren Randdurchmesser hatte wahrscheinlich ein ähnliches Fassungsvermögen wie ein aus Lauffen bekanntes Exemplar, das knapp einen Liter aufnehmen konnte. Um ein solches Volumen an Quark zu erhalten, wird ungefähr die fünffache Menge Milch benötigt, die heute beispielsweise im Durchschnitt pro Tag von zwei Ziegen geliefert werden kann. Eine Kuh mit durchschnittlicher Milchleistung

45 Sontheim im Stubental, Gde. Steinheim a. Albuch. 1 Dreilagenkamm mit dreieckiger Griffplatte. 2 Fragment einer spätrömischen Gürtelschnalle.

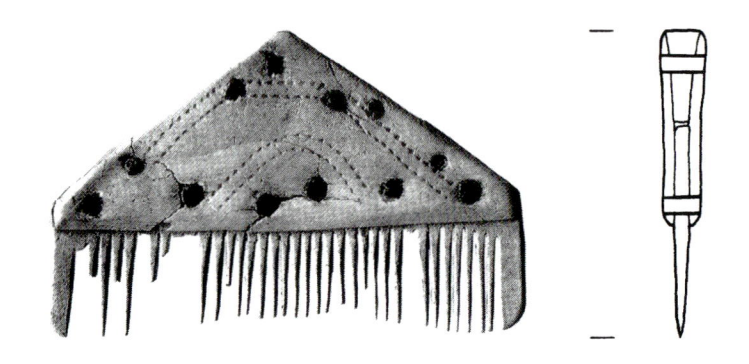

produziert heutzutage etwa 16 Liter pro Tag.

Die Nebengebäude von Sontheim besaßen bis auf das Grubenhaus eine mehr oder weniger rechteckige Grundfläche, die zwischen 5 und 30 m² betrug. Sie waren einschiffig und meistens ohne Firstpfosten errichtet. Es sind Innen- und Türpfosten zu erkennen, ebenso gibt es Hinweise auf An- und Vorbauten, die vielfältig genutzt werden konnten.

Früher wurde vermutet, dass das Grubenhaus als Speicher in Gebrauch war. In einer seiner Pfostengruben fand sich ein Dreilagenkamm mit dreieckiger Griffplatte, der in die erste Hälfte des 4. Jahrhunderts bis in dessen beginnende zweite Hälfte gehört (Abb. 45). In neuerer Zeit wird gelegentlich an eine Funktion dieses Gebäudetyps im Verhüttungsprozess von Eisenerz gedacht. In Sontheim fanden sich in seiner Hausgrube neben Scherben vor allem Schlacken. Außer im großen Grubenkomplex der Grabung von 1973, der nicht eindeutig zu datieren ist, kommen Schlacken in Sontheim nur in frühalamannischen und nicht in älteren eisenzeitlichen Kontexten vor, was die frühere Annahme, die Schlacken stammten aus frühalamannischer Zeit, unterstreicht.

Hinweise auf einen Brunnen fehlen in Sontheim. Doch ist im Bereich der inzwischen zugefüllten Dorfhüle, die sich westlich der Siedlung erstreckte, eine Wasserstelle zu vermuten, die von den damaligen Bewohnern genutzt worden sein könnte. Denkbar wäre außerdem eine Wasserstelle im Gebiet des heutigen Rieds, das sich nördlich von Sontheim bis zum Klosterhof von Steinheim a. Albuch ausdehnt.

Das späteste Ende der frühalamannischen Siedlung von Sontheim lässt sich aus dem Fragment einer spätrömischen Gürtelschnalle ableiten, das in die zweite Hälfte des 4. Jahrhunderts bis ins frühe 5. Jahrhundert zu datieren ist (Abb. 45). Damit steht jedoch nicht fest, dass die Siedlung im frühen 5. Jahrhundert noch bestand, da von den geborgenen Fundstücken kein weiteres ebenfalls noch so spät in Umlauf war. Wahrscheinlich ist, dass die Siedlung in der frühen zweiten Hälfte des 4. Jahrhunderts aufgegeben wurde.

Ob es in Sontheim lediglich zwei Gehöfte gegeben hat, scheint fraglich. Möglicherweise wurde in der Grabungsfläche nur ein Ausschnitt der frühalamannischen Siedlung erfasst, oder von den zeitlich nicht zu bestimmenden Strukturen stammen einzelne aus dem 3./4. Jahrhundert, denn es ist undenkbar, dass die herausgearbeiteten Pfostenbauten eine so lange Lebensdauer wie die Siedlung selbst gehabt haben könnten. Wie allgemein bekannt, wären sie dann längst marode und verfallen gewesen. Folglich müssten die Pfosten ausgetauscht oder die Gebäude im Gelände verlagert worden sein.

Literatur
Spors-Gröger 1997; Spors-Gröger 2009; Tejral 1998.

Die ersten Alamannen
Die Siedlung von Heidenheim-Großkuchen (Kreis Heidenheim)

SILVIA SPORS-GRÖGER

Grabung Flur „Hintere Wiesen/Gassenäcker"

Großkuchen liegt im inneren Härtsfeld, das der Kuppenalb zugerechnet wird (Abb. 47). Der Namensbestandteil „Kuchen" lässt sich womöglich auf die runden, klumpigen Rennfeuerschlacken zurückführen, die auf germanisch „kokam" heißen. Sie streuten vor den Ausgrabungen über den Bereich der Grabungsfläche, welche sich an der Nordwestgrenze des heutigen Ortes erstreckt, und weiter darüber hinaus. Da dieses Gebiet in den Fluren „Hintere Wiesen/Gassenäcker" mit zum ausgewiesenen Neubaugebiet in den siebziger Jahren des letzten Jahrhunderts gehörte, erhoffte man sich durch die archäologischen Untersuchungen des Landesdenkmalamtes Baden-Württemberg, Abt. Bodendenkmalpflege, (heute Landesamt für Denkmalpflege im Regierungspräsidium Stuttgart), Erkenntnisse zur vor- und frühgeschichtlichen Eisenerzverhüttung. Damals und erneut 1986 wurde dort im Zuge von Baumaßnahmen insgesamt eine etwa 7500 m² große Fläche ausgegraben, die an einem nach Ost-Nordost abfallenden Hang liegt. Die Grabungen erbrachten eine Vielzahl von Befunden und Funden, die zum Teil von einer mächtigen Auelehmschicht bedeckt waren und eine Besiedlung des Platzes von der Urnenfelderzeit bis ins frühe Mittelalter belegen. Bedeutung erhalten die Ausgrabungen von Großkuchen und ebenso Sontheim im Stubental auch deshalb, weil hier erste Ansätze einer interdisziplinären Erforschung der vor- und frühgeschichtlichen Eisenherstellung in Baden-Württemberg zu verzeichnen sind.

Da die Ausgrabungen noch nicht abschließend ausgewertet sind, können im Folgenden erste Ergebnisse nur schlaglichtartig und mit Vorbehalt aufgezeigt werden.

Im Areal ließen sich mehrere Pfostenbauten fassen, die wahrscheinlich in die Urnenfelder- bzw. Hallstattzeit gehören (Abb. 46). Prähistorisch sind ebenfalls die sog. Herdstellen, von denen in den Jahren 1978 und 1986 zusammengenommen ca. 20 aufgedeckt wurden (Abb. 48). Sie lagen meist aufgereiht und

46 Großkuchen, Stadt Heidenheim. Grabungsfoto mit prähistorischen Hausgrundrissen und überschneidendem Graben im Bereich der frühalamannischen Siedlung in Flur „Gassenäcker".

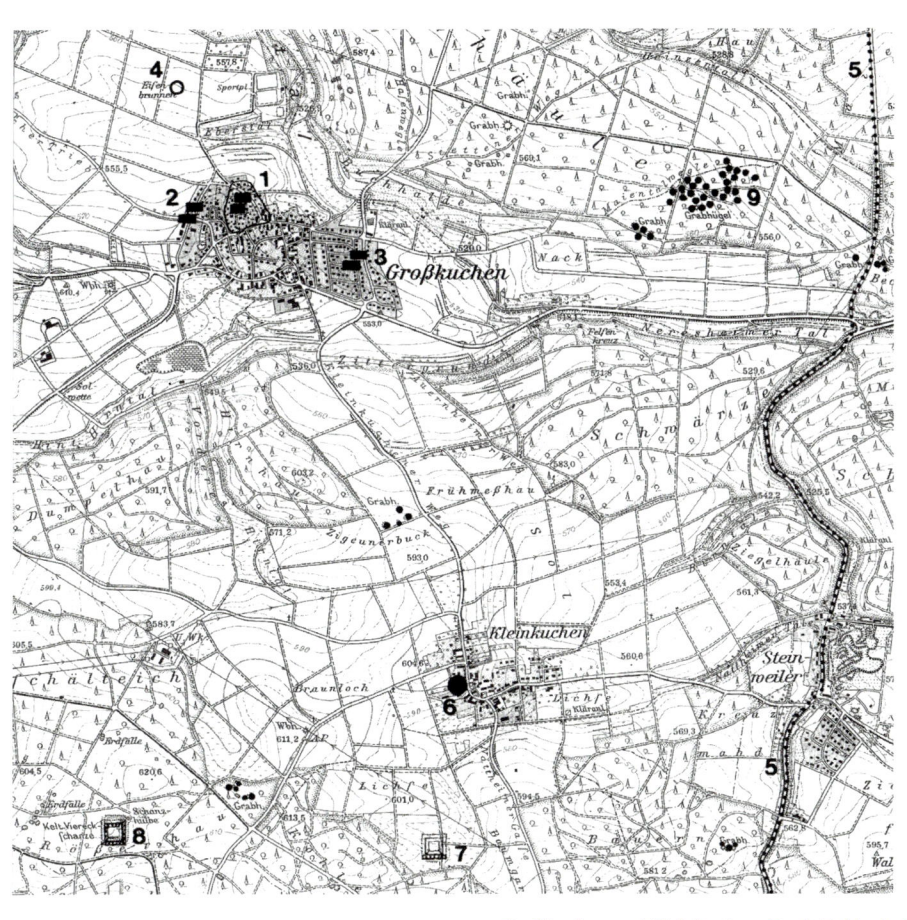

parallel zueinander. Bei diesen Befunden handelt es sich um flache rechteckige Gruben mit abgerundeten Ecken. Im Allgemeinen besaßen sie eine Länge von ca. 2,00 bis 2,50 m und eine Breite von ca. 1,00 bis 1,50 m. Die Mehrzahl war West-Ost oder Nord-Süd ausgerichtet. Erstere lagen mit den Längsseiten hangaufwärts, während die Nord-Süd orientierten „Herde" mit den Längsseiten quer zum Hang platziert waren. Die Verfüllung der Gruben bestand aus schwarzem, lehmigem Boden, der an den Rändern stark verziegelt und mit Holzkohle durchsetzt war. In der Verfüllung befanden sich zum Teil rot angeziegelte Kalksteine, wohl Reste einer Steinsetzung, wie sie im Kontext einiger dieser Befunde mehr oder weniger gut erhalten war.

47 Großkuchen und Kleinkuchen, Stadt Heidenheim. 1 Frühalamannische Siedlung mit Verhüttungsschlacken in Flur „Gassenäcker". Während der zweiten Hälfte des 5. und des beginnenden 6. Jahrhunderts wurden im nördlichen Bereich des Areals Reihengräber angelegt. 2 Reihengräber des späten 6. Jahrhunderts am „Kappelberg". 3 Reihengräberfeld von der Mitte des 6. bis in die erste Hälfte des 7. Jahrhunderts im „Pfaffensteig". 4 Eisenbrunnen. 5 Römische Straße Heidenheim–Oberdorf a. Ipf. 6 Zerstörte Schlackenfundstelle in der Ortsmitte von Kleinkuchen. 7 Spätkeltische Viereckschanze „Lichse". 8 Spätkeltische Viereckschanze „Röserhau" (Markung Schnaitheim). 9 Großes Grabhügelfeld der Hallstattzeit mit römischen Nachbestattungen im „Badhäule".

Wie bereits Martin Kempa vermutete, wurden die Gruben in der Hallstattzeit angelegt. Dies beweisen entsprechende Keramikfragmente in den Verfüllungen einzelner Befunde. Es fanden sich keine hiervon abweichenden Datierungshinweise. Früher galten diese Stellen als Schmiedeplätze der frühen Alamannen, wofür allerdings – wie Martin Kempa zeigen konnte – entsprechende Nachweise (zum Beispiel Schlacken,

48 Großkuchen, Stadt Heidenheim. Grabungsfoto mit hallstatt-/frühlatènezeitlichen Feuergruben zur Holzkohleproduktion im Bereich der frühalamannischen Siedlung in Flur „Gassenäcker".

Hammerschlag) fehlen. Nach Guntram Gassmann handelt es sich um hallstatt-/frühlatènezeitliche Feuergruben, die der Holzkohleproduktion dienten.

Die frühalamannische Siedlung

Etwa in der Mitte der 1978 untersuchten Fläche verlief ein Graben, der über eine Länge von ca. 39 m verfolgt werden konnte (Abb. 46). Er erstreckte sich von Nordost nach Südwest und endete mit einem Pfostenloch. Der Graben überschnitt zwei vorgeschichtliche Hausbauten und wurde seinerseits von den Gräbern 19 und 24 des gleichzeitig entdeckten Reihengräberfeldes überlagert, woraus sich Datierungshinweise für die Anlage des Grabens ergeben. Nach den Funden aus Grab 19, das unter anderem eine kleine Dreiknopfbügelfibel sowie einen bandförmigen Knochenarmring enthielt, erfolgte dessen Anlage um die Mitte oder in der zweiten Hälfte des 5. Jahrhunderts (Abb. 49). Grab 24 lieferte keine zusätzlichen chronologischen Anhaltspunkte. Folglich muss die Palisade, die im Graben errichtet worden war, spätestens um die Mitte oder in der zweiten Hälfte des 5. Jahrhunderts verfallen oder abgebaut gewesen sein.

An der Nordgrenze des 1978 untersuchten Areals, 17 m nördlich des Grabens und annähernd parallel zu ihm verlaufend, konnte der Grundriss einer ca. 11,50 m langen Pfostenstruktur aufgedeckt werden. Die Ausrichtung parallel zum Graben ist wohl ein Indiz, dass die Errichtung des Gebäudes in einem zeitlichen Zusammenhang mit der Anlage des Grabens steht. Das genannte Gebäude überschnitt sich mit einem Ost-West verlaufenden Grundriss, der eine Länge von 12 m und eine Breite von wahrscheinlich 8 m besaß. Ein weiterer Pfostenbau, der hierzu parallel ausgerichtet war, befand sich ca. 6 m nach Süden verschoben. Die beiden zuletzt genannten Grundrisse, die durch einen analog verlaufenden Graben getrennt wurden, könnten aufgrund zugehöriger Pfostenlochinhalte in frühalamannischer Zeit entstanden sein. In dieser Zeit wurden wohl weitere Pfostenbauten errichtet, die bezüglich ihres Grundrisses an einzelne Nebengebäude der frühalamannischen Siedlung von Sontheim erinnern. Sie kommen nördlich und südlich des lang erhaltenen Grabenabschnittes vor, während die größeren Pfostenbauten des 4./5. Jahrhunderts nur nördlich zu finden sind. Möglicherweise zeichnen sich hier zwei unterschiedlich genutzte Siedlungsareale ab.

Weiterhin konnten auf dem 1978 untersuchten Gelände mehrere Gruben bzw. Zisternen entdeckt werden, von denen einige in frühalamannischer Zeit angelegt wurden. Sie haben ein trichterförmiges Profil und besaßen in einem Fall eine noch nachweisbare Tiefe von ca. 3,20 m. An datierenden Funden enthielten sie neben einzelnen prähistorischen Stücken solche der Limes- und der frühen Alamannenzeit. Zu diesen zählen

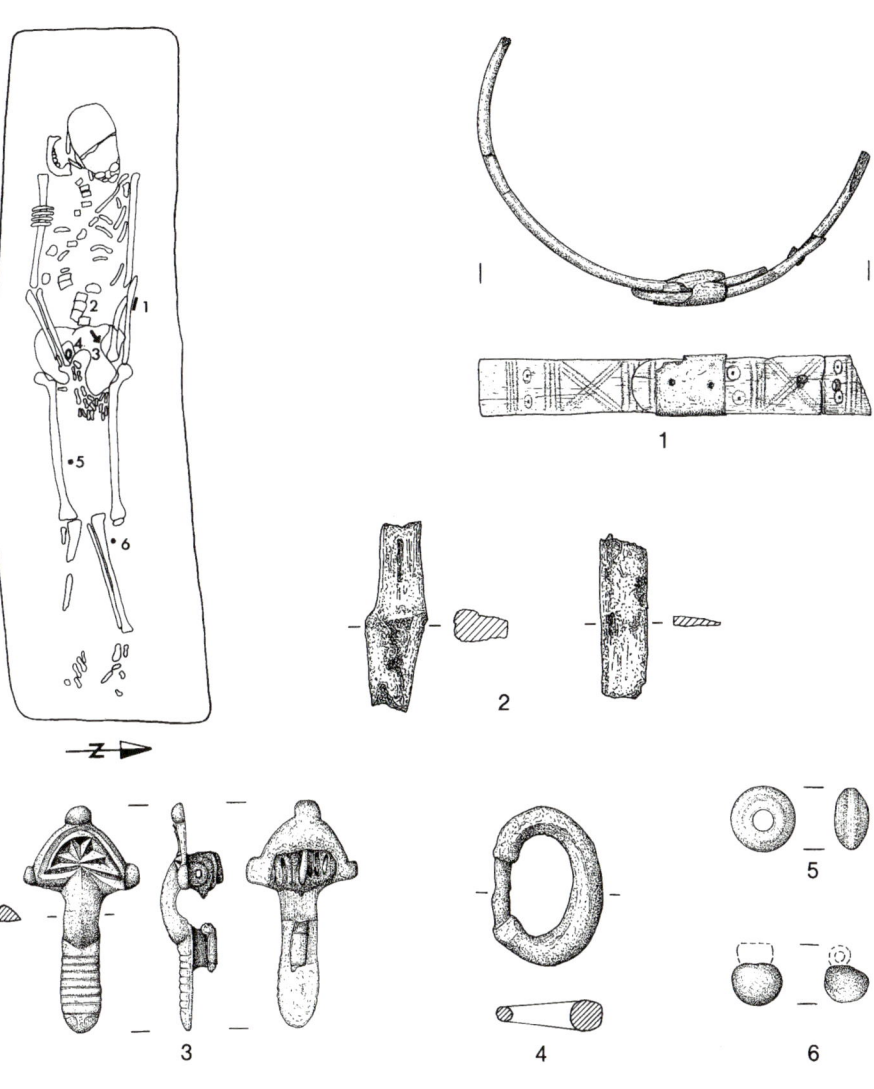

49 Großkuchen, Stadt Heidenheim. Grab 19 des Reihengräberfeldes im Bereich der frühalamannischen Siedlung in Flur „Gassenäcker".

Fragmente der handgemachten frühalamannischen Keramik und der limeszeitlichen Drehscheibenware, außerdem Kleinfunde und eine Holzschale. Wahrscheinlich sind einzelne frühmittelalterliche Scherben nachträglich in die größte der Zisternen (Befund 867) hineingelangt (Abb. 50), da sie in der obersten Fundschicht lagen. In zwei dieser Befunde fanden sich Eisenschlacken (Befund 139 und 867), drei enthielten Holzkohlereste und fast alle führten angeziegeltes Material, was auf eine einheitliche Funktion hinweisen könnte. Außerdem beinhaltete Befund 867 diverse

50 Großkuchen, Stadt Heidenheim. Grabungsfoto mit Profil des Befundes 867 im Bereich der frühalamannischen Siedlung. Links unten diverse Hölzer, die Dendrodaten zwischen 357 und 360 bzw. 375 und 389 erbrachten.

51 Großkuchen, Stadt Heidenheim. Handgemachter frühalamannischer Becher mit Buckelverzierung aus der Grabungskampagne 1986.

52 Handgemachte frühalamannische Keramik mit Schrägriefenverzierung und Stempeln vom Runden Berg, wie sie ähnlich auch in Großkuchen vorkommt.

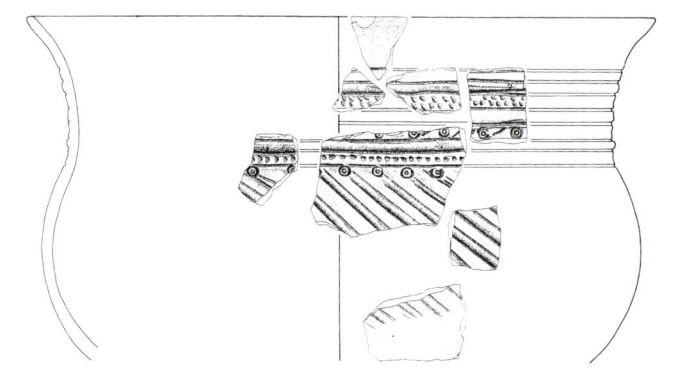

Hölzer, die Dendrodaten zwischen 357 und 360 bzw. 375 und 389 erbrachten. In der untersten Einfüllschicht der genannten Grube lag ein als Pinienzapfen bearbeiteter Kalkstein, der als römische Grabbekrönung diente und sekundäre Verwendung als Amboss fand.

Des Weiteren wurden auf dem Grabungsgelände von 1986 unter anderem Brunnen und Grubenhäuser freigelegt, die zahlreiche, relativ gut erhaltene und verzierte Gefäßfragmente der handgemachten frühalamannischen Keramik lieferten. Nachweisen lassen sich unter anderem Teller und Siebe, von denen eines formal wohl entsprechend einem aus Lauffen bekannten Exemplar ergänzt werden kann. Ein handgemachter Becher liegt vor, der auf dem Bauchumbruch mit drei Buckeln versehen war, ein beliebter und charakteristischer Dekor elbgermanischer Gefäße der jüngeren Kaiserzeit (Abb. 51). Außerdem sind Fragmente eines schrägriefenverzierten Gefäßes mit Stempelverzierung vertreten, zu dem es Vergleichsfunde auf dem „Runden Berg" gibt, die zum dortigen Fundbestand des 5. Jahrhunderts gerechnet werden (Abb. 52).

Im bekannten Grabfund von Reutlingen-Auwiesenäcker (Abb. 53), dessen Anlage neuerdings spätestens im ersten Drittel des 5. Jahrhunderts angenommen wird, ist eine handgemachte Tasse mit Schrägriefen- und Stempelverzierung belegt, die eine nahe Parallele zu den Fundstücken vom „Runden Berg", aber ebenso zum oben genannten Gefäß aus Großkuchen darstellt.

Zu den Kleinfunden (Abb. 54) gehören unter anderem das Fragment eines Dreilagenkamms mit dreieckiger Griffplatte und der Bügel einer Bügelknopffibel, die einen gleichbreiten facettierten Fuß und einen zapfenförmigen Knopf besitzt. Dieser Fibeltyp gehört typologisch wahrscheinlich an den Entwicklungsbeginn der Bügelknopffibeln in Südwestdeutschland und kommt hier nach der Mitte des 4. Jahrhunderts wohl nicht mehr vor. Außerdem befindet sich unter dem geborgenen Material der bandförmige Bügel einer Armbrustfibel mit Tremolierstichverzierung. Während es sich beim ersten Fundstück um einen Flächenfund handelt, stammt das zweite aus einem Brunnen, der einen Durchmesser von ca. 1,80 m und eine Tiefe von mindestens 0,90 m besaß. Des Weiteren kam das Fragment einer Wirtelperle aus transluzid grünlich blauem Glas zutage, zu der es zwei Gegenstücke im Gräberfeld von Kahl a. Main gibt. Diese sind aus transluzid grünem Glas und wie das Exemplar aus Großkuchen unverziert. Weitere Vergleichsfunde besitzen andersfarbige Strahlenenden mit zusätzlichem Punkt und einer farbigen Auflage rund um das Fadenloch. Außerdem wurde das Fragment eines dickwandigen Glasbechers mit Fadendekor aus transluzid gelbgrünem Glas entdeckt, der dem Snartemo-Typ zuzurechnen ist. Es handelt sich dabei um einen Glasbechertyp mit Fuß, der vorwiegend in Skandinavien verbreitet ist, aber ebenso von Belgien über Nordfrankreich bis nach Polen vorkommt. Er ist zum Beispiel im belgischen Gräberfeld von Spontin und in der nordfranzösischen Nekropole von Vireux-Molhain nachgewiesen. In Spontin gehört er neben einer Lanze, einer Axt und einem Silberlöffel zur gehobenen Ausstattung eines Kriegergrabes aus dem frühen 5. Jahrhundert, in Vireux-Molhain, Grab 14, zu den Beigaben einer verstorbenen Frau, deren Grablege durch eine Münze des Theodosius II. (440–450) datiert ist. Dass die Besitzer der Fußbecher im 5. Jahrhundert zu den herausgehobenen Personen zählten, zeigt außerdem die Verbreitung dieser Gefäßform auf dem „Runden Berg", der als alamannischer Fürstensitz gilt. Wie bekannt, wurde dort ebenfalls ein vielfältiges und hochstehendes Handwerk betrieben. Allein hier sind fünf Exemplare nachgewiesen.

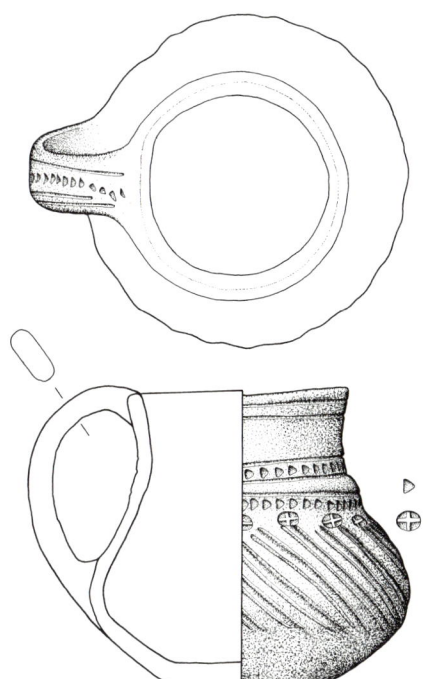

Das Vorkommen eines solchen Glasbechers in Großkuchen lässt erahnen, dass dieser Platz auf der Ostalb von maßgeblicher Bedeutung für die Alamannen war. Wie diese im Einzelnen zu charakterisieren und näher zu umschreiben ist, muss die weitere Auswertung zeigen.

54 Großkuchen, Stadt Heidenheim. Kleinfunde aus dem Bereich des 1986 untersuchten Siedlungsareals.

Literatur
Biel 1987; Böhm u.a. 1995; Böhme 1974; Gassmann 2005; Heege 1987; Koch 1987; Lemant 1985; Quast 2006; Schreg 2006; Spors-Gröger 1997; Spors-Gröger (in Vorb.); Steidl 2000; Teichner 1999.

53 Stempelverzierter Becher aus dem Grabfund von Reutlingen-Auwiesenäcker.

Die Alamannen in der Merowingerzeit

HEIKO STEUER

Namen und Herkunft

Die Alamannen seien „zusammengespülte und vermengte Menschen, und dies drückt auch ihre Benennung aus", so zitiert der byzantinische Historiker Agathias (530/32–582) einen früheren Historiker des 3. Jahrhunderts Asinius Quadratus. Unabhängig davon, dass der Name aus römischer Sichtweise abschätzig bewertet wird, aber in der germanischen Sprache positiv konnotiert ist und etwa „Männer insgesamt" und auch „die eigentlichen, wahren richtigen Männer und Krieger" meint, entspricht die Bezeichnung „vermengt" tatsächlich dem archäologischen Befund. Einwandernde und sesshaft werdende Gruppen aus allen Teilen der germanischen Welt, aus dem Gebiet der Elbgermanen, aus Thüringen, Mecklenburg und Böhmen, werden – je nach Meinung der Historiker – seit Beginn des 3. Jahrhunderts (213/33) oder später gegen 300 (289 und 297/98) in der antiken Überlieferung erstmals als „Alamannen" bezeichnet. Ihr gesamter neuer Siedlungsraum reichte nach und nach bis ins Elsass und in die Nordschweiz, während darin die Ostalb relativ weit im Osten liegt.

Die archäologische Realität zeigt zudem, dass nicht nur in der Frühphase des 3. bis 5. Jahrhunderts Gruppen aus den elbgermanischen und weiter entfernten Gebieten in den Süden kamen, sondern dass dieser Zuzug mindestens bis weit ins 7. Jahrhundert hinein anhielt – danach helfen archäologische Quellen nicht mehr weiter – und in den größeren Gräberfeldern zu fast jeder Siedlung belegt ist, wobei nun noch andere Herkunftsräume, das fränkische Merowingerreich und Norditalien, hinzukamen. Die ankommenden Gruppen besetzten Gebiete, die sich beiderseits des Limesverlaufs erstrecken. Der Limes wurde in den Jahrzehnten um 250/60 von der römischen „Verwaltung" aufgegeben, auch das Militär zog sich auf die neue Linie hinter Rhein, Iller und Donau zurück, die unter Valentinian I. seit 369 mit einer Kastellinie stark befestigt wurde, was wiederum heißt, dass auf der anderen Seite eine größere bedrohlich wirkende Bevölkerung lebte. Die neuen Siedler ließen sich also einerseits in Arealen nieder, die einst römisches Provinzgebiet und damit überzogen von einem Netz von Villen, von Gutsbetrieben, waren, und andererseits in Ländereien mehr oder weniger weit vom Limes entfernt. Entweder fanden sie also römisch parzelliertes Gebiet vor, in dem die Ruinen der Villen noch erkennbar waren und auf deren Grund sie sich anfangs festsetzten, oder siedelten andererseits in einem – für die Archäologie – weitgehend unbekannten Land.

Nach der Niederlage eines Heeres der Alamannen gegen die Franken unter ihrem König Chlodwig aus der Dynastie der Merowinger – mit dem politisch und archäologisch die Merowingerzeit beginnt – in der Schlacht bei Zülpich am Niederrhein 496/97 scheint die Selbstständigkeit der Alamannen verloren gegangen zu sein. Archäologen meinen, dies auch anhand der Ausgrabungsbefunde feststellen zu können. Höhensiedlungen wurden verlassen und Versteckfunde spiegeln Unruhezeiten. Typisch „alamannische" Trachtbestandteile außerhalb der Grenzen des alten Siedlungsraumes im Bajuwarischen oder in Italien könnten Hinweise auf Emigrationen von Gruppen der Führungsschicht sein. Doch bleibt es fraglich, ob sich tatsächlich eine militärische Katastrophe fern vom Kerngebiet der Alamannen bis in alle Bereiche der weiten süddeutschen Landschaft ausgewirkt haben können. Nach mancherlei Unabhängigkeitsbestrebungen der Alamannen und Aufständen gegen die merowingische Herrschaft endete schließlich mit dem Jahr 746 die Selbstständigkeit des alamannischen Herzogtums, und es folg-

55 Um das Jahr 500 wurde der Mann aus Großkuchen, Grab 17, mit einem eisernen Messer, einer Wurfaxt (Franziska), einer Gürtelschnalle mit kreisförmiger Silbertauschierung und einer Ahle bestattet. Die auffällige Schnalle stammt wohl aus einer linksrheinischen Werkstatt.

te die vielteilige Grafschaftsverfassung, was zur Vermischung des alamannischen und des fränkischen Adels führte.

Siedlung und Gräberfeld

Um ein Bild von den Alamannen der Merowingerzeit zu gewinnen, gilt es zwei Quellengruppen zu betrachten. Das sind einerseits Aussagen, die der Schriftüberlieferung zu entnehmen sind, zur politischen und gesellschaftlichen Entwicklung, und andererseits Ergebnisse der Archäologie, der archäologische Befund in der Landschaft mit der Verteilung der Siedlungen und Gräberfelder, die in der Regel jeweils benachbart und aufeinander bezogen angelegt waren. Siedlungsplätze sind zwar zahlreich bekannt, aber großflächig und vollständig ausgegraben sind erst wenige Dörfer mit Haus und Hof, Werkstätten und Wassermühlen. Gräberfelder dagegen sind fast in jeder neuzeitlichen Gemarkung nachgewiesen, viele teilweise und nicht wenige auch komplett ausgegraben. Zusammen bilden sie vollständig das Besiedlungsnetz, das seit dem 5. Jahrhundert entstanden ist und im Prinzip kontinuierlich bis in die moderne Zeit existiert, fassbar auch über die Namen der Dörfer. Trotz aller Dynamik in der Siedlungskammer, der Gemarkung, blieben deren Grenzen zumeist erhalten. Plausibel ist, dass in vergangenen oder verlassenen Siedlungen kaum Sachgüter – außer wie immer Keramikscherben – zurückgeblieben sind, weil es dafür keine Veranlassung gab, während Bestattungen in Erinnerung bleiben sollten, weshalb die Toten in ihrer Kleidung und mit ausgewählten Beigaben in mehr oder weniger aufwendigen Grabanlagen beerdigt wurden.

Nicht alle Siedlungen wurden gleichzeitig im 5. Jahrhundert gegründet. Ein gewisser Landesausbau ist anhand der Namensformen der Siedlungen im Vergleich zum Alter der Gräberfelder fassbar. Die Abfolge der Namen auf -ingen (um 500 bis zum 6. Jahrhundert) und bald auch auf -heim, dann vor allem -heim (Anfang 7. Jahrhundert und vor allem 8. Jahrhundert) und weiter Namen mit Kirch-, Nord-, Sont-(heim) sowie -stetten, -weiler, -hausen, -hofen (zweite Hälfte 7. Jahrhundert) spiegelt die Ausbreitung der Besiedlung in der Landschaft, ausgehend von den alten Wegen und Überlandstraßen, von den Flusstälern hin zu den Randgebieten, verbunden mit einer allgemeinen Bevölkerungszunahme in allen Ansiedlungen. Der innere Landesausbau führte auch dazu, dass von einem alten Ort, von einem Dorf mit Namen wie Lauchheim zum Beispiel, neue Siedlungen im Umkreis gegründet wurden, die Nord- und Südheim sowie Mittelhofen zwischen beiden heißen können, während der alte Name bei der ursprünglichen Siedlung blieb.

Die ersten Siedlungen wurden von den Anführern der einwandernden Verbände gegründet, gewissermaßen als Familiensitz, ablesbar an ihren Personennamen, verbunden mit der Endung -ingen (Gundelfingen, Wittislingen). Anfangs gehörten die Gehöfte einer Siedlung einem einzigen Grundherrn, dessen Bestattung als Siedlungsgründer von Archäologen als Gründergrab bezeichnet wird, oftmals sehr reich ausgestattet war und auch in späterer Zeit selten beraubt wurde. Durch Heirat, Erbschaftsregeln oder Geschenk wechselten Gehöfte in einer Siedlung den Eigentümer, und mehrere Grundherren sowie auch (noch) freie Bauernfamilien verfügten schließlich in einem Dorf über Besitz. Das spiegeln auch viele Friedhöfe, auf denen Gräbergruppen zu unterscheiden sind, die jeweils eigene Bräuche in der Familie tradiert haben und ihre Toten beieinander bestatteten, wenn sie nicht gar eigene kleine abseits liegende Grabstätten gründeten. Man meint daran auch die Separierung mancher Familien aus der Dorfgemeinschaft ablesen zu können, zu deuten als Herauslösung einflussreicherer Familien aus dem Verband der übrigen auf dem Weg zu einem „adligen" Rang.

Im östlichen Merowingerreich, zu dem Franken, Alamannen, dann auch Bajuwaren und Thüringer gehörten, hatte sich seit dem späten 5. Jahrhundert bis ins frühe 8. Jahrhundert ein besonderer Bestattungsbrauch herausgebildet, der unter dem Begriff „Reihengräbersitte" oder gar „Reihengräberzivilisation" zusammengefasst wird. Obgleich Toten-

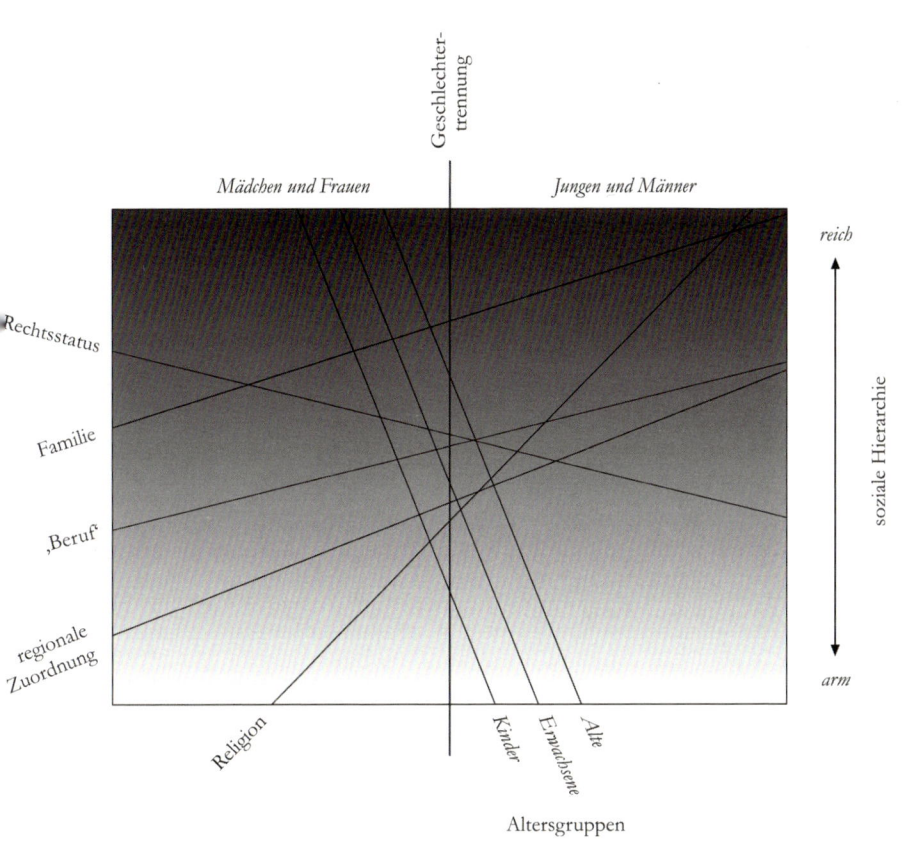

56 Einander überlagernde soziale Gruppenzugehörigkeiten und Identitäten. Ihre analytische Unterscheidung anhand von Grabausstattungen setzt zusätzliche, unabhängige Informationen voraus.

kult nur einen kleinen Ausschnitt ehemaliger Lebensrealität bildet, sind diese Gräber eine archäologisch erschließbare umfassende kulturgeschichtliche Quelle ersten Ranges, die weit über das Verhalten der damaligen Bevölkerung gegenüber ihren Verstorbenen hinaus Einblicke in die vergangene Lebenswirklichkeit bietet, mit allen ihren sozialen Differenzierungen (Abb. 56).

Das Phänomen der Reihengräberfelder als auffällige Grabsitte für fast 300 Jahre in weiten Teilen Mitteleuropas ist einerseits Erscheinung einer Übergangsgesellschaft zwischen Antike und Mittelalter, andererseits ablesbar an der Dauer auch Ausdruck einer Gesellschaft, die sich neu formiert hatte. Bestattungssitten spiegeln seit jeher neben religiösen Vorstellungen nicht zuletzt auch die Selbsteinschätzung der Familien, die gegenüber ihrer Siedlungsgemeinschaft Rang und Reichtum zeigen wollen, das heißt, Gräber und ihre Ausstattung dienen bewusst der Repräsentation. Das war im alten Rom ebenso wie zur sog. Gründerzeit im 19. Jahrhundert, wie der Besuch jener Friedhöfe eindrucksvoll bestätigt. Die Eigenständigkeit der Gesellschaft zwischen spätem 5. und frühen 8. Jahrhundert prägt sich in der Reihengräbersitte aus, aber auffälligerweise nicht im gesamten Merowingerreich, sondern nur in den stark von Germanen überschichteten ehemaligen Provinzen des Römischen Reiches. Als Übergangserscheinung zwischen Antike und Mittelalter spiegelt dieser Brauch aufgrund der oftmals reichen Beigaben an Waffen und Schmuck tatsächlich eine Lebensauffassung und einen Lebensstil, die sich von den Epochen zuvor und später deutlich abheben. Aus dem Zusammenleben verbliebener einheimischer Bevölkerung und der eingewanderten Germanen erwuchs eine neue Gesellschaft: die sog. Restbevölkerung hatte ihre Verwurzelung in der spätrömischen Gesellschaft verloren, und die eingewanderten Gruppen hatten sich aus ihren Herkunftsgebieten und den dortigen Lebensverhältnissen herausgelöst und suchten ebenfalls nach einer neuen Identität. In dieser neuen Gesellschaft spielten Rang und Reichtum, an Sachgütern und Grundbesitz, eine entscheidende Rolle. Beides erwarb man sich über Kampf und Krieg, weshalb die Waffenausstattung und ihr materieller Wert von hoher Bedeutung waren und noch bei der Bestattung gezeigt werden sollten. Die Position in der Gesellschaft wurde erkämpft und musste noch ständig neu gesichert werden, denn Rang konnte einerseits verloren gehen, doch andererseits winkten alle Möglichkeiten des Aufstiegs.

Eigenschaften dieser neuen „offenen Ranggesellschaft", zu der auch die Alamannen und nicht nur die auf der Ostalb gehörten, beschreiben Stichworte wie Kampf und Krieg, räumliche und gesellschaftliche Mobilität und damit verbunden eine beachtliche Weltoffenheit. Auch wenn die Familienverbände in dörflichen Siedlungen lebten und wirtschafteten, darf man sie sich nicht wie im 19. Jahrhundert als ortsgebundene Bauern vorstellen, die nur bis zum Waldrand um ihre Gemarkung blickten, sondern als große und kleine Grundherren (mit Abhängigen) und Bauern, die häufig unterwegs waren, sowohl zu den Herrschaftssitzen der ranghöheren Adligen, des Herzogs und später der Grafen, wo sie auch die qualitätvollen Waffen und den kostbaren Frauenschmuck für ihre Dienste erhielten und in ihre Dörfer brachten, als auch zu ständig sich wiederholenden Kriegszügen.

Einerseits ist der Bestattungsbrauch über einen weiten Raum verbreitet, von den Franken und Angelsachsen bis zu den Bajuwaren diesseits und den Langobarden jenseits der Alpen. Aufgrund der scheinbaren Ähnlichkeit wurde überhaupt der Begriff „Reihengräberzivilisation" geprägt. Aufschlussreicher aber ist andererseits gewissermaßen die Sicht von innen, von der Siedlungsgemeinschaft selbst aus. Damit ist gemeint, dass die Bestattungen und ihre Beigaben offenbaren, wie die Bewohner einer Siedlung sich selbst sahen und welche Sicht sie auf die Welt hatten. Grabsitten sind örtlich bestimmt und unterscheiden sich von denen in anderen Siedlungen durchaus in vielen Einzelheiten. Doch zugleich ist anhand der Sitten und Beigaben auch abzulesen, über welchen „Horizont" die Bewohner einst verfügten. Krieg, Handel und andere Fernbeziehungen zeigen die Weltoffenheit. Wenn man die Beigabenausstattung der Gräberfelder in ganzer Breite analysiert, dann scheinen die Gruppen auf der Ostalb von allen Alamannen die „alamannischsten" zu sein. Zu den Kennzeichen örtlicher Traditionsgemeinschaften gehört, dass die meisten Schwerter im gesamten Reihengräberbereich in Gräbern auf der Ostalb liegen.

Die Fülle der Ausstattung der Verstorbenen – und das ist meist nur ein Ausschnitt der einst mitgegebenen Gegenstände, da vieles organisches Material wie Holzmöbel in der Regel vergangen ist –, die regelmäßig je nach Rang und Reichtum der Familienverbände den Toten folgte, stellte doch einen erheblichen Abteil des allgemeinen Vermögens dar, das regelmäßig von der Gemeinschaft gewissermaßen abgegeben und für jedes neue Mitglied zu Lebzeiten neu hergestellt oder erworben werden musste. Nur ein Bruchteil – ich meine, meist wesentlich weniger als ein Prozent des einst Vorhandenen – haben Archäologen bisher erfassen können. Es ist kaum einzuschätzen, welche gewaltige Anzahl an Waffen, an Schwertern, Saxen, Lanzen und Schilden, ständig in der Erde verschwand, ebenso wie viel Edelmetall und Bronze in Gestalt von Schmuck erst erworben und dann „vergraben" wurde, wie viel Bronzegeschirr und Glasgefäße ersetzt werden mussten. Natürlich ist dies zeitlich und räumlich sorgfältig analysiert worden. Gläser aus dem fränkischen Gebiet werden als Grabbeigabe vom 6. zum 7. Jahrhundert seltener; erstaunlich ist die Zahl der Spathen, der Langschwerter, in den Kriegergräbern der Alamannen, wesentlich zahlreicher als zur selben Zeit im fränkischen Raum. Hängt das Erstere mit dem Wandel in der Produktion und der Verteilung der Gläser ab, spiegelt das Letztere den höheren Wert der Waffe für den alamannischen Krieger wider; dessen gewollte Unabhängigkeit und sein besonderer Rang wurden betont.

In der Regel ist der räumliche Bezug der großen Gräberfelder zu den Siedlungen gegeben. Doch ist die innere Struktur der Gemarkungen, die wohl mit ihren Grenzen grundsätzlich in die späte Völkerwanderungs- und frühe Merowingerzeit zurückgehen, vielgestaltig und geht auf mannigfaltige Formen der Mobilität zurück. Oftmals sind mehrere verschieden große Gräbergruppen in einer solchen Gemarkung nachzuweisen, ebenso mehrere besiedelte Areale. Dafür bieten sich verschiedene Erklärungsmodelle an. Die Siedlungen waren noch nicht ortsfest wie die heutigen Dörfer, sondern die Gehöfte wurden in Generationsfolge, also nach 30 bis 60 Jahren immer neu errichtet, was unter anderem an der Bauweise mit eingegrabenen Pfosten liegt, die leichter verwittern. Manchmal wurde dabei die Siedlung als Gesamtheit mehrfach verschoben, in anderen Fällen wurden die Häuser eines Gehöftes auf der Hofparzelle erneuert. Bei Siedlungs- und Gehöftverschiebungen bestattete die Gemeinschaft weiter auf dem alten größeren Gräberfeld oder begründete neue Friedhöfe. Der Name des „Dorfes" hängt an der Gemarkung, nicht an einem der fluktuierenden Siedlungsareale.

Mobilität und Weltoffenheit

Das Bild dieser Mobilität auf engerem Raum wird durch eine andere Mobilität komplexer, nämlich dadurch, dass Familien aussterben und wegziehen konnten und dass andere Familien hinzuzogen, freiwillig oder auf Veranlassung eines Grundherrn, der ihnen Land zuwies oder schenkte, wie man theoretisch erschließen kann. Diese neuen Familien gliederten sich den Gehöften der Siedlung an oder errichteten ihre neuen Höfe an anderer Stelle in der Gemarkung neu und gründeten oftmals einen neuen Bestattungsplatz. Streusiedlungen können also Zeichen von Zuzug neuer Bewohner sein oder auch Hinweis auf grundherrschaftlichen Streubesitz mit Gehöften in verschiedenen Dörfern.

Auffällig ist die räumliche, soziale und geistige Mobilität der damaligen alamannischen Bevölkerung in ihren mehr oder weniger gleichartigen dörflichen Siedlungen. Doch das Siedlungsnetz war dicht, und der Abstand zwischen den Dörfern betrug immer nur wenige Kilometer. Man hatte Kontakte. Naheliegend ist, dass die Bauernkrieger durch ihre Teilnahme an Feldzügen in die Ferne, bis nach Italien, nicht nur fremde Luxusgüter als Beute bekamen, sondern dass auf diese Weise auch das Interesse geweckt wurde, Derartiges zu besitzen. Exotische Sach- und Luxusgüter haben alle Siedlungsgebiete erreicht, ob an der Fernstraße oder im Bergland. Es gibt jedoch eine Abstufung zwischen den ranghöchsten Familien, der Elite bzw. dem Adel, und den zugehörigen Bauernfamilien, was den Wert und die Anzahl fremder Güter angeht.

Noch gab es keine Adelsgesellschaft mit erblicher Position ihres Ranges. In der „offenen" Ranggesellschaft gehörten Auf- und Abstieg zur gesellschaftlichen Mobilität. Der Rang hing vom Reichtum an Grundbesitz und Sachgütern und dieser wiederum vom Kriegsglück ab. Die auf den meisten Gräberfeldern bestatteten „Fremden", Leute mit Migrationshintergrund, sind anhand ortsfremder Grabsitten und auffällig anderer Sachgüter fassbar, was eine beachtliche Mobilität spiegelt, nicht nur von Frauen über Heiratsbeziehungen, sondern von größeren Familiengruppen. Einige Befunde werden als Niederschlag von Krieg und Verdrängung oder auch als militärisch begründete Besatzung im fränkisch-merowingischen Auftrag interpretiert, es wird aber – was die zunehmende Zahl der Befunde zeigt – eher ein normaler Zuzug gewesen sein. Adlige Familienzweige waren mobil und erwarben Land andernorts; und die Bauernkrieger waren ebenso mobil, erhielten von ihren adligen Herren – so eine Erklärung, falls man die Entstehung der Grundherrschaft mit Streubesitz schon in der Merowingerzeit annehmen darf – für ihre Dienste Land an einem neuen Ort. Besondere Herrichtungen der Bestattungen wie Hügel über den Gräbern, Kreisgräben als Einfassung der Bestattung, Pferde als Beigabe, fremder Schmuck wie „skandinavische", „fränkische", „Thüringer" und „ostgotische" Fibeln oder „langobardische" mehrteilige Gürtel regen zu derartigen Interpretationen an. Auch schlichte, freihandgeformte Keramikformen zeigen die Herkunft aus der Ferne. Aber Einwanderer beispielsweise aus Thüringen waren auf der Ostalb bald sicherlich keine Thüringer mehr, gleich welche Grabsitten die Familien noch

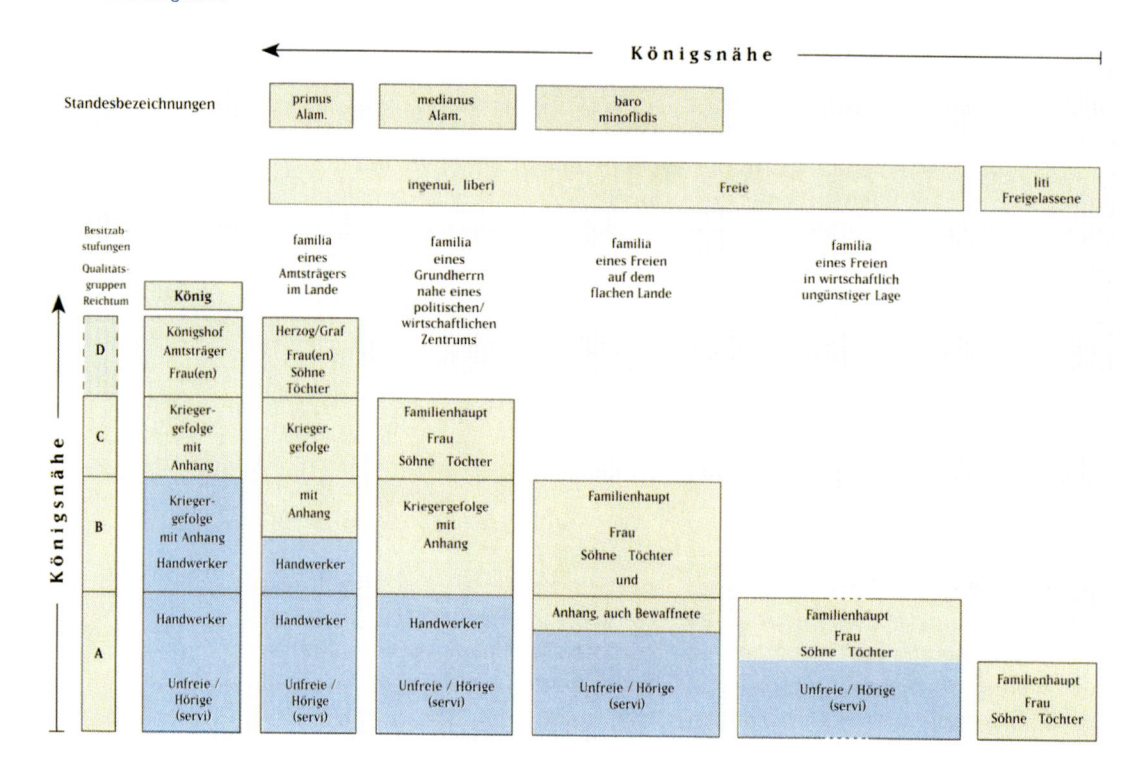

57 Die alamannische Gesellschaft setzte sich aus Personenverbänden zusammen, deren Angehörige unterschiedliche Ränge bekleideten. Die Stammesrechte geben eine Vorstellung dieser Rangunterschiede durch die Höhe der Wergeldsätze, die Grabfunde durch die Menge und Qualität der Grabbeigaben.

Königsnähe →						
Standesbezeichnungen	primus Alam.	medianus Alam.	baro minoflidis			
	ingenui, liberi			Freie		liti Freigelassene
Besitzabstufungen / Qualitätsgruppen Reichtum	König	familia eines Amtsträgers im Lande	familia eines Grundherrn nahe eines politischen/ wirtschaftlichen Zentrums	familia eines Freien auf dem flachen Lande	familia eines Freien in wirtschaftlich ungünstiger Lage	
D	Königshof / Amtsträger / Frau(en)	Herzog/Graf / Frau(en) / Söhne / Töchter				
C	Kriegergefolge mit Anhang	Kriegergefolge	Familienhaupt Frau Söhne Töchter			
B	Kriegergefolge mit Anhang / Handwerker	mit Anhang / Handwerker	Kriegergefolge mit Anhang / Handwerker	Familienhaupt Frau Söhne Töchter und		
A	Handwerker	Handwerker	Handwerker	Anhang, auch Bewaffnete	Familienhaupt Frau Söhne Töchter	Familienhaupt Frau Söhne Töchter
	Unfreie / Hörige (servi)	Unfreie / Hörige (servi)	Unfreie / Hörige (servi)	Unfreie / Hörige (servi)	Unfreie / Hörige (servi)	

58 Der beinerne Kamm mit Klappfutteral der Frau aus dem Grab 1007 von Lauchheim „Wasserfurche" trägt in der Mitte die Runeninschrift „GDAG", die als Name mit *tag*-Endung gelesen wird. Bei ihr wurde eine weitere Inschrift gefunden, ihr silberner Fingerring trägt die lateinische Inschrift „VIVAS N" (Lebe!) in Kombination mit einem Kreuz.

pflegten, sondern ordneten sich neu der Gemeinschaft am Ort zu.

Weniger deutlich weisen die Gehöft- und Hausformen auf entfernte Herkunftsgebiete hin. Es scheint, dass neue Haus- und Hofformen im Süden schon sehr rasch entwickelt worden sind, gefordert von der andersartigen Landschaft und Wirtschaftsweise. Denn das Wohnstallhaus im Norden, woher ein Teil der Einwanderer kam, gibt es im Süden nicht in gleicher Weise. Für das Innere der insgesamt kleineren Häuser – man vergleiche nur den „Herrenhof" von Lauchheim mit den mächtigen Hallen nördlich der Mittelgebirge – sind zwar über Phosphatanalyse unterschiedliche Nutzungszonen nachgewiesen, aber keine klare Trennung in Wohnbereich und Stall.

In der kurzen Phase eines halben Jahrhunderts von etwa 530 bis 620 wurde die einst in Südskandinavien erfundene Runenschrift auch von Alamannen verwendet, wohl in bewusstem Gegensatz zur lateinischen Schrift; man findet Inschriften auf Waffen und Schmuck, meist als persönliche Widmungen, auch auf Holzteilen eines Webstuhls, und nicht selten sind die Inschriften von Frauen am Ort eingeschnitten worden. Parallel dazu wurde jedoch auch die lateinische Schrift verwendet, oft gehören die Texte in christliches Umfeld. Die vielteilige Gürtelgarnitur von Donzdorf bringt mehrfach wiederholt einen Psalmentext.

Fernkontakt und Güterverteilung

Es erstaunt, dass in den meisten, auch in den anscheinend abgelegenen Siedlungskammern alle Arten von Waffen und andere Sachgüter vorhanden waren, die mit Sicherheit nicht am Ort oder in der Nähe hergestellt worden sind. Da-

Güterverteilung

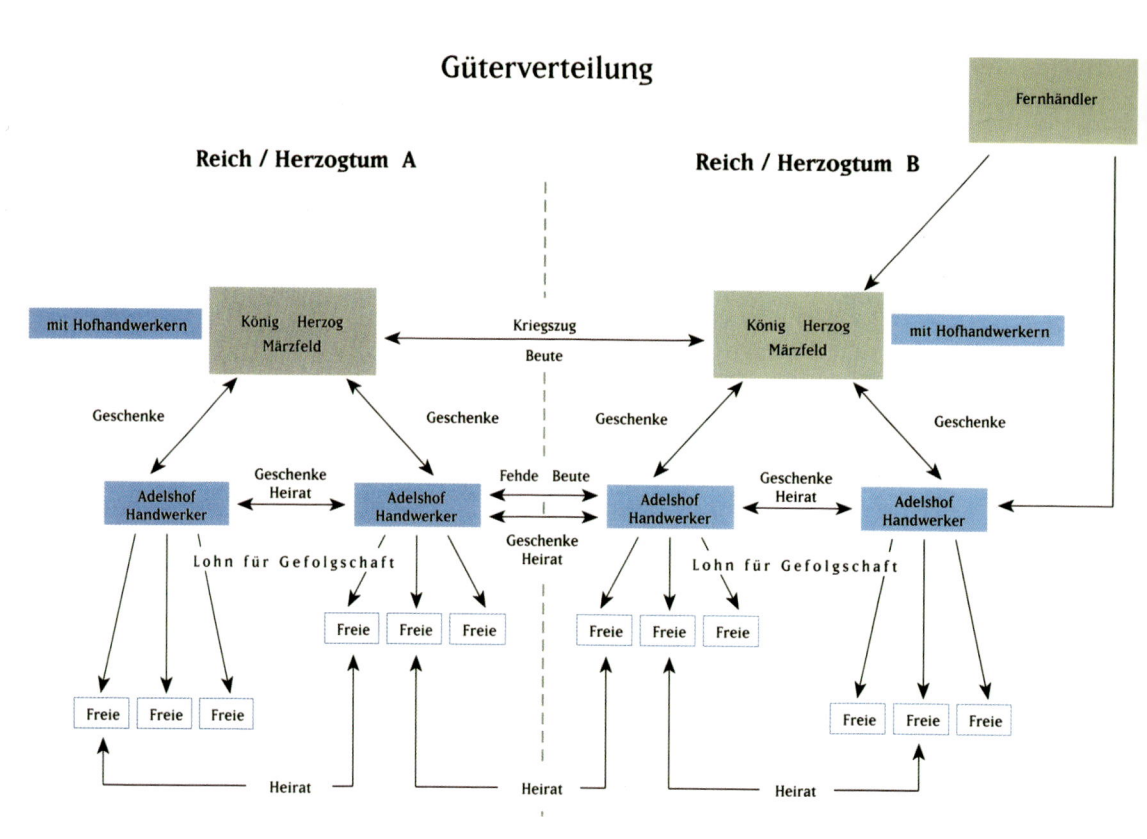

59 Schema zur Güterverteilung in der Alamannia: Güter wurden nicht in erster Linie durch Handel erworben und ausgetauscht, sondern als Kriegsbeute, Geschenke und Heiratsgut. Für Luxusgüter sorgte schließlich der Fernhandel. Die Pfeile geben die Verteilungswege der Güter an.

für gibt es zu viele sehr ähnliche Produkte von beachtlicher Qualität, die aus derselben Werkstatt gekommen sein müssen, aber weit verbreitet sind. Es gab keine Zentralorte – wie zur römischen Zeit – also stadtartige Siedlungen mit Konzentration von Handwerk und Marktbetrieb. Vielmehr werden die ranghohen Adelsfamilien an ihrem Hauptwohnsitz Waffenschmiede und Kunsthandwerker beschäftigt haben, womit sie auch gewissermaßen das Monopol über diese Produktionen ausübten und die Verteilung regelten. Die bäuerlichen Familienverbände lebten nicht isoliert in ihrer Gemarkung, sondern waren – um das zu betonen – über Krieg und Erwerb ihrer Besitztümer sichtlich mit der weiten Welt verbunden. Die Versorgung erfolgte über Austausch zwischen den Adelsverbänden und führte von diesen aus dann zu den Bauerkriegern.

Zugang zu Gold und anderem Edelmetall war ebenfalls recht allgemein verbreitet. Das beweisen kleine Feinwaagen und Gewichte, die manchen Toten mit ins Grab gegeben wurden. Die Gewichtsstücke kamen aus dem spätantik-byzantinischen Kulturkreis und sind ein weiterer Beweis für die überregionale Anbindung auch des östlichen Alamannengebietes. Die wenigen Goldmünzen, die im Umlauf waren, dienten eher als Schmuck oder Wertanlage, kamen jedenfalls nicht bei Kauf und Verkauf zum Einsatz. Vielmehr muss man sich bei Alltagsgütern schlichten Tauschhandel vorstellen, während Qualitätsgüter über das Netz der Adelsverbände verteilt wurden. Es gab in ganz Alamannien keine Münzprägung; doch jenseits des Rheins in den ehemaligen römischen Provinzgebieten sind mehr als 800 Münzprägeorte inschriftlich auf den Münzen, einige Solidi, meist Trienten oder Tremisses, Drittelstücke, nachgewiesen zugleich mit den Münzmeistern, den Monetaren, von denen rund 2000 Namen überliefert sind. Alle Münzen im alamannischen Gebiet waren also Importe bzw. wurden von Aufenthalten in der Ferne mitgebracht.

Die dichten Fernbeziehungen nach Westen ins Frankenreich sind nicht überraschend, aber nicht weniger intensiv waren die Verbindungen über die Alpen nach Italien zum langobardischen Raum. Wenige Münzen, zahlreiche Ausstattungen der Männerkleidung wie vielteilige Gürtel und auch der Brauch, den Toten Kreuze aus Gold beizulegen, kamen von dort. Diese Goldblattkreuze, seit dem Ende des 6. Jahrhunderts bis um 700 nördlich der Alpen belegt, haben ihre Vorbilder in Italien, wurden bei den Alamannen aber durchaus vielfältig neu gestaltet. Die hohe Zahl der Kreuze, bis zu fünf Exemplare wie in einem Grab in Lauchheim, wird als eine andere Form der Übernahme des Christentums gedeutet als der Bau von Kirchen und die Bestattung in und beim Sakralgebäude.

Fehde, Kampf und Krieg

Mit klarer Zielsetzung heißt der Titel einer Publikation von Jean-Pierre Bodmer aus dem Jahr 1957: „Der Krieger der Merowingerzeit und seine Welt. Eine Studie über Kriegertum als Form der menschlichen Existenz im Frühmittelalter". Allein die weitverbreitete Beigabe von Waffen in den Gräbern betont die Wertschätzung des Kriegerischen, die noch bei der Beerdigung öffentlich gezeigt wurde und damit anhand der Ausstattung zugleich auch Rang ausdrücken wollte. Höchst qualitätvolle Hiebwaffen, die nicht vom Dorfschmied gefertigt wurden, gelangten in den Besitz der Bauernkrieger auch

60 Auf der Schwertscheide des 7. Jahrhundert aus Gutenstein an der oberen Donau, die heute im Puschkin-Museum in Moskau aufbewahrt wird, erkennt man einen Krieger mit Wolfsmaske. Berserker und Ulhednar – mit Bären- oder Wolfshäuten gekleidete Krieger – werden in den Schriftquellen als „Odins Männer" erwähnt. Hier die Kopie im Landesmuseum Württemberg, Stuttgart.

61 Auf der Goldscheibe von Pliezhausen führt ein „göttlicher Sieghelfer" den Speer des Reiters, während ein überrittener Krieger sein Schwert in die Brust des Pferdes stößt.

in kleinen, anscheinend abgelegenen Dörfern. Sie wurden sicherlich nicht „gekauft", sondern vom Kriegsherrn verliehen, der sie in zentralen Werkstätten herstellen ließ. All das ist für die Merowingerzeit schwer nachzuweisen, wird aber schon für die Germanen der späten Römischen Kaiserzeit mit guten Gründen angenommen, deren normierte Waffen in den Kriegsbeuteopfern im Ostseegebiet gefunden wurden.

Die gesamte Gesellschaft war kriegerisch ausgerichtet. Kinder und auch Frauen waren im Kampf geübt. In Lauchheim Grab 450 der Zeit um 600 lag ein sechs- bis achtjähriger Knabe mit Spatha und Sax, Lanze und Schild sowie kostbarem mehrteiligen Gürtel – übrigens mit christlicher Kreuz-Zier. Den Stellenwert des Kriegertums schildern Bildüberlieferungen, auch wenn die Stücke selten und weit verteilt sind, was dem Zufall der Überlieferung zuzuschreiben ist: Die Schwertscheide von Gutenstein, Stadt Sigmaringen, um 700, ist mit einem Bildblech aus Silber besetzt, sekundär herausgeschnitten aus einer größeren Szene; abgebildet ist ein Krieger mit Wolfsmaske, der ein Schwert vor sich hochhält. Am Knauf dieses Schwertes ist deutlich sichtbar ein Ring angesetzt. In der gesamten germanischen Welt bis nach Skandinavien und Italien waren manche Krieger miteinander „verbunden" durch den Austausch von Ringpaaren (aus Gold oder Silber), die nachträglich am Schwertknauf befestigt wurden – Zeichen einer Schwurgemeinschaft zwischen Kriegern und Anführern, die über eine große Entfernung zusammenhing. In Schretzheim trägt ein solches Ringschwert zudem ein Runenkreuz. Auf dem goldenen Pressblech einer Scheibenfibel von Pliezhausen, Kr. Reutlingen, erste Hälfte 7. Jahrhundert, ist eine Kampfszene dargestellt. Ein Krieger überreitet einen niedergestreckten Krieger, der das Pferd von unten ersticht, und ein „Sieghelfer" auf der Kruppe des Pferdes unterstützt den Wurf der Lanze des Reiters, alles Bildsymbole, die bis nach England und Mittelschweden bekannt waren und dort auch zum Schmuck von Helmen gehörten. In Trossingen, Ldkr. Tuttlingen, lag in einem Kriegergrab des 6. Jahrhunderts eine Leier, Instrument eines Sängers, der am Herrenhof Heldenlieder vorgetragen hat, womit die adelige Kriegergesellschaft sich selbst und ihre Vorfahren verherrlichte. Auf dem Schallkörper ist eine Szene eingeschnitten: Zwei Gruppen von je zwölf Kriegern in zwei Reihen, ausgerüstet mit Helm, Lanze und Schild, schreiten auf eine Fahnenlanze zu, die vorderen Krieger umfassen den Lanzenschaft und scheinen wiederum eine Schwurgemeinschaft zu bilden. Auch wenn das Grundmuster mittelmeerisch-spätantiken Motiven entlehnt ist, hat das Bild einen germanisch-alamannischen Inhalt bekommen. Auf der Gürtelschnalle von Pforzen, Kr. Ostallgäu, ist wohl mit Runen der Anfang eines germanischen Heldenepos eingeritzt.

Eine weitere Facette der damaligen von Krieg und Kampf bestimmten Lebenswirklichkeit wird über archäologische Befunde fassbar. Zahlreiche Männer weisen, wie die Untersuchung der Skelette zeigt, schwere Hiebverletzungen auf, an denen sie gestorben sind – wenn auch manche frühere Verletzungen überlebt hatten und erst nach neuem Kampf gefallen waren. Diese Spuren von Kämpfen gehen nun kaum auf Kriegszüge in der Ferne zurück, da man die Toten nicht über weite Strecken wieder in die Heimat zurückbringen konnte, um sie auf dem Familienfriedhof zu bestatten, sondern diese Kämpfe fanden nachbarschaftlich statt. In den letzten Jahrzehnten hat man zudem bei vollständigen Ausgrabungen von Friedhöfen immer wieder große Grabkammern entdeckt, in denen mehrere Krieger unterschiedlichen Alters und Ranges lagen, die sichtlich gleichzeitig im Kampf gestorben und dann zusammen bestattet worden waren, ebenfalls meist auf dem Ortsfriedhof. Sie sind das Abbild vom Kämpfen zwischen kleinen Gruppen mit tödlichen Folgen. Zur Deutung bietet sich das Phänomen „Fehde" an, ein kriegerisches Element der Rache, Vergeltung und der Machtauseinandersetzung, das auch in den Schriftquellen jener Epoche vielfältig überliefert ist. Ausführlich sprechen die *Leges barbarorum*, die sog. Volks- oder Stammesrechte, auch der *Pactus* und die *Lex Alamannorum*, von derartigen Fehden und führen in Bußgeld- oder Wergeldsätzen auf, wie man über materiellen Ausgleich aus dem Kreislauf von Kampf und Tod herauskommen könnte. Je nach Grad der Verletzung vom Abschlagen eines Fingers bis zum Todschlag werden Bußgeldsätze genannt, die auch in Vieh, Land oder sonstigen Gütern beglichen werden konnten, da Münzen selbst nicht ausreichend vorhanden waren. Gewalt war alltäglich. Unter den „Mehrfach-Kriegerbestattungen" sind auch schwer bewaffnete Frauen, so in den Dreiergräbern 3 und 12 von Niederstotzingen oder in einem Dreiergrab von Kirchheim a. Ries. Für mitkämpfende Frauen gibt es ebenfalls in der Schriftüberlieferung Belege.

Eigenarten einer Übergangsgesellschaft

Mobilität, Weltoffenheit, Kampf und Krieg sind Eigenschaften dieser Epochen zwischen Antike und Mittelalter, und wir verstehen die damaligen Lebensumstände erst, wenn wir sie nicht nur mit der ländlichen Gesellschaft des 19. Jahrhunderts vergleichen. Zwar mussten die Söhne der Bewohner dieser Bauernhöfe der Neuzeit auch immer wieder in den Krieg ziehen, doch war die Gesellschaft meist wesentlich weltferner als die der Merowingerzeit, was auch als „Geschichtslosigkeit des Bauerntums" bezeichnet wird. Das richtige Verständnis gewinnt man also erst dann, wenn man sich von der verbreiteten Ansicht der Historiker löst, dass (Erb-)Adel, Grundherrschaft und Eigenkirche, sowie auch das Dorf erst Realität werden, wenn sie in der schriftlichen Überlieferung erscheinen, und sich vielmehr vom archäologischen Befund belehren lässt, dass diese gesellschaftlichen Strukturen durchaus deutlich frühere Wurzeln gehabt haben.

Literatur

Ade 2008; Böhme 1993; Böhme 1998; Brather 2009c; Dobler 2009; Drauschke (im Druck); Drauschke 2008; Düwel 1994; Geuenich 2005; Gross 1997; Hoeper 2001; Koch 1997b; Kokkotidis 2008; Martin 2004; Quast 2002b; Riemer 1999; Schneider 2008; Scholz 2009; Schreg 2006; Schreg 2008a; Schreg 2009; Siegmund 2000; Siegmund 2004; Steuer 1988; Steuer 1997a; Steuer 1997b; Steuer 2003a; Steuer 2003b; Steuer 2004; Steuer 2008; Steuer 2009; Stork 1997a; Theune 2004; Theune-Großkopf 2005; Theune-Großkopf 2006; Zekorn 2008.

62 Die fast vollständig erhaltene Leier aus dem Männergrab 58 von Trossingen wurde 2001 entdeckt. Der gemäß der dendrochronologischen Untersuchung einzelner Hölzer im Frühsommer 580 Bestattete wird als Hof- und Gefolgschaftsherr gedeutet, welcher an der Festtafel auf der Leier spielend Preis- und Heldenlieder vortrug.

Die Alamannen in der Merowingerzeit mit Ausblick in die Karolingerzeit

IMMO EBERL

Die Ausbreitung der Alamannen

Die im 3. Jahrhundert in das Licht der Geschichte getretenen Alamannen haben in der zweiten Hälfte des 5. Jahrhunderts in einem relativ großen Raum gewirkt. So sah sich beispielsweise Bischof Lupus von Troyes nahe seiner Bischofsstadt mit alamannischen Scharen konfrontiert, und ebenso ist der *Vita Severini* zu entnehmen, dass Alamannen in Ufernoricum bei Passau um 470/80 Städte überfallen und Einwohner verschleppt haben. Unterworfen wurden die Alamannen vom Frankenkönig Childerich († 481) zusammen mit Odoaker (476–493).

Über die Ausbreitung der Alamannen im 5. Jahrhundert sind nur bruchstückhafte Kenntnisse vorhanden. Es scheint sich bei diesem vom Siedlungsgebiet weit entfernten Auftauchen alamannischer Scharen eher um Kriegszüge gehandelt zu haben als um eine geordnete Ausbreitung des Stammes, denn davon ist weder bei Troyes noch in Ufernoricum die Rede.

Aufgrund des gemeinsamen Auftretens von Alamannen und Sueben hat die Forschung die These aufgestellt, dass die von ihren alten Sitzen nach Westen abgedrängten Sueben sich in dieser Zeit den Alamannen angeschlossen hätten. Diese These könnte erklären, weshalb die Sueben mehr und mehr aus der Geschichte verschwinden, aber in den Quellen ab dem 6. Jahrhundert eine Gleichsetzung von Alamannen und Sueben (= Schwaben) üblich wird. Die alamannische Besiedlung des Elsass und der Nordschweiz, die bislang durch

63 Joseph Blancs Gemälde von 1882 im Pariser Pantheon zeigt den Frankenkönig Chlodwig, der inmitten der Schlacht gegen die Alamannen bei Zülpich sein Taufgelöbnis spricht.

Landnahmen in der zweiten Hälfte des 5. Jahrhunderts angenommen wurde, ist nach den Archäologen vermutlich erst – und dabei recht zögerlich – nach 500 erfolgt.

Alamannen und Franken um 500

Wie bereits eingangs erwähnt, sind die Alamannen um 500 mit den Franken in einem Entscheidungskampf zusammengestoßen. Dabei bleibt der überwiegende Teil der Überlieferung unscharf: das Gelübde Chlodwigs mit seinem Versprechen eines Übertritts zum Christentum bei einem Sieg, die verfassungsmäßige Struktur der Alamannen unter einem Großkönig oder Kleinkönigen, ebenso auch die Frage nach der Anzahl der Schlachten zwischen Alamannen und Franken. Was den zuletzt genannten Aspekt betrifft, so hat sich die Forschung von der Ansicht einer einzigen Entscheidungsschlacht bei Zülpich verabschiedet. Es wird davon ausgegangen, dass die Entscheidung in mehreren Schlachten über einen längeren Zeitraum hinweg gefallen ist.

Im Rahmen dieser Auseinandersetzungen haben die Franken Alamannien besetzt und unter ihre Herrschaft genommen. Der Ostgotenkönig Theoderich (493–526) griff in diesen Vorgang ein und hat in einem Schreiben an König Chlodwig erklärt, dass die Alamannen zu einem Teil unter seinem Schutz stehen würden. Nach den später an die Franken abgetretenen Gebieten dürfte es sich wohl um Regionen in Churrätien und der Nordschweiz gehandelt haben. Die Franken haben die Alamannen von Norden und Nordwesten her nach Süden gedrängt und in Hessen und dem nördlichen Teil von Baden-Württemberg einen weiten siedlungsleeren Raum geschaffen, in den später fränkische Siedler eingedrungen sind. Die Nordgrenze des alamannischen Raumes hat sich um 500 im Zusammenhang mit der Dialektgrenze ausgebildet. Diese Dialektgrenze erstreckt sich vom Rhein entlang der Oos über die Hornisgrinde, den Asperg und den Lemberg (bei Ludwigsburg), den Hohenberg (bei Ellwangen) bis zum Hesselberg (bei Dinkelsbühl). Diese Begrenzung nach Norden, die mit der späteren Grenze des Herzogtums Schwaben und auch mit den Diözesangrenzen identisch war, ist über viele Jahrhunderte, in Teilen sogar bis zur Gegenwart, lebendig geblieben.

Die politische Entwicklung ist über die Schutzaussage des Ostgotenkönigs Theoderich rasch hinweggegangen, denn schon 537 tritt der Ostgotenkönig Witigis mit der Provence und Churrätien das Protektorat über die Alamannen und benachbarte Stämme an den Frankenkönig Theudebert I. (534–547) ab. Seit diesem Zeitpunkt standen alle Alamannen unter fränkischer Herrschaft. Die Siedlungsveränderungen im heutigen nördlichen Baden-Württemberg haben sich damit in einem relativ engen Zeitkorridor vollzogen. Bislang ist für die Forschung nur das Ergebnis greifbar, wohingegen die Formen der Durchführung noch unbekannt sind.

Die Alamannen im frühen Merowingerreich

Erst unter fränkischer Oberhoheit sollen die Alamannen zu ihrer stammesmäßigen Einheit und einer Identität gefunden haben, wobei auch die Stammesgrenze am Lech zu den Bajuwaren um die Mitte des 6. Jahrhunderts entstanden sein soll. Ebenso unklar wie diese Entwicklung bleibt auch der innere Prozess der Siedlungsgenese in Alamannien. Nach wie vor offen ist dabei die Zuweisung der auf die Silben -ingen und -heim

64a Columban und Gallus auf dem Bodensee. Die Legende sagt, der irische Mönchsvater Columban habe auf seiner Reise durch Alamannien 610 bis 612 seinen Schüler Gallus am Bodensee zurückgelassen.

endenden Ortsnamen auf die Alamannen oder Franken.

Dem Bericht des byzantinischen Geschichtsschreibers Agathias zufolge haben die Brüder Leuthari und Butilin um 550 die Alamannen geleitet. Beide waren fränkische Heerführer alamannischer Herkunft und haben vielleicht nebeneinander im alamannischen Siedlungsraum ihr Amt wahrgenommen. Von der Forschung werden sie als die ersten Herzöge der Alamannen in fränkischem Auftrag betrachtet. Agathias berichtet in seinem Werk auch darüber, dass die Alamannen überwiegend noch Heiden waren, sich aber durch die Verbindung zu den Franken gewiss bald dem Christentum öffnen würden. Er hatte dabei sicherlich Kenntnis von den in Alamannien bereits beginnenden Missionsver-

suchen, die in der folgenden Generation zum Bau von sicher nachweisbaren Kirchen geführt hat.

Alamannien war in dieser Zeit ein Randgebiet des Merowingerreiches. Bischof Marius von Avenches (530–594) nennt zwischen 548 und 573 fünf Amtsträger in seiner Chronik, die er als *duces Francorum* bezeichnet; da aber unter ihnen 555 Buccelenus genannt wird, der mit dem vorgenannten Butilin identifiziert wird, dürften auch die übrigen vier Lanthacarius (548), Magnacharius (565), Vaefarius (573) und Theodefridus eine Bedeutung für den alamannischen Raum gehabt haben. Es bleibt dabei offen, ob sie Franken oder Alamannen waren. Die Quellenlage lässt nur Vermutungen zu. Allem Anschein nach hat sich die Kompetenz dieser fränkischen Amtsträger aber nicht auf ein fest umrissenes Gebiet bezogen. Was die rechtsrheinischen Gebiete Alamanniens betrifft, so bleiben sie in dieser Zeit außerhalb der Berichterstattung der Quellen, denn die Besiedlung dieses Raumes war im Gegensatz zu den von der ehemals römischen Infrastruktur erfassten Gebieten wesentlich geringer. Erst im Laufe des 7. Jahrhunderts scheint er von der fränkischen Verwaltungsorganisation erfasst worden zu sein. Dieser Zeitansatz korrespondiert mit der Entwicklung der sich in den Reihengräberfeldern erkennbar absetzenden Adelsgräber und auch der für die Baar und den Raum unmittelbar südlich des Bodensees nachweisbaren Herrschaft der Bertholde und der Waltrame, die ihre Aufgaben im Auftrag der Merowingerkönige wahrnahmen. Die Regierungszeiten von Chlothar II. (613–629) und Dagobert I. (629–639) haben sich dabei wohl deutlich ausgewirkt. Die alamannischen Herzöge hatten ihre Herrschaftsbasis im 6. und 7. Jahrhundert im romanisch-fränkisch-alamannischen Mischgebiet westlich des Ober- und südlich des Hochrheins. Die Bischofssitze von Avenches, Windisch und Straßburg haben in dieser frühen Zeit Einfluss in den inneralamanischen Raum gehabt, der erst durch die neu entstandenen alamannischen Bischofssitze abgelöst wurde.

Die alamannischen Herzöge als fränkische Amtsträger

Die alamannischen Herzöge erscheinen in der Berichterstattung nur, wenn sie an den Auseinandersetzungen der Zeit beteiligt waren. So setzte König Childebert II. (575–596) den Alamannenherzog Leudefredus 587 ab und ernannte an seiner Stelle Uncelen zum Herzog. Dieser zog 605 als Gefolgsmann des Burgunderkönigs Theuderich II. (596–613) mit in den Krieg gegen Theudebert II. (596–612). Er geriet dabei mit dem Hausmeier Protadius, dem Günstling der Königin Brunichilde, in politischen Gegensatz. Der Hausmeier Protadius scheint wie seine Königin die Wiederaufnahme römischer Traditionen in der Steuereintreibung propagiert zu haben, was den fränkisch-alamannischen Adeligen missfallen zu haben scheint. Der alamannische Herzog Uncelen spielte dabei eine entscheidende Rolle, als er, beauftragt den Hausmeier durch einen Abfall des Heeres in seinem Entscheidungsspielraum einzugrenzen, zu dessen Ermordung aufrief, die dann tatsächlich erfolgte. Königin Brunichilde rächte sich zwei Jahre später an Herzog Uncelen, indem sie ihn durch Abschlagen seines Fußes amtsunfähig machte und auch seinen Besitz konfiszieren ließ.

Die Berichte über Herzog Uncelen zeigen, dass er die fränkische Politik maßgeblich mitprägte. Nach ihm ist – vielleicht bedingt durch die starke Stellung der Könige Chlothar II. und Dagobert I. in Alamannien – bis in die dreißiger Jahre des 7. Jahrhunderts über alamannische Herzöge nichts bekannt, sodass die Forschung sogar erwogen hat, ob das Herzogsamt zwischen etwa 610 und 630 überhaupt besetzt war. Erst für 631/32 ist überliefert, dass ein alamannischer Herzog namens Crodobertus den Feldzug König Dagoberts I. gegen den slawischen Herrscher Samo unterstützt hat. Ausführlichere Nachrichten über einen Alamannenherzog, seinen Hof in Überlingen *(villa Iburninga)* und seine Verbindungen zum Königshof in Metz lassen sich der *Vita Sancti Galli* entnehmen, die im 9. Jahrhundert umfassend überarbeitet wurde, in ihren ersten Fassungen aber aus der Zeit um 680 stammt. Die Kritik an den Berichten weist deshalb darauf hin, dass eine Aufnahme späterer Zustände in die Chronik durchaus in Betracht gezogen werden muss. Die Be-

64b In dem nach 840 angelegten Verbrüderungsbuch des Klosters Reichenau ist eine Liste Verstorbener überliefert, für die in dem Kloster gebetet wurde. An erster Linie steht bei den Laien Tagapertus Rex, König Dagobert I.

65 Herzog Lantfrid wird in der *Lex Alamannorum* als Erneuerer dieser Rechtssammlung der Alamannen genannt. Hier das Bild des Gesetzgebers von der Hand des Schreibers Wandalgarius.

66 Der Beginn der Handschrift der *Lex Alamannorum* von St. Gallen: „In Christi Namen beginnt der Text des Gesetzes der Alamannen, das zu Zeiten Lantfrids, des Sohnes Godofrids, erneuert worden ist."

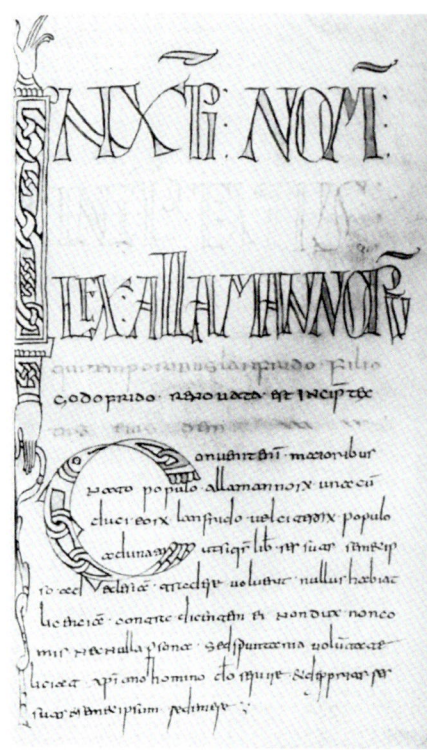

stimmung des historischen Gehalts der *Vita Sancti Galli* ist somit sehr schwierig. Jener Herzog, von dem in besagter Vita die Rede ist und dessen Residenz in Überlingen am Bodensee lag, trägt den Namen Gunzo. Da eine Reihe von Nachrichten über Herzog Gunzo nach der Forschung eher in die Jahre 635 bis 650 passt als in die Zeit von Herzog Uncelen, mit dem man den Herzog Gunzo auch schon gleichsetzen wollte, dürfte in dem ebenfalls in der Vita genannten Merowingerkönig Sigibert – der mit Gunzos Tochter Fridiburga verlobt war – Sigibert III. (633–656), der Sohn König Dagoberts I., zu erkennen sein und nicht der Sohn Theuderichs II., der als Sigibert II. 613 wenige Monate herrschte. Aus dem Bericht, dass der Herzog seine Tochter „mit großem Gefolge" bis an den Rhein geleitete, wo sie von königlichen Begleitern übernommen wurde, wurde gefolgert, dass die Amtsgewalt des Herzogs am Rhein endete.

In der Vita des Abtes Germanus von Moutier-Grandval ist im Zeitraum von 635 bis 650 Herzog Gundoin als Gründer des südlich von Basel gelegenen Klosters bezeugt. Dieser Gundoin wurde mit Herzog Gunzo identifiziert und gilt als der erste nachweisbare Herzog des Elsass, dem dann Bonifatius (662/66) und Eticho (675/83), der Stammvater der Etichonen, im Amt nachfolgten. Mit der Gleichsetzung von Gunzo und Gundoin wird deutlich, dass in dieser Zeit das Amt des Alamannenherzogs noch immer von den Gebieten links des Rheins bestimmt war. 643 wird ein Herzog Leuthari erwähnt, der den Erzieher des Königs, Otto, tötete und damit die Bestrebungen

- 🔴 -ingen Orte mit Personennamen
- 🟢 -heim Orte mit Personennamen
- 🔺 -heim Orte mit Völkernamen
- 🟢 -heim Orte mit anderen Namen
- ―― gesicherter röm. Straßenverlauf
- – – vermuteter röm. Straßenverlauf

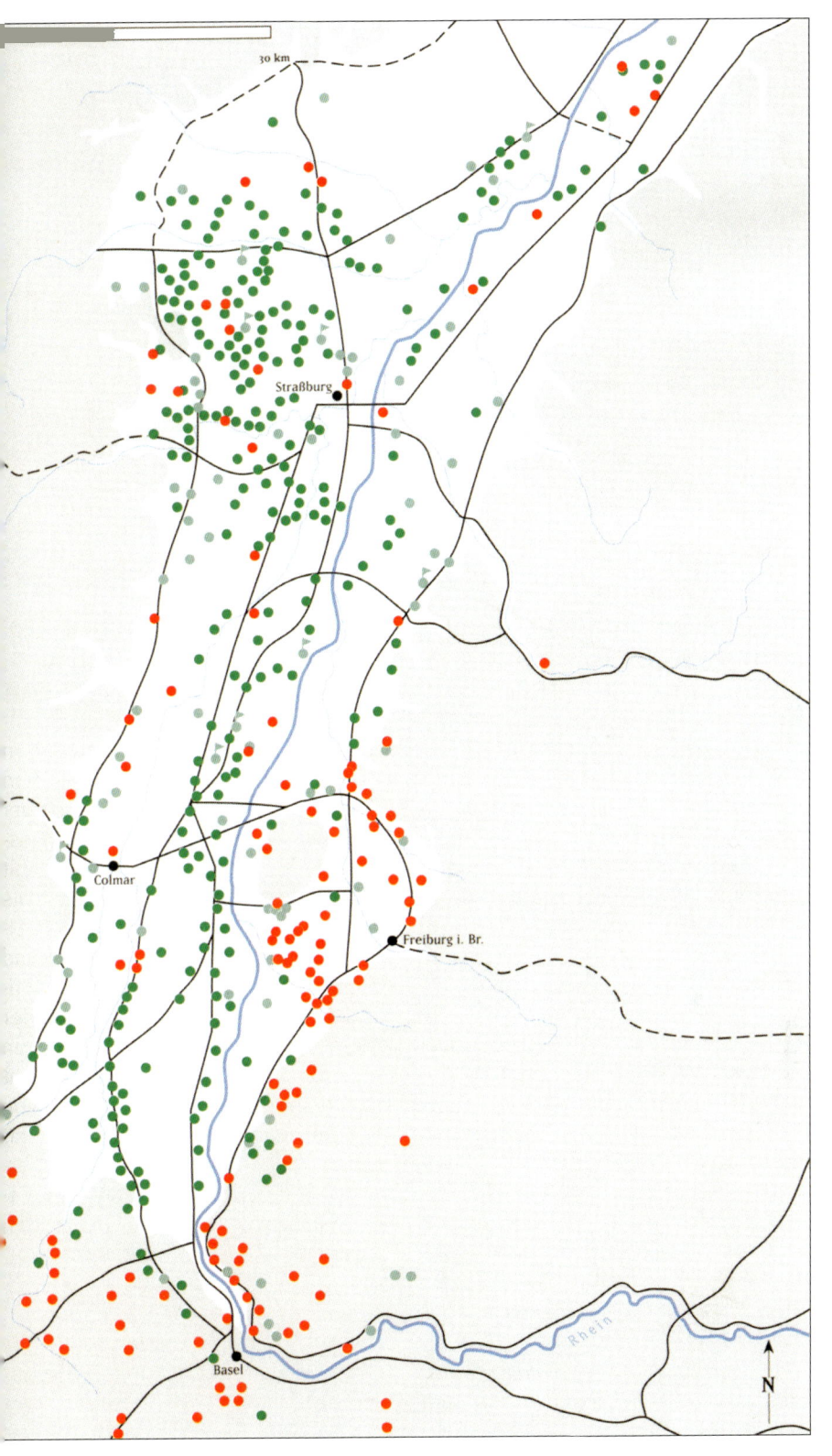

67 Im Elsass zeigt sich, anders als auf der gegenüberliegenden Rheinseite, das Phänomen, dass zahlreiche -heim-Orte perlschnurartig entlang der ehemaligen Römerstraßen aufgereiht sind. Dem stehen östlich des Rheins viele -ingen-Orte gegenüber. Beide Namenstypen bilden die älteste germanische Ortsnamenschicht.

68 Abbildung eines Mönchs am Schreibpult aus dem Stuttgarter Psalter des frühen 9. Jahrhunderts.

des Pippiniden Grimoald unterstützte, das Hausmeieramt in Austrasien zu erlangen. Ob dieser zeitgleich mit Herzog Gunzo regierte und wie dann die einzelnen Amtsbereiche abgegrenzt waren, lässt sich nicht bestimmen, zumal auch der Herrschaftsbereich des Leuthari unbekannt ist. Am besten wird sich eine zeitliche Abfolge der genannten Amtsträger annehmen lassen.

Herzog Gotfrid und sein Haus

Nach 643 wird erst am Ende des 7. Jahrhunderts Herzog Gotfrid († 709) genannt. Ob dieser ein Nachkomme der Herzöge Crodobertus oder Leuthari war, muss offen bleiben. Herzog Gotfrid hatte nachweislich Besitz in der Gegend von Cannstatt. Dort wurde 700 eine Urkunde ausgefertigt, nach der er auf Bitten eines Priesters Magulf den Ort Biberburg (bei Stuttgart) an die Zelle des heiligen Gallus schenkte. Herzog Gotfrid steht am Beginn einer Reihe von Herzögen, die versuchten, das Herzogsamt innerhalb ihrer Familie weiterzugeben. Seine Familie war agilolfingischer Herkunft und mit der Herzogsfamilie von Bayern verwandt. Zeitgleich mit dem Aufstieg des Herzogshauses von Herzog Gotfrid stieg im Frankenreich die Familie der Arnulfinger-Pippiniden auf, die 687 nach der Schlacht von Tertry das Amt des Hausmeiers übernahm und bereits die Königswürde anstrebte, die sie 751 erreichen sollte.

Schon bald kam es zu Konflikten zwischen den fränkischen Hausmeiern und den alamannischen Herzögen. Dabei haben sich die Herzöge nicht gegen die Merowingerkönige erhoben, sondern gegen die als Rivalen empfundenen Hausmeier. Dem *Breviarium Erchanberti* zufolge haben Gotfrid und die übrigen Herzöge den Hausmeiern nicht gehorcht, weil sie den Merowingerkönigen nicht mehr in der Form dienen konnten, wie sie es bislang getan hatten.

Nach dem Tode von Herzog Gotfrid 709 haben seine Söhne Lantfrid († 730) und Theudebald (bis 746) Anspruch auf den Titel *dux* erhoben, woraus ersichtlich wird, dass im alamannischen Herzogshaus das Prinzip der Herrschaftsteilung und nicht das der Individualnachfolge bestand. Die Neufassung des alamannischen Rechts unter Herzog Lantfrid hat Erblichkeit und Teilung der Herzogswürde geregelt.

Im Elsass vollzog sich eine ähnliche Entwicklung wie in Alamannien. Dort konnten sich die Etichonen durchsetzen. Auf den Stammvater Eticho (675/83) folgte dessen Sohn Adalbert, der das Herzogsamt später an seine beiden Söhne Liutfrid und Eberhard übertrug. Da diese anscheinend keine Kinder gehabt haben, war es für die fränkischen Hausmeier im Elsass leichter, das Herzogsamt zu beseitigen, als in Alamannien, wo der Hausmeier Pippin der Mittlere nach dem Tode von Herzog Gotfrid eingriff.

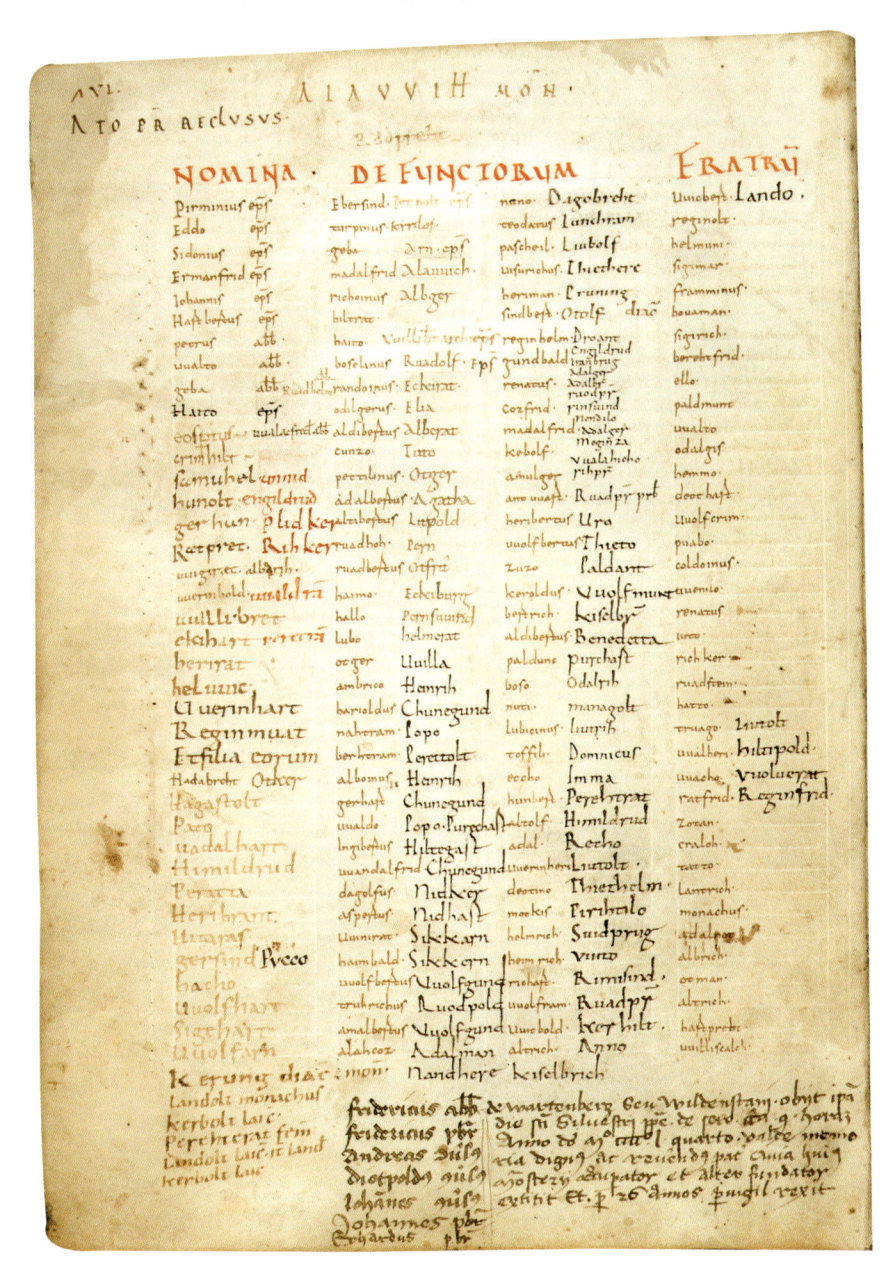

69 Im Reichenauer Verbrüderungsbuch steht an der Spitze der verstorbenen Äbte und Mönche der heilige Pirmin.

70 Pirmin, der Gründer des Klosters Reichenau, nähert sich der Klosterinsel im Bodensee vom See her, während das Gewürm eilends die Wildnis verlässt. Der Maler des Tafelbildes im Reichenauer Münster malte die Gründungsgeschichte vor der baulichen Szenerie von 1624. 17. Jahrhundert.

71 Otmar, der erste Abt des Klosters St. Gallen (ca. 719–759), führte die Benediktsregel ein.

Die alamannischen Herzöge und die karolingischen Hausmeier

Pippins Feldzüge richteten sich gegen einen Herzog Wilharius (Willicharius), der nach der Vita des heiligen Desiderius in der Ortenau geherrscht haben soll. Diese Kriegszüge unter Inanspruchnahme königlicher Hoheitsrechte in der Regelung der Nachfolge Herzog Gotfrids können auch ein Eingreifen des Hausmeiers zugunsten der Söhne Herzog Gotfrids gewesen sein, doch erscheint diese Absicht nicht als die richtige Deutung, denn die beiden Brüder Lantfrid und Theudebald standen nach dem Tode Pippins 714 dessen Nachfolgern im Hausmeieramt feindlich gegenüber. Nach der Überlieferung hat Karl Martell (714–741) 722 Alamannien und Bayern mit Waffengewalt unterworfen, doch schon im folgenden Jahr sollen sich die beiden Herzogtümer erneut gegen den Hausmeier erhoben haben. Sichtbar wird dies in der Behandlung der Klostergründung auf der Reichenau. Abtbischof Pirmin hatte das Kloster 724 unter dem Schutz Karl Martells gegründet, war jedoch schon drei Jahre später von Theudebald aus Hass auf den Hausmeier Karl Martell vertrieben worden. Auch sein Nachfolger Heddo (727–732) musste das Kloster verlassen, weil es ihm anscheinend nicht gelang, eine Verbindung zum alamannischen Herzogshaus aufzubauen. Beide Äbte wandten sich nach ihrer Vertreibung ins Elsass, wo sie ein neues Betätigungsfeld fanden. Pirmin gründete 728 mit Unterstützung der Etichonen das Kloster Murbach und weitere Klöster, während Heddo 734 zum Bischof von Straßburg aufstieg und zum Gründer des nach ihm benannten Klosters Ettenheimmünster wurde. Die ungestörte Tätigkeit der beiden Geistlichen im Elsass beweist, wie dieser Raum in das Fränkische Reich integriert war.

Im Gegensatz zur Reichenau hat das alamannische Herzogshaus die Mönchsgemeinschaft in St. Gallen von Anfang an gefördert. Der Alamanne Otmar, der die Gemeinschaft 719 ins Leben gerufen hatte, geriet allerdings nach 746 unter den neuen Verhältnissen in Auseinandersetzungen mit den Karolingern und ihren Vertretern in Alamannien.

Neben den Klöstern haben auch die Entwicklungen der schwäbischen Diözesen Konstanz, Augsburg und zum Teil Straßburg eine gewichtige Rolle gespielt. Während Straßburg aus spätantiker Tradition in die Merowingerzeit kam und die Ortenau verwaltete, entstanden die Bistümer Augsburg und Konstanz zu Beginn des 7. Jahrhunderts neu. Damit konnte sich das ostschwäbische geistliche Leben in Augsburg in einem eigenständigen Raum ebenso frei entfalten wie das Elsass und die Ortenau, die ihre Impulse von Straßburg aus erhielten. Die zentrale Rolle in dieser Entwicklung hat jedoch die Diözese Konstanz gespielt, aus der die eigentliche schwäbische Diözese erwachsen sollte.

Noch immer ist das verfassungsgeschichtliche Problem nicht gelöst, ob Theudebald neben seinem Bruder Lantfrid als Herzog in einem vielleicht im Süden gelegenen Teil Alamanniens geherrscht hat oder ob er seinem Bruder im Herzogsamt gefolgt ist. Karl Martell hat 730 mit Lantfrid gekämpft, der noch im selben Jahr starb. Bis zur Beseitigung des Herzogsamtes 746 erscheint neben Theudebald kein weiterer Herzog. Karl Martell hat nach dem Tode des Merowingerkönigs Theuderich IV. (721–737) keinen Nachfolger mehr ernannt, son-

72 Die älteste Mönchsliste im St. Galler Professbuch beginnt mit dem Namenszug Abt Otmars.

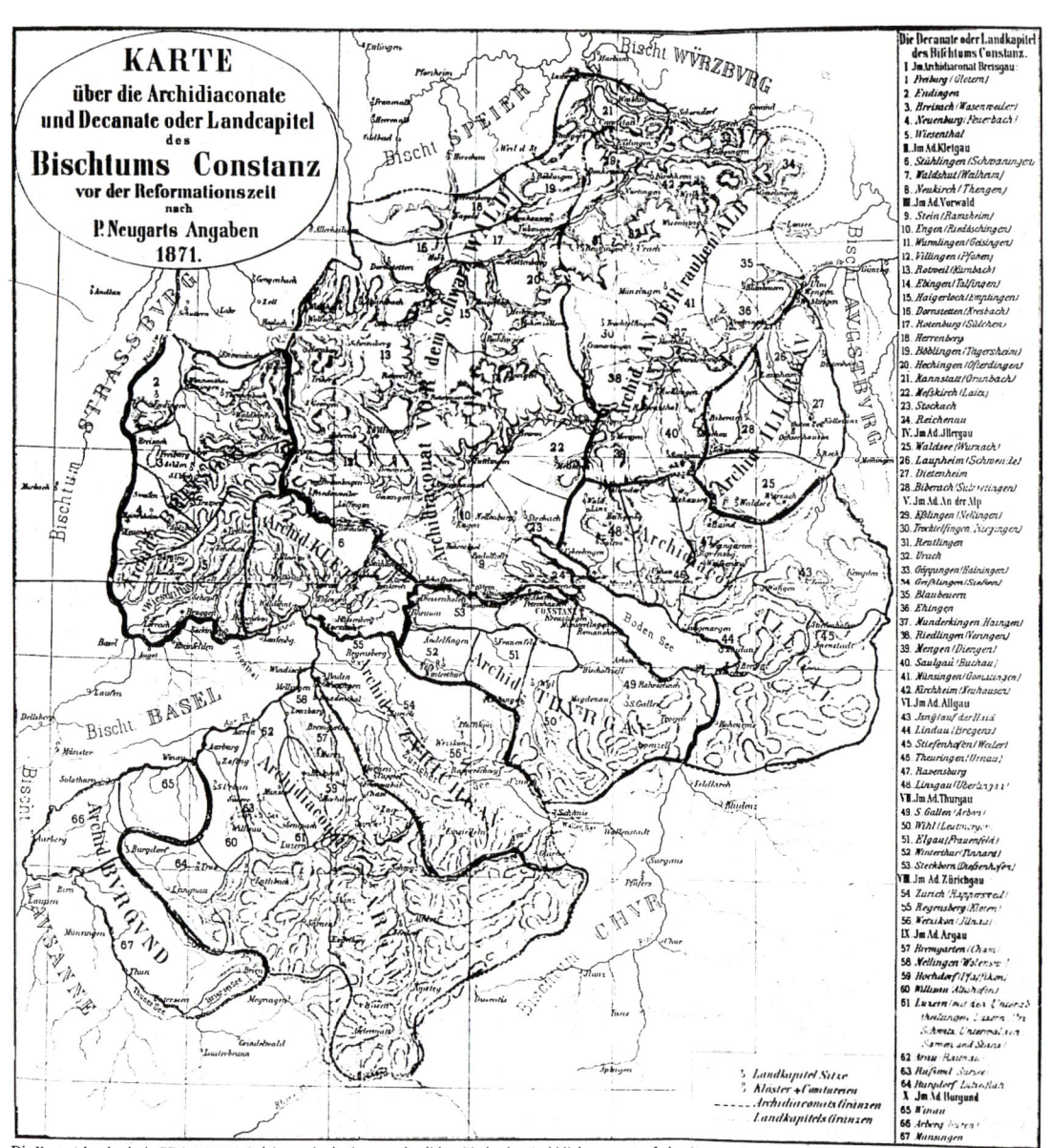

KARTE
über die Archidiaconate
und Decanate oder Landcapitel
des
Bischtums Constanz
vor der Reformationszeit
nach
P. Neugarts Angaben
1871.

Die Decanate oder Landkapitel des Bisthums Constanz.
I. Im Archidiaconat Breisgau:
1. Freiburg (Gletern)
2. Endingen
3. Breisach (Wasenweiler)
4. Neuenburg (Feuerbach)
5. Wiesenthal
II. Im Ad. Kletgau:
6. Stühlingen (Schwaningen)
7. Waldshut (Wallhem)
8. Neukirch (Thengen)
9. Im Ad. Verwald:
9. Stein (Ramsheim)
10. Engen (Riedöschingen)
11. Wurmlingen (Gisingen)
12. Villingen (Pforen)
13. Rotweil (Rinsbach)
14. Ebingen (Talfingen)
15. Haigerloch (Empfingen)
16. Dornstetten (Kresbach)
17. Rotenburg (Sülchen)
18. Herrenberg
19. Böblingen (Tagersheim)
20. Hechingen (Ofterdingen)
21. Cannstatt (Grunbach)
22. Meßkirch (Laiz)
23. Stockach
24. Reichenau
IV. Im Ad. Illergau:
25. Waldsee (Wurzach)
26. Laupheim (Schwendi)
27. Dietenheim
28. Biberach (Sulmetingen)
V. Im Ad. An der Alp:
29. Eßlingen (Nellingen)
30. Trochtelfingen (Burgrieden)
31. Reutlingen
32. Urach
33. Göppingen (Hainingen)
34. Geislingen (Süßen)
35. Blaubeuren
36. Ehingen
37. Munderkingen (Haisingen)
38. Riedlingen (Veringen)
39. Mengen (Dierigen)
40. Saulgau (Buchau)
41. Münsingen (Gomatzingen)
42. Kirchheim (Neuhausen)
VI. Im Ad. Allgäu:
43. Isnÿ (auf der Hais)
44. Lindau (Bregenz)
45. Stiefenhofen (Weiler)
46. Theuringen (Urnau)
47. Ravensburg
48. Linzgau (Überlingen)
VII. Im Ad. Thurgau:
49. S. Gallen (Arbon)
50. Wihl (Leutmerken)
51. Elgau (Frauenfeld)
52. Winterthur (Pfunger)
53. Steckborn (Dießenhofen)
VIII. Im Ad. Zürichgau:
54. Zürich (Happersted)
55. Regensberg (Kloten)
56. Wetzikon (Uznach)
IX. Im Ad. Argau:
57. Bremgarten (Cham)
58. Mellingen (Wolenschwyl)
59. Hochdorf (Pfaffiken)
60. Willisau (Aberkinden)
61. Luzern (mit der Untersee thalungen, Luzern in Schweiz Unterwalden Sarnen und Stans)
62. Aran (Hasenwol)
63. Hasimoll (Sursee)
64. Burgdorf (Lützelbach)
X. Im Ad. Burgund:
65. Winau
66. Aarberg (Buren)
67. Münsingen

Landkapitel Sitze
○ *Kloster + Comthureien*
---- *Archidiaconats Grenzen*
—— *Landkapitels Grenzen*

Die Karte (abgedruckt in FDA 6 (1871) Anh.) vermittelt einen anschaulichen Eindruck von Gestalt und Umfang des Bistums Konstanz vor der Reformation. Im 18. Jahrhundert wurde die verwaltungsmäßige Gliederung dahingehend geändert, daß die 10 Archidiakonate – auf der Karte mit starkem Schwarz hervorgehoben – hinter stammesgeschichtlich und politisch bedingten, allerdings ungleich proportionierten Viertel oder „Quarten" (Algovia, Brisgovia, Helvetia und Suevia) zurücktraten.

73 Die Grenzen des um 600 gegründeten Bistums Konstanz blieben bis zu seiner Auflösung 1821 nahezu unverändert.

dern das Fränkische Reich in eigener Machtvollkommenheit regiert. Schon vor seinem Tode hatte er das Reich unter seine Söhne Karlmann und Pippin aufgeteilt, die wir alsbald 742 im Kampf gegen Theudebald finden, der in diesem Zusammenhang als Schwabenherzog in der Überlieferung bei Hermann dem Lahmen erwähnt wird. Auch im folgenden Jahr kämpften die Brüder gegen die Herzöge Odilo und Theudebald und bereiteten ihnen am Lech eine solche Niederlag, dass sie zur Flucht gezwungen waren. Doch ungeachtet dieses Erfolges sahen sich die beiden Hausmeier trotzdem gezwungen, mit Childerich III. nochmals einen Merowingerkönig zu ernennen. 744 mussten sie schließlich einen neuerlichen Aufstand in Alamannien niederschlagen. Schon 745 und 746 gingen die Kämpfe weiter, bis es 746 zum Gerichtstag in Cannstatt kam, der aber keineswegs sehr blutig war.

Die Alamannen im Frankenreich nach 746

Der Gerichtstag von Cannstatt hat die Gegner der fränkischen Hausmeier endgültig ausgeschaltet. In welchem Umfang Hinrichtungen vollstreckt wurden, wird aus der Überlieferung nicht deutlich. Nach den in Münsingen auf der Schwäbischen Alb bestehenden Besitzverhältnissen zeichnet sich jedoch ab, dass 746 nur in relativ geringem Maße Grundbesitz des Adels konfisziert worden zu sein scheint. Die Aufhebung des alamannischen Herzogsamtes und die Einführung der Grafschaftsverfassung haben den Weg zu einer raschen und vollständigen Einbindung Alamanniens in das Fränkische Reich geöffnet. Der alamannische Adel, der sich sehr schnell mit dem fränkischen vermischte, hat zu dieser Integration maßgeblich beigetragen.

Nur fünf Jahre nach der Aufhebung des alamannischen Herzogtums wurde Childerich III. 751 von dem inzwischen allein regierenden Hausmeier Pippin gestürzt, der sich als König an dessen Stelle setzte. Nicht einmal zwei Jahrzehnte später hat Karl der Große mit Hildegard († 783) eine Nachkommin der alamannischen Herzogsfamilie geheiratet und damit seine Herrschaft im alamannischen Raum dynastisch legitimiert. Alamannien wurde in den folgenden Jahrzehnten zu einer Kernlandschaft des Karolingerreiches, was sich im 9. Jahrhundert insbesondere nach den Reichsteilungen zeigte. Das Hineinwachsen Alamanniens in das Fränkische Reich der Hausmeier und anschließend der Karolinger vollzog sich im Übrigen weitgehend problemlos.

Anmerkung
Zur Schreibweise „Alamannen" oder „Alemannen" hat Dieter Geuenich 1997 eindeutig und abschließend für die Historiker Stellung genommen. Wenn dem auch nichts mehr hinzuzufügen ist, so wurde im vorliegenden Beitrag durch die Herausgeber zugunsten der Einheitlichkeit aller Beiträge einmal davon abgesehen und stattdessen die Schreibweise „Alamannen" verwendet.

Literatur
Behr 1975; Bogolte 1984; Bogolte 1986; Dienmann-Dietrich 1970; Geuenich 1996; Jänichen 1972; Löwe 1970; Moosburger-Leu 1972; Müller/Knaut 1987; Schmidt 1970; Sprandel 1957; Veeck 1931; Weiss 1971.

Friedhof und Dorf – der exemplarische Fall Lauchheim

INGO STORK

Das Gräberfeld „Wasserfurche"

Von 1986 bis 1996 konnte in Lauchheim, Ostalbkreis, der bislang größte und am vollständigsten untersuchte Friedhof der Merowingerzeit Baden-Württembergs durch das damalige Landesdenkmalamt (heute Landesamt für Denkmalpflege im Regierungspräsidium Stuttgart) vor der drohenden Zerstörung durch ein Industriebaugebiet ausgegraben und dokumentiert werden. Mit 1308 Gräbern, die sich zeitlich von der zweiten Hälfte des 5. bis zum Ende des 7. Jahrhunderts verteilen, liegen etwa 96 Prozent des ursprünglichen Friedhofsbestandes vor. Zwölf Gräber waren dank der dort herrschenden Feuchtbodenverhältnisse ausgesprochen gut erhalten. Hinzu kamen weitere günstige Umstände. In jeder Belegungsgeneration lassen sich herausragende reiche Gräber nachweisen, die sich im Fundbestand widerspiegeln. Dementsprechend beläuft sich

74 Ein heute historisches Luftbild von 1986 zeigt den Blick von der Kapfenburg auf das Gräberfeld „Wasserfurche" (Industriehalle) und die noch unausgegrabene Siedlung „Mittelhofen" auf der Niederterrasse der Jagst.

dieser auf weit über 16 000 Einzelobjekte.
Neueste Untersuchungen gehen außerdem von ca. 2000 auswertbaren Textil- und Pflanzenresten aus. Das Ensemble des Gräberfeldes bietet daher den wohl größten Bestand Süddeutschlands von weit überregionaler Bedeutung.
Das Gräberfeld liegt 1300 m westlich des alten Ortskerns von Lauchheim, zu Füßen des Albtraufs mit der Kapfenburg auf einer Weißjuraschotterterrasse 250 m oberhalb des linken Ufers der Jagst, an der sich ein breiter Streifen Altsiedellandes erstreckt (Abb. 74). Eine wichtige West-Ost-Verkehrsachse, die schon für die Römerzeit bezeugt ist, überquert hier einen Pass ins Nördlinger Ries. Auf der Albhochfläche befinden sich Bohnerzvorkommen, die im frühen Mittelalter genutzt worden sein dürften. Aufgrund dieser Lage gehört der Bestattungsplatz in der Flur „Wasserfurche" sicherlich zu der nur 200 m davon entfernten, anfangs des 12. Jahrhunderts abgegangenen Siedlung „Mittelhofen". Wenn auch auf die sich namenkundlich ergebenden Probleme eines -hofen-Ortes und des bereits in der zweiten Hälfte des 5. Jahrhunderts einsetzenden Gräberfeldes hier nicht näher eingegangen werden kann, so sei aber auf die Zeitstellung und Struktur des Friedhofs hingewiesen.

Sein Belegungszeitraum umfasst maximal 250, eher aber 230 Jahre vom letzten Drittel des 5. bis zum Ende des 7. Jahrhunderts. Unter Verwendung geläufiger Berechnungsschemata ergäbe sich damit für den gesamten Belegungszeitraum eine Bevölkerungsgröße von rund 250 Menschen pro Generation, wobei im 5. und 6. Jahrhundert sicher weniger, im 7. Jahrhundert mehr Personen gleichzeitig am Ort gelebt haben. Ein Rückschluss auf die Anzahl der Hofstellen scheint zum gegenwärtigen Zeitpunkt gewagt, da bisher noch keine detaillierte Auswertung der überwiegend unrestaurierten Funde erfolgen konnte und die herkömmlich für einen Hof angesetzten Personenzahlen zumindest für Süddeutschland einer Überprüfung anhand von Siedlungsbefunden bedürfen. Verschiedene Gründe sprechen jedoch dagegen, dass es sich um einen zentralen Bestattungsplatz

75 Rekonstruktionszeichnung des Friedhofs „Wasserfurche" mit Umhegung, Grabhügeln und Totenhaus.

ehem. Mitt

Dorfettergraben

mehrerer Siedlungen handelt: Zum einen gibt es dafür, soweit ich sehe, rechtsrheinisch keinen sicheren Beleg. Ferner ist aus Lauchheim ein weiterer Friedhof des 7. Jahrhunderts bekannt. Vor allem aber konnte seit 1989 die zum großen Gräberfeld gehörende Siedlung ausgegraben werden. In der Nekropole bestatteten in jeder Generation auch herausragend reiche Persönlichkeiten.

Die Belegungsabfolge beginnt gruppenweise im Westen, erst im Verlauf des 6. Jahrhunderts setzt sich das Reihenschema durch. Ende des 6. Jahrhunderts treten Überhügelungen reich ausgestatteter Gräber, aber noch ohne Kreisgräben, auf. Kreisgräben sind erst nach 600 belegt und setzen sich dann am Südosten, ähnlich wie in Kirchheim a. Ries, deutlich vom Friedhofsrand ab. Dieser Friedhofsrand muss spätestens in der zweiten Hälfte des 6. Jahrhunderts auf Zuwachs ausgerichtet gewesen sein und orientiert sich geradlinig an den Himmelsrichtungen als Rechteck (Abb. 75). Nur im Fall der Grabhügel mit Kreisgräben im Südosten fühlten sich die dort Bestattenden an dieses Schema nicht (mehr?) gebunden. Kreisgräben im Nordosten liegen dagegen innerhalb der Einhegung. Der Verdacht liegt nahe, dass es am Ende des 7. Jahrhunderts zwei führende, also in ihrer Herkunft unterschiedliche Familien gab, von denen für die eine (im Südosten) die einmal getroffene Friedhofseinhegung nicht mehr verbindlich war und die, wiederum ähnlich wie in Kirchheim a. Ries, eine separate Grablege eröffnete. Hier zeichnen sich soziale Entwicklungen hin zum Nobilifizierungsprozess ab und nicht umsonst trug der Mann aus Grab 36 einen goldenen Siegelring, mit dem er Rechtsakte vollzog. Über die Befunde ist viel geschrieben worden. Alle Medien haben das Thema aufgegriffen. Auf wissenschaftlichen Kongressen wurden sie im In- und Ausland vorgestellt. Landes- und bundes-

76 Planausschnitt des Ostteils der Siedlung „Mittelhofen" mit Hofzäunen (schwarz) Gebäuden (rot), spätmerowingischen Gräbern (violett), Gewässern (blau) und vorgeschichtlichen Befunden (grün).

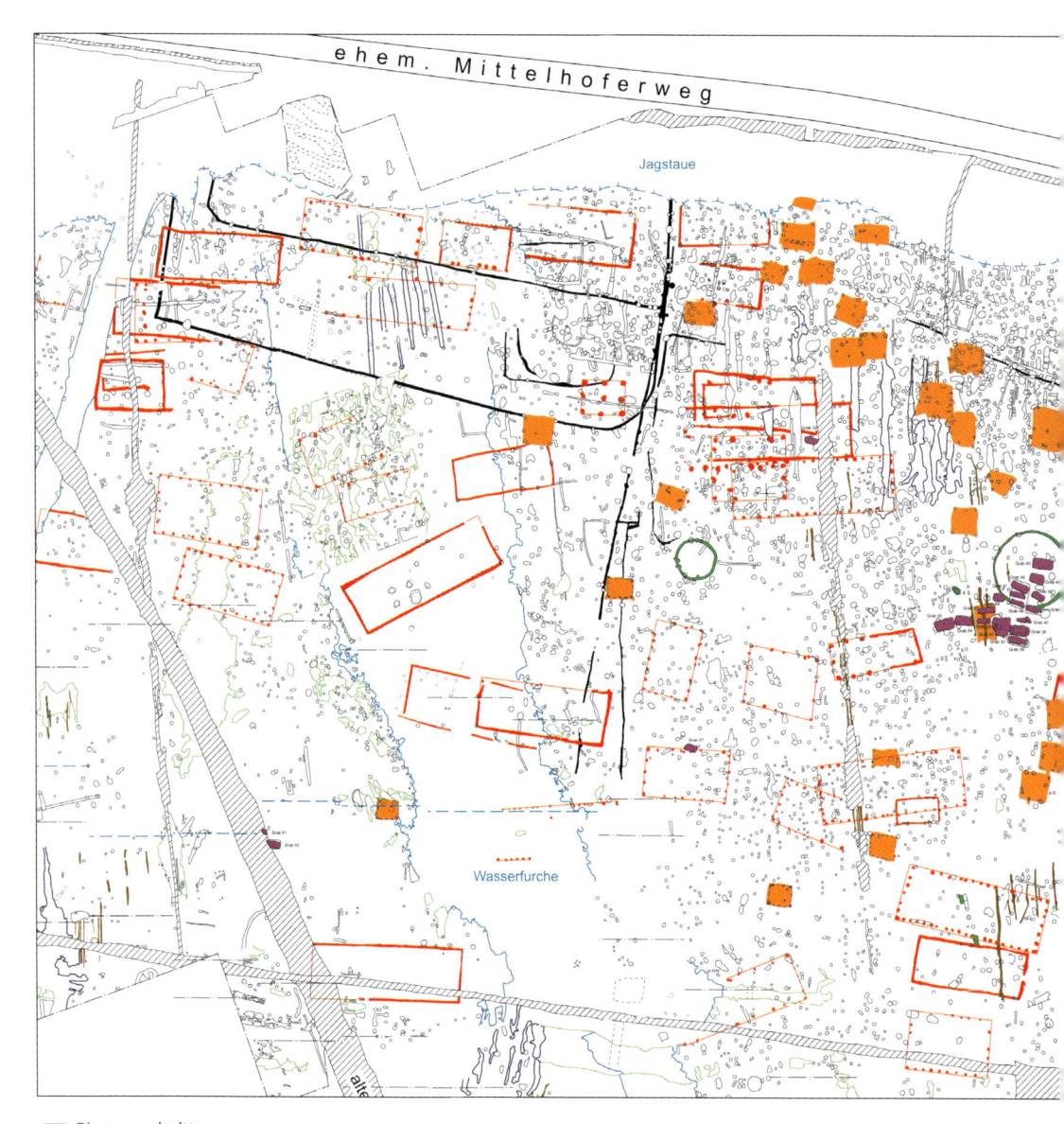

77 Planausschnitt des Westteils der Siedlung „Mittelhofen". Legende vgl. Abb. 76.

weite sowie internationale Ausstellungen fanden mit den Lauchheimer Funden statt und zählten Hunderttausende Besucher. Nicht zuletzt wurde das Alamannenmuseum in Ellwangen unter der Prämisse errichtet, Lauchheim auch den Bürgerinnen und Bürgern der heimischen Region zu zeigen.

Die Wissenschaft war damit auf die Funde aufmerksam geworden, was aber noch fehlte, war die eigentliche Aufarbeitung. Schon seit 1989 stand fest, dass diese mit den Mitteln und Personalressourcen des damaligen Landesdenkmalamtes nicht zu leisten war. Um das enorme Potenzial des wissenschaftlich so bedeutsamen und umfassenden Fundplatzes zu heben, waren Drittmittel in beträchtlichem Umfang erforderlich. Nach mehreren Anläufen seit dem Jahr 2000 gelang es schließlich, das Forschungsprojekt Lauchheim „Wasserfurche" dank innovativer technischer Möglichkeiten wie der 3-D-Computertomografie, Rönt-

Die Siedlung „Mittelhofen"

Die Siedlung, das abgegangene „Mittelhofen", liegt auf der Niederterrasse der Jagst an einer alten Furt. Nachweislich hat der Fluss Teile abgeschwemmt, sodass sich keine Kulturschichten im Sinne von Laufhorizonten erhalten haben. Da aber Herdstellen zum Teil noch nachgewiesen werden konnten, dürfte die Erosion zumindest stellenweise nicht allzu groß gewesen sein. Die Siedlungsbefunde erstrecken sich zeitlich vom 6. bis zum Beginn des 12. Jahrhunderts. Bis zu acht einander überlagernde Hausgrundrisse ließen sich feststellen. Nur die ältesten gehören in die Merowingerzeit. Eine Datierung der Befunde gestaltet sich schwierig, da – sieht man von den Verfüllungen der Grubenhäuser ab – nur wenige Funde aus Pfostengruben und Hausgräbchen vorliegen.

Die Grabungen dauerten von 1989 bis 2005. Insgesamt wurde eine 12 ha große Fläche mit 22169 Befunden untersucht. Zweifellos handelt es sich um die größte frühgeschichtliche Siedlungsgrabung in Süddeutschland. Im Süden, Westen und Osten konnten die Siedlungsränder erfasst werden, nur im Norden fehlen Teile bedingt durch die Abschwemmungen der Jagst.

Im Süden wurde die Siedlung begrenzt durch einen auf 350 m Länge festgestellten Graben mit zwei Durchlässen, offensichtlich ein Dorfettergraben. Zwischen diesem und dem Abbruch der Niederterrassenkante waren rund 100 ebenerdige Holzbauten und 70 Grubenhäuser vollständig erhalten, zahlreiche weitere sind in Teilen zu ergänzen (Abb. 76; 77). Die Gebäude wurden in Pfosten- oder Wandgräbchenbauweise errichtet (Schwell- oder Blockbauten) und waren in der Regel einschiffig. Sie gehörten zu zweigeteilten Wohnstallhäusern, die durch Phosphatkartierung nachgewiesen sind (Abb. 75). Außerdem

gencomputertomografie und Neutronentomografie – um nur die wichtigsten zu nennen – als Förderprojekt bei der Deutschen Forschungsgemeinschaft auf sechs Jahre zu verankern und damit die für das 21. Jahrhundert optimale Publikation zu erreichen. Das Projekt wird getragen von der DFG, dem Landesamt für Denkmalpflege und der Universität Freiburg i. Br. und hat schon heute beträchtliche Früchte getragen (www.dfg-projekt-Lauchheim.de).

78 „Mittelhofen", Haus A. Die Mengenverteilung der Phosphatwerte zeigt hohe Konzentrationen im Westen (Stall), niedrige im Osten (Wohnteil).

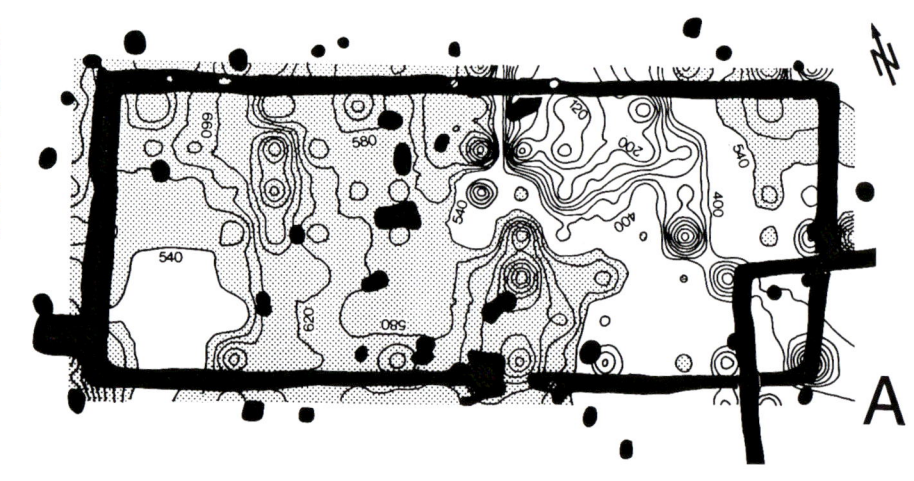

79 Rekonstruktionszeichnung der Siedlung „Mittelhofen" (Ausschnitt).

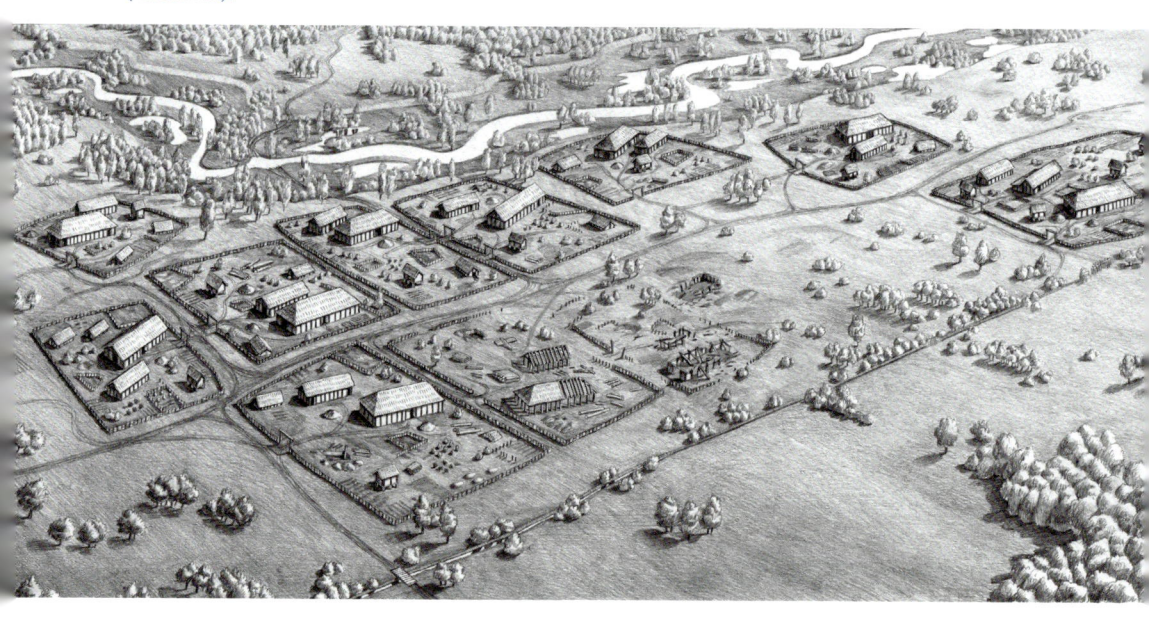

gab es Kleinviehställe und durch besonders tiefe Pfosten erschließbare Speicher. Offensichtlich wurden die einzelnen Gehöfte von Zaungräbchen umfriedet. Leider waren diese infolge der Erosion oft nur noch bruchstückhaft erhalten. Ihre Tiefe betrug zum Teil nur noch 2 cm. Gleichwohl deutet sich eine Aneinanderreihung der Hofstellen entlang der Niederterrasse an. Dazwischen müssen Wege, insbesondere ein west-östlich verlaufender Hauptweg, bestanden haben (Abb. 79). Die Einfriedungen sind nicht alle zeitgleich und weisen zum Teil mehrere Bauphasen auf. Zu den Befunden, die den ältesten Bauphasen zuzuweisen sind, gehört neben einschiffigen Gebäuden mit Herdstellen ein großes dreischiffiges Hallenhaus mit westlicher Vorhalle. Es misst 21,25 m x 13,20 m und besitzt eine Feuerstelle im Westteil. Nach ihrer Ausrichtung eindeutig zugehörige, kleinere Bauten ohne Feuerstelle sind den Phosphatwerten zufolge als spezielle Wirtschaftsbauten eines noch nicht bekannten Typs anzusprechen. Eine genaue Datierung dieser Baubefunde steht noch aus.

Für die Wasserversorgung der Siedlung spielte einerseits die Jagst, zum anderen ein namenloser kleiner Bach, der zu ihr von Süden her zufließt, eine wichtige Rolle. Beidseits dieses Bächleins konzentrierten sich mehrere Zentner von Schlackebrocken, die auf Eisenverhüttung und Eisenschmieden hindeuten. Hinweise auf Brunnen oder Zisternen fehlen.

Einen Wasserbau besonderer Art bildete aber ein parallel zur Jagst verlaufender, schnurgerader Sohlgraben, der wegen seiner Profilform und Sedimentschichten als Mühlgraben anzusprechen ist – eine Deutung, die zusätzlich noch bestätigt wird durch Mühlsteinbruchstücke, die in benachbarten Grubenhäusern entdeckt wurden (Abb. 80). Leider ließ sich seine ursprüngliche Länge aufgrund jüngerer Jagstmäander nicht mehr feststellen. Ebenso war das Mühlengebäude selbst nicht zu identifizieren, auch wenn es ein solches gegeben haben muss. Mühlen zählen im frühen Mittelalter zu den Bauten der Herrschaft der Reichsten und sind in Süddeutschland archäologisch erst viermal belegt.

Handwerk, Landwirtschaft und Umwelt

Landwirtschaft und Viehzucht bildeten auch in alamannisch-merowingischer Zeit die wirtschaftliche Grundlage und prägten den Alltag der Dorfbewohner. Um die Wohnhäuser gruppierten sich Schuppen und Hütten als Lager, Werkräume und Ställe.

Einige Häuser besaßen schmale Seitenschiffe an den Nordseiten. Hier könnte es sich um den aus Gesetzestexten bekannten „scof" („Schopf") handeln, der, zumeist niedriger, zur Lagerung von Holz oder der Haltung von Kleintieren wie Hühnern diente. Zu jedem Hof gehörten Nebengebäude, insbesondere „Grubenhäuser": eingetiefte Wirtschaftsbauten, die in erster Linie der Textilverarbeitung, besonders der Weberei dienten (Abb. 81). Zahlreiche Webgewichte stehender Webstühle sowie Webbrettchen für Bortenanfertigung, Spinnwirtel und Nähnadeln wurden in ihnen gefunden (Abb. 82). In diesen feuchten, kellerartigen Räumen ließen sich textile Fasern wie Wolle oder Flachs besser verarbeiten – eine reine Frauenarbeit. Getreidespeicher mit abgehobenen Böden lassen sich nur über die vom Üblichen abweichenden, deutlich größeren Pfostentiefen erschließen, mussten doch vier oder sechs Pfosten das Gewicht der Getrei-

80 Lauchheim „Mittelhofen". Blick auf den Mühlgraben sowie Befunde von Grubenhäusern, Pfostengruben und Zaungräbchen.

81 Rekonstruktionszeichnung eines Grubenhauses mit stehendem Webstuhl.

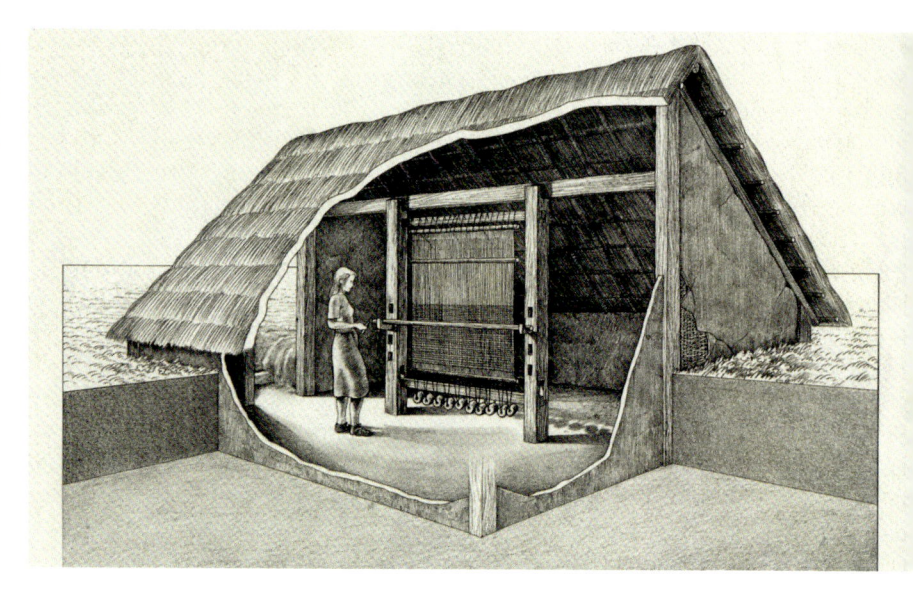

devorräte tragen. Darüber hinaus gab es zweifellos auch Scheunen und Schuppen, Ställe für Kleintiere und Schweine sowie Viehpferche. Nur tiefer fundierte Anlagen sind davon, mitunter bruchstückhaft, nachweisbar.

Die ungleiche Verteilung von Speichergebäuden und Webhütten in der Siedlung lässt eine Spezialisierung einzelner Höfe und Getreideanbau bzw. Textilherstellung über die Deckung des eigenen Bedarfs hinaus vermuten.

In der Wirtschaftsgemeinschaft des Dorfes hatten natürlich auch Handwerker ihren Platz. Die großen Hallenhäuser wie auch die sorgfältige Bearbeitung der Baumsärge und Holzkammergräber zeigen anschaulich, dass fähige Zimmerleute ansässig waren. Möbelstücke, wie das reich beschnitzte Bett aus Grab 27,

82 Lauchheim „Mittelhofen". Fundinventare von Grubenhäusern: Webgewichte, Spinnwirtel, Knochennadel.

wurden sicherlich direkt am Ort von Schreinern hergestellt. Funde von Ahlen und Pfriemen sowie die Reste von kompliziertem Schuhwerk, Gürteln, Wehrgehängen und Zaumzeug in den Gräbern weisen darauf hin, dass lederverarbeitende Handwerker am Ort tätig waren. Die gedrechselten und gebötticherten Holzgefäße könnten ebenfalls lokale Produkte sein.

Auch das Metallhandwerk ist nachgewiesen. Feilen, eine Schmiedezange und Schlacken belegen die Verarbeitung von Eisen. Ebenso dürften schwierige Techniken wie Damaszierung beherrscht worden sein. „Rennfeuerschlacke" in einem Ofenrest dürfte auf Verhüttung von Bohnerz, aber auch von Stuferz hinweisen. Leider ist gerade dieser Befund innerhalb des Frühmittelalters nicht schärfer zu datieren.

Während fast alle für den täglichen Bedarf nötigen Arbeiten von ortsansässigen Handwerkern ausgeführt wurden, ist die ständige Anwesenheit von auf „Luxusgüter" spezialisierten Handwerkern, wie zum Beispiel Bronzegießern und Goldschmieden, nicht vorauszusetzen. Allerdings belegt ein Model Bronzeguss (Abb. 83). Abfälle von bearbeiteten Knochen und Geweih weisen auf Beinschnitzerei hin.

Die weithin beliebten, mit eingelegtem Silber- oder Messingdraht verzierten „tauschierten" Beschlagteile von Waffengurten dürften allenfalls zum geringsten Teil aus örtlicher Produktion stammen. Dafür ist eher mit Wanderhandwerkern zu rechnen, deren Einzugsbereich etwa die Größe von ein bis drei modernen Landkreisen hatte. Sie übten ihre Tätigkeit bei gelegentlichen Aufenthalten im Dorf aus, wobei sie sicherlich nicht nur neue Stücke anfertigten, sondern auch Reparaturen ausführten.

Doch nicht nur für die Repräsentation der Reichen, sondern auch für die „nor-

83 Bruchstück eines Bronzemodels zur Herstellung eines in „verlorener Form" gegossenen Schmuckstücks.

male" Bevölkerung gehörte importiertes Sachgut zum täglichen Leben. Sogar die in keinem Haushalt fehlenden Tongefäße wurden wohl fast ausschließlich von nah und fern eingeführt: Klingend hart gebrannte Keramik aus dem Mittelrheingebiet, Neckarländisches, weniges aus Donzdorfer Töpfereien und bajuwarische Keramik des Donauraumes war in Gebrauch. Eine örtliche Produktion ist nicht nachgewiesen.

Dass es in der Siedlung auch einen Arzt oder Heilkundigen gab, können wir aus der anthropologischen Untersuchung der Skelette erschließen: Ohne medizinische Versorgung hätten Leute mit komplizierten Knochenbrüchen oder schwersten Kampfverletzungen wohl kaum eine Überlebenschance gehabt.

Die systematische Untersuchung aller gefundenen Tierknochen und zahlreicher Bodenproben (insgesamt 1300 Liter, also

84 Plan des Herrenhofes, der zweimal erweitert wurde und auffallend viele Speicherbauten, aber keine Grubenhäuser aufweist. Die fürstlich ausgestatteten, zum Teil feuchtbodenerhaltenen Gräber liegen südlich am Zaun. Legende vgl. Abb. 76.

eine gute Tonne Erde!) vermittelt uns heute einen Eindruck von der antiken Umwelt und deren Nutzung durch die Menschen des frühen Mittelalters.
Obwohl Pflanzen als organisches Material normalerweise im Boden vergehen, wenn sie nicht zufällig mit Feuer in Berührung gekommen und durch die Verkohlung konserviert worden sind, konnte durch Manfred Rösch noch eine Fülle von Samen, Fasern und Pollen nachgewiesen werden. Von besonderer Bedeutung sind dabei die Feuchtbodengräber in der Siedlung, da sich in ihnen zahlreiche Pflanzenreste erhalten haben. Dennoch müssen wir davon ausgehen, dass wir insgesamt nur noch maximal ein Prozent des ehemals Vorhandenen fassen können.

Das Getreide bildete das Grundnahrungsmittel der Bevölkerung. Ergänzt wurde es durch Lein und Mohn, aber auch Hülsenfrüchte (Erbsen und Linsen) waren von Bedeutung. Unter den Gemüsesorten sind vor allem Kohl, Rüben und – erstmals für das frühe Mittelalter! – Sellerie belegt. Abwechslungsreicher wurde die Nahrung durch Nüsse und das zahlreich gesammelte Wildobst: Birnen, Himbeeren und Brombeeren, Holunder, Schlehen und Kornelkirschen. Zur geschmacklichen Verfeinerung stand ein breites Spektrum von Gewürzpflanzen wie Petersilie, Dill, Sellerie und Majoran zur Verfügung. Hopfen wurde als Bierwürze verwendet.

Einen bedeutenden Beitrag zur Versorgung mit Nahrungsmitteln leistete auch die Tierhaltung. Nach Mostefa Kokabi war das wichtigste Haustier das Rind: Es lieferte nicht nur große Mengen von Fleisch, sondern auch Milch für Butter und Käse. Ochsen waren zudem als kräftige Zugtiere für die Feldarbeit unverzichtbar. Auch wurden viele Schweine gehalten; Hühner und Gänse versorgten die Bevölkerung Lauchheims mit Eiern, zudem waren sie ebenso wichtige Fleischlieferanten. Im Gegensatz dazu wurden die Schafe wohl wegen ihrer Wolle gehalten. Pferde waren ausgesprochene „Luxustiere", die ausschließlich als Reittiere der Reichen im Gräberfeld nachgewiesen sind.

Die bestimmbaren Reste ergaben einen relativ hohen Anteil an Kulturpflanzen. Davon stammt der größte Teil von Getreide, meist Hafer oder Gerste, aber auch Dinkel, Roggen, Weizen und wenig Einkorn sind nachgewiesen.

Das breite Spektrum der Getreidesorten belegt, dass nicht „Monokulturen" angebaut wurden, sondern dass der eigene lokale Bedarf für die Auswahl der Getreidesorten ausschlaggebend war.

In den Bodenproben konnten auch über 150 verschiedene Wildpflanzen erfasst werden, von denen viele heutzutage vom Aussterben bedroht sind. Der größte Teil davon sind Ackerunkräuter wie Gänsefuß oder Sandkraut, die mit dem abgeernteten Getreide in die Siedlung kamen, und „Ruderalpflanzen", die an Wegen oder häufig „betretenen" Flächen wie Weiden oder Hofarealen wachsen. Zu nennen sind dabei in erster Linie Brennnessel, Bilsenkraut und Distel, die in nicht geringer Menge auch in der Siedlung und im Adelshof zwischen den Häusern wucherten. Die typischen „Brachlandpflanzen" wie Dost, Spitzwegerich oder Löwenzahn zeigen, dass auch in Lauchheim die für das Frühmittelalter typische Feldgraswirtschaft betrieben wurde. Dabei folgte auf eine mehrjährige Nutzung als Ackerland eine längere Phase des Brachliegens, in der sich das Land erholen konnte und als Viehweide diente. Schwankungen im Pflanzenspektrum aus unterschiedlich datierenden Befunden lassen ab der Mitte des 7. Jahrhunderts eine allmähliche Intensivierung des Ackerbaus mit kürzeren Brachphasen und einer Ausweitung der Ackergebiete auch auf schlechtere Böden vermuten.

Pollenfunde ergänzen unser Bild von der Umgebung der Siedlung: Feuchtigkeitsliebende Pflanzen wie Sumpfbinse oder Mädesüß wuchsen in der mit Erlen, Hasel und Birke bestandenen Jagstaue, wo auch Biber lebten. Die Wälder der Umgebung bestanden in erster Linie aus Buchen, Eschen und Weißtannen; Eiche, Ulme, Linde und Fichte zählten eher zu den seltenen Baumsorten. Wenige Knochenfunde belegen, dass man in diesen Wäldern Rotwild und Wildschweine jagte, ja hin und wieder konnte man auf der noch bewaldeten Albhochfläche sogar einem Braunbären begegnen.

Die Hofgrablegen

78 spätmerowingische Gräber fanden sich verstreut über das gesamte Grabungsgelände (Abb. 76; 77). Sie verteilten sich jedoch im Wesentlichen auf sechs Gräbergruppen mit zwischen vier und 25 Bestattungen – Hofgrablegen und wenige Einzelbestattungen. Neben wenigen Ausnahmen in Nord-Süd-Ausrichtung waren die Grabstellen überwiegend in West-Ost-Richtung paarig nebeneinander angelegt. Dies hängt sicherlich mit der Hauptausrichtung der Siedlung entlang einer West-Ost-Achse (der Jagst) und dementsprechend auch der Gehöftzäune und Gebäude zusammen. Im Fall des Herrenhofes orientieren sich die Gräber eindeutig am Zaun (Abb. 84).

Die weitaus meisten Gräber datieren in die Stufe Stein A, das heißt in die Zeit zwischen 680 und 720 n. Chr. und damit in die Zeit nach der Aufgabe des großen Gräberfeldes „Wasserfurche". Nur in wenigen Fällen, und zwar in zwei Hofgrablegen, gibt es Hinweise auf eine ältere Datierung in die Stufe Schretzheim 6. Dies bedeutet, dass man in Lauchheim, wie anderwärts, erst gegen Belegungsende der „Wasserfurche" dazu überging, Verstorbene beim Hof zu bestatten. Wegen der guten Datierbarkeit ist daraus abzuleiten, dass in der Zeit um 700 n. Chr. mindestens sechs Höfe – Einzelgräber und Gehöfte ohne Bestattungen sind nicht mitgezählt – gleichzeitig nebeneinander bestanden haben müssen.

Die Siedlung besaß damit Dorfcharakter. Das Belegungsende der Hofgrablegen lässt sich archäologisch schwer festmachen, da beigabenlose Nachbestattungen auf älteren Grabanlagen undatierbar sind. In Einzelfällen mag hierfür noch das entwickelte 8. Jahrhundert in Frage kommen.

Aus dem Gesagten ergibt sich, dass die 78 Gräber in der Siedlung, über zwei bis maximal zweieinhalb Generationen verteilt, keinesfalls die Gesamtbevölkerung widerspiegeln können. Anhand des Gräberfeldes „Wasserfurche" muss im 7. Jahrhundert von einer Bevölkerungszahl von ca. 250 Personen pro Generation ausgegangen werden. Die Masse der Dorfbewohner bestattete um 700 n. Chr. also nicht bei ihrem Hof, sondern auf einem Kirchhof, wo auch immer sich dieser befunden haben mag. Dazu passt, dass die Geschlechter- und Altersverteilung der Hofgrablegen auch archäologisch in keiner Weise dem Normalbefund von Gräberfeldern entspricht. Männer sind deutlich überrepräsentiert, Kinder fehlen fast gänzlich. Auch in der Adelsgrablege von Herrsching am Ammersee wurden überwiegend Männer bestattet. Hinzu kommt der soziale Hintergrund: Fast alle Siedlungsbestattungen in „Mittelhofen" sind gemessen an ihrer Zeitstellung überdurchschnittlich ausgestattet. Die Bestattung beim Hof war damit hier ein Privileg einer patriarchal konservativen Oberschicht. Dies ging keineswegs zu Lasten des Christentums, denn christliche Beigaben finden sich hier konzentriert; vielmehr dürften, wie Horst Wolfgang Böhme ausgeführt hat, politische Gründe eine Rolle gespielt haben.

Im Vergleich der Gräbergruppen in der Siedlung ist die 2005 untersuchte nach der des Herrenhofes im Jahr 1992 die zweitreichste, aber wohl auch früher einsetzende. Interessanterweise fanden sich im Gegensatz zu dieser keine Hinweise auf das Christentum, wie zum Beispiel Goldblattkreuze. Dabei sei an Folgendes erinnert: In der Spätphase des Gräberfeldes „Wasserfurche" gibt es zwei führende Familien, die eine christlich geprägt mit Goldblattkreuzen und Südimporten, für die die Friedhofsbegrenzung nicht verbindlich war, die andere wie die erste unter Grabhügeln bestattend, mit reichen, aber einheimischen Gütern. Sollte sich dies in den jüngeren Siedlungsbestattungen wiederholen? Hier wären naturwissenschaftliche Untersuchungen wie DNA-Analysen von großem Wert!

Literatur
Billamboz/Becker 2001; Peek/Ebinger-Rist/Stelzner 2009; Stork 1993; Stork 1995; Stork 1997a; Stork 2001b; Stork 2002; Stork 2004; Stork 2006; Wahl/Stork 2009.

Vom Umgang mit den Toten
Bestattungsformen im Wandel

BARBARA THEUNE-GROSSKOPF

Der Umgang mit den Toten ist immer aufs Engste mit den religiösen Vorstellungen und gesellschaftlichen Gegebenheiten der Menschen und ihrer Zeit verbunden. Es verwundert deshalb nicht, dass auch die Bestattungssitten in der *Alamannia* zwischen dem Ende der Römerherrschaft und dem Beginn der Karolingerzeit großen Veränderungen unterworfen waren.

Wo sind die Gräber?

Obwohl etliche Siedlungen elbgermanischer Bevölkerungsgruppen bekannt sind, die seit dem 4. Jahrhundert zu beiden Seiten des aufgegebenen obergermanisch-rätischen Limes lebten, wissen wir über deren Bestattungsformen ausgesprochen wenig. Wie in anderen Regionen ist nur mit kleinen Grabgruppen und Friedhöfen und entsprechend den Herkunftsgebieten der Zuwanderer auch mit der Verbrennung der Toten und Urnengräbern zu rechnen – Grabformen, die sich leicht der archäologischen Entdeckung entziehen. Bis vor Kurzem kannten wir von der Ostalb aus dem Zeitraum bis zur ersten Hälfte des 5. Jahrhunderts lediglich drei einzelne ärmliche, frühalamannische Körperbestattungen aus Heidenheim, Hermaringen und Sontheim. Reich ausgestattete Einzelgräber wie das Frauengrab vom Spielberg bei Erlbach im Ries fehlten. Umso erfreulicher ist es, dass im Rahmen der Anlage der NATO-Pipeline 2006 zwei neue Körpergräber in Bopfingen-Trochtelfingen aus der Mitte des 4. Jahrhunderts entdeckt wurden, von denen eines ein aufwendiges zweireihiges Collier aus Bernsteinperlen und blauen transluziden Perlen enthielt.

Stabile Lebensverhältnisse – verbindliche Friedhofsordnung

Erst ab der zweiten Hälfte des 5. Jahrhunderts beginnt man Ortsfriedhöfe anzulegen, in denen die gesamte Bevölkerung einer Siedlung ihre Toten bestattete. Deren Größe ist davon abhängig, ob es sich nun um ein Einzelgehöft, einen Weiler oder ein größeres Dorf handelte. In der Regel lag der Friedhof in 200 bis 400 m Entfernung meist oberhalb der Siedlung auf weniger fruchtbarem Boden – so auch in Lauchheim, einer der wenigen Plätze, wo ein Gräberfeld mit der zugehörigen Siedlung ausgegraben werden konnte.
Die normale Bestattungsform ist die Körperbestattung in gestreckter Rückenlage in einer langschmalen westöstlich ausgerichteten Grabgrube. Lediglich Kinder scheinen erst ab einem gewissen Alter ein Anrecht auf ein Grab auf dem Friedhof gehabt zu haben, da Säuglinge und Kleinkinder angesichts einer zu erwartenden hohen Kindersterblichkeit deutlich unterrepräsentiert sind.
Die Friedhöfe wurden je nach Gründungszeit der Siedlung bis zu 250 Jahre lang genutzt. Sie spiegeln eine gesellschaftliche Konsolidierung wider, die mit der größten Expansion der *Alamannia*

noch unter unabhängigen Kleinkönigen begann und auch nach der Eingliederung in das Frankenreich zu Beginn des 6. Jahrhunderts weiterwirkte. Nur wenige kleine Gräberfelder, wie das von Großkuchen „Gassenäcker", wurden vermutlich mit der dazugehörigen Siedlung zu Beginn des 6. Jahrhunderts aufgegeben.

Die großen Ortsfriedhöfe werden wegen ihrer in regelmäßigen Reihen angelegten Gräber auch Reihengräberfelder genannt. Klassische Vertreter dieses Typs wurden auf der Ostalb in Lauchheim, Sontheim a. d. Brenz, Bopfingen, Kösingen, Neresheim und Kirchheim a. Ries ausgegraben. Da Grabüberschneidungen nur sehr selten vorkommen, müssen

85 Heidenheim. Einzelgrab eines 20- bis 30-jährigen Mannes aus frühalamannischer Zeit, das im aufgegebenen Graben des Reiterkastells in Süd-Nord-Richtung angelegt worden war.

86 So kostbar ausgestattete Gräber aus frühalamannischer Zeit wie das der Frau vom Spielberg bei Erlbach im Ries mit Silberschmuck fehlen bisher auf der Ostalb.

87 Ein solcher Baumsarg wurde schon 1161 in Zöbingen entdeckt und in einem Gemälde des 17. Jahrhunderts verewigt. Er wird dort wegen seiner Form als Knettrog bezeichnet.

88 Lauchheim Grab 974 während der Ausgrabung. Gut zu erkennen sind die trogförmige Wanne des Baumsargs sowie die umgebende Holzkiste aus Eiche. Der Deckel des Baumsargs ist eingebrochen.

die Gräber oberirdisch gekennzeichnet gewesen sein. Im Zusammenhang mit der reihenförmigen Anlage und gradlinigen Friedhofsbegrenzungen muss von einer verbindlichen Friedhofsordnung ausgegangen werden. Es gibt sowohl Beispiele für eine chronologische Abfolge der Gräber als auch für eine Anlage von Familiengruppen.

Bestattung als Individuum

Zur Anlage der Körpergräber wurden langschmale Grabgruben der Körpergröße der Verstorbenen entsprechend ausgehoben.

Die Toten dürften in der Regel nicht ungeschützt in die Erde gelegt worden sein. In Gebieten, wo die Bedingungen für eine

Holzerhaltung gut sind – wie im Gebiet zwischen Schwarzwald und Alb mit den Grabfunden von Oberflacht, Trossingen und Neudingen –, sind einfache Totenbretter, gezimmerte Särge oder auch Baumsärge nachgewiesen; andernorts lassen sie sich nur anhand von dunklen Verfärbungen im Boden erschließen. Auch in Lauchheim herrschten an einigen Stellen so günstige Erhaltungsbedinungen, dass im Ortsgräberfeld, im Gewann „Wasserfurche", in Grab 974 ein solcher Baumsarg freigelegt werden konnte. In Grab 27 der Familiengrablege des Herrenhofes von Lauchheim, im Gewann „Mittelhofen", hatte sich sogar ein Stollenbett aus Buche erhalten, in dem der Tote beigesetzt worden war. Teile eines gedrechselten Stuhls oder Bettes sowie ein figürlich verziertes Lindenkästchen wurden schon 1876 in einem Grab am Rennweg in Pfahlheim gefunden. Bisweilen waren die Grabgruben zusätzlich mit Holzbrettern verschalt. Offenbar durch fränkische Grabsitten beeinflusst, wurden ab der Wende vom 6. zum 7. Jahrhundert auch große holzverschalte Kammern angelegt, die neben dem Sarg noch einen Freiraum für zusätzliche Beigaben ließen. Die Anlage besonders tiefer und großer Gräber oder auch von Grabhügeln war natürlich mit einem erheblichen Arbeitsaufwand verbunden.

War zunächst das individuelle Einzelgrab die bestimmende Bestattungsform, so änderte sich das im Laufe des 7. Jahrhunderts. Es treten nun immer häufiger Mehrfachbestattungen auf, doppelt bis fünf- und sechsfach belegte Gräber, in denen die Toten nebeneinander platziert wurden. Am häufigsten wurden mehrere Männer oder ein Mann und eine Frau zusammen beigesetzt. Die Erklärungsmöglichkeiten reichen von einer bewussten Totenfolge im Rahmen der Kriegergefolgschaft bis zu mehr oder weniger zeitgleichen Todesfällen, verursacht

89 Kirchheim a. Ries Grab 326. Die Bestattung der Frau befindet sich auf der Nordseite der großen Grabgrube. Der südliche Bereich stand für weitere Beigaben zur Verfügung.

durch Krankheiten, Unfälle oder kriegerische Auseinandersetzungen. Es dürften aber in den meisten Fällen persönliche und familiäre Bindungen bzw. Abhängigkeiten zwischen den gemeinsam bestatteten Personen bestanden haben. Ungewöhnlich ist die Lage der beiden Toten in einer 2002 entdeckten Doppelbestattung aus Giengen a. d. Brenz-Hürben. Während zuunterst ein ca. 50 Jahre alter Mann auf dem Rücken lag, hatte man einen zweiten ca. 40 Jahre alten Mann bäuchlings direkt auf diesen gelegt. Die rechte Hand des oberen Skeletts umklammerte bei der Freilegung noch die geballte linke Faust des unteren Skeletts. Ähnlich positioniert waren ein Frau und ein Mann in Grab 72 von Oberkochen, die beide im Alter zwischen 20 und 30 Jahren verstorben waren. Ob sich in diesen Sonderbestattungen möglicherweise eine Reaktion der Gesellschaft auf sexuelle Beziehungen widerspiegelt, die von ihr nicht sanktioniert waren, muss offen bleiben.

Am Ende des 7. Jahrhunderts mehren sich dann sog. Etagengräber, das heißt Gräber, die direkt übereinander ange-

90 Niederstotzingen Grab 3. Hier wurden zwei Männer und eine Frau mit untergehakten Armen gemeinsam in einer Grabkammer bestattet. Der Mann auf der Südseite besaß die reichsten Beigaben.

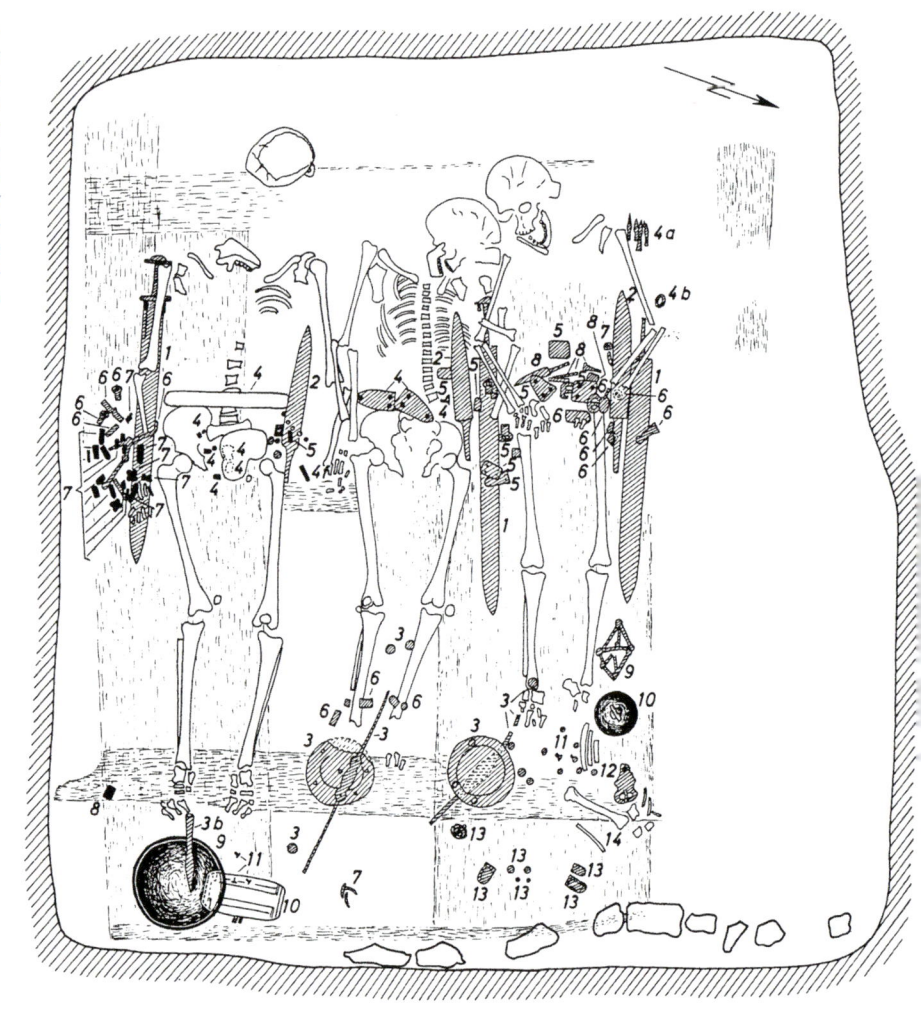

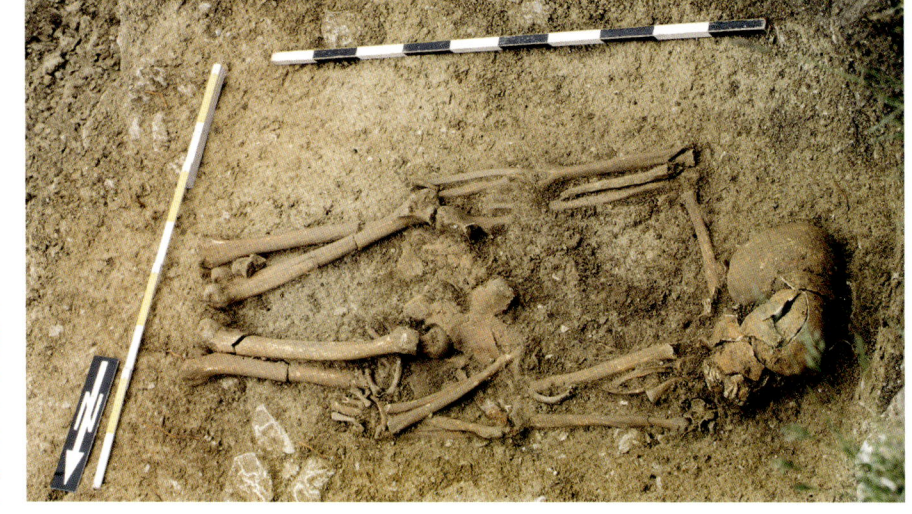

91 Um eine Sonderbestattung handelt es sich bei dem Doppelgrab aus Giengen a. d. Brenz-Hürben. Hier wurden zwei Männer bäuchlings aufeinandergelegt.

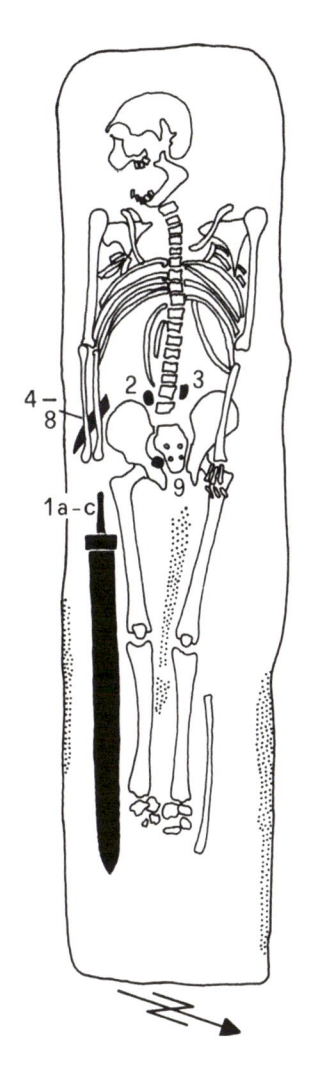

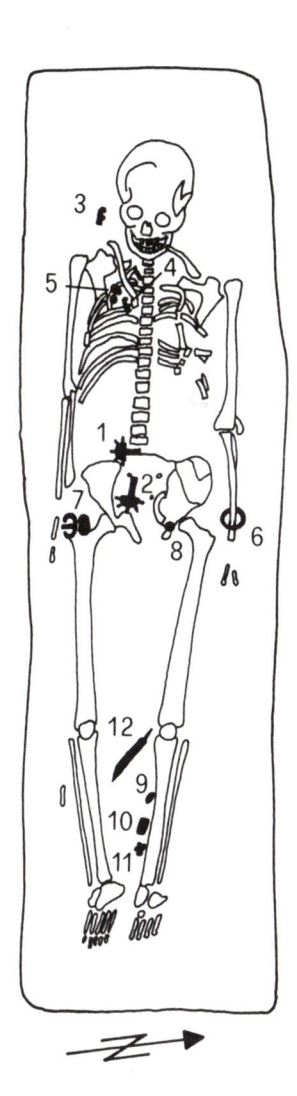

92 a und 92 b
Neresheim Gräber 45 (Mann) und 49 (Frau). Charakteristisch für Männergräber ist die Beigabe von Waffen und Gürtelbeschlägen, für Frauengräber von Halsketten und Fibeln (Gewandspangen) sowie Gürtelgehängen.

92c Da sich in Grab 974 von Lauchheim nicht nur das Holz, sondern auch die Textilien sehr gut erhalten haben, lässt sich die Bestattung einer Frau im Baumsarg auf einer Matratze liegend, in Kleidung mit Kleidungsbesatz, Trachtzubehör und zusätzlichen Beigaben am Fußende rekonstruieren. Darüber war ein großes Manteltuch gebreitet.

legt wurden. In anderen Regionen ist das Phänomen der bewussten Nachbestattung an Gräber mit Steineinfassungen gekoppelt, bei denen das Ausräumen und eine Wiederbelegung leichter bewerkstelligt werden konnten. Sog. Steinkistengräber sind aber auf der Ostalb eher die Ausnahme.

Beigabensitte zwischen Repräsentation und Totenfürsorge

Die Toten wurden in ihrer Festtagskleidung bestattet. Da sich von dieser in der Regel nur das nicht vergängliche Trachtzubehör in Form von Gewandspangen, Gürtelschnallen und -gehängen, Strumpf- und Schuhbeschlägen erhalten hat, erscheinen Gräber ohne solches Zubehör als beigabenlos. Daneben konnten den Verstorbenen aber noch Speisen, Tafelgeschirr, diverser Hausrat und Möbel, den Frauen Schmuck, den Männern Waffen und Reitzubehör oder sogar Pferde in einer gesonderten Grabgrube beigegeben werden.

Die materielle Ausstattung der Gräber bietet dabei ein sehr weites Spektrum. Sie ist alters- und geschlechtsspezifisch, reichtumsabhängig und lässt den Lebensstil sowie soziale Unterschiede erkennen – Unterschiede, die offenbar auch im Leben nach dem Tod nicht aufgehoben wurden.

Es verwundert deshalb nicht, wenn den Toten mit den aufwendigsten Grabanlagen auch die meisten und kostbarsten Beigaben mitgegeben wurden. Diese müssen zum Teil regelrecht mit Beigaben vollgestopft gewesen sein. Die freien Flächen in manchen Kammergräbern geben eine falsches Bild wieder, wir müssen sie uns gefüllt mit Beigaben aus vergänglichen Materialien vorstellen: Textilien, Truhen, Tische, Stühle, Webrahmen oder auch Musikinstrumente.

Zu den Beigaben müssen auch die Pferdegräber gezählt werden, die meist reich ausgestatteten Männergräbern zuzu-

93 Giengen a. d. Brenz. Unmittelbar östlich von Grab 26 war ein Pferd in Grab 22 bestattet worden, entsprechend der Sitte des 7. Jahrhunderts ohne Kopf.

94 Lauchheim Grab 441. Dem Jungen waren neben einem Gürtel, Messern, einem Kamm, einer bronzenen Griffschale und einem Tongefäß auch verschiedene Waffen mitgegeben worden. Während der kleine Sax, die Lanze und die Axt einigermaßen seiner Größe angepasst waren, handelt es sich bei dem Schild um den eines Erwachsenen.

ordnen sind (Abb. 93). Es gibt sowohl Einzel- als auch Doppelbestattungen von Pferden. Möglicherweise sind die Pferdepaare als Gespanne gegenüber dem einzel bestatteten Reitpferd zu interpretieren, es könnte sich aber auch um eine Kombination aus Reit- und Packpferd gehandelt haben. Tendenziell werden die Pferde im 5. und 6. Jahrhundert mit Kopf, im 7. Jahrhundert ohne Kopf bestattet. Abweichend hiervon wurden aber beispielsweise in Niederstotzingen auch noch die Pferde im 7. Jahrhundert vollständig beigesetzt, und aus Kirchheim a. Ries kennen wir Pferdedoppelgräber, in denen nur ein Pferd enthauptet war. Das Pferdedoppelgrab 273 liefert möglicherweise sogar einen Hinweis darauf, was mit den Pferdeköpfen passierte. Hier wurde an jeder Schmalseite ein Pfostenloch entdeckt. Waren die Pferdeschädel vielleicht auf den Pfosten aufgepflockt?

Neuere Untersuchungen haben ergeben, dass der Altersgruppe zwischen 20 und 40 Jahren bei den Männern und zwischen 14 und 50 Jahren bei Frauen die meisten Beigaben mitgegeben wurden. Es spiegeln sich in der Grabausstattung also nicht nur die materiellen Möglichkeiten der Bestatteten und ihrer Familien, sondern auch die zentralen sozialen Rollen dieser Altersgruppe in der Gemeinschaft wider. Grabausstattungen wie im Fall der acht- und sechsjährigen Jungen aus Grab 450 und 441 von Lauchheim würden demnach das wirtschaftliche Vermögen und den Rang der Familie beschreiben, aber auch jene sozialen Rollen, die die Kinder in der Familie eingenommen hätten, wären sie nicht so früh verstorben. Man hatte ihnen verschiedene Waffen mitgegeben, von denen einige der Größe der Kinder angepasst waren, andere aber von ihnen

95 Auch beim Leichenzug werden die Beigaben für alle Teilnehmer sichtbar präsentiert worden sein.

96 Das Bett aus Grab 27 von Lauchheim „Mittelhofen" mit seiner giebelförmigen Stirnseite war sicher bestens für die Aufbahrung des Toten geeignet.

noch nicht geführt werden konnten. Einen der beiden Jungen hatte man außerdem mit Reitzubehör und einem in unmittelbarer Nähe beigesetzten Pferd ausgestattet (Abb. 94).

Was sich in den Grabbeigaben äußerst selten findet, sind Hinweise auf bestimmte Berufsstände oder handwerkliche Tätigkeiten. Vereinzelt kommen in reich ausgestatteten Gräbern Schmiedewerkzeuge oder Pflugscharen in Männer- sowie Webrahmen in Frauengräbern vor. Sie sind wohl als symbolische Beigaben zu werten, die für die Verfügungsgewalt über abhängige Handwerker und Grundbesitz stehen könnten.

Zusätzlich müssen wir davon ausgehen, dass die Beigaben nicht ausschließlich als individuelle Ausrüstung für das Jenseits gedacht waren, sondern auch eine Funktion im Rahmen der Totenfeierlichkeiten besaßen. Diese setzten sich nach den Schriftquellen aus Aufbahrung, Totenklage, Leichenzug und Beerdigung zusammen. Dort wo die Erhaltungsbedingungen für organische Materialien sehr gut sind, wie schon im bereits erwähnten Oberflacht oder auch in Trossingen, lässt sich erkennen, dass bestimmte Objekte wie Kerzenleuchter und Betten speziell für die Bestattung bzw. für die Aufbahrung angefertigt wurden. In diesem Zusammenhang war es dann nicht störend, wenn – wie beim Bett von Lauchheim, das sicher auch zur Aufbahrung des Toten diente – die Zirkelschlagverzierungen der aneinanderpassenden Seitenbretter nicht aufeinander abgestimmt waren. Man scheute sich auch keineswegs funktionsuntüchtige

Objekte in die Gräber zu legen oder passend zu machen, wenn denn der Platz im Grab nicht ausreichte, wie bei zu langen Lanzen oder zu großen Möbeln. Bei den öffentlichen Totenfeiern waren diese Objekte sicher noch intakt und für alle Teilnehmer des Bestattungsrituals sichtbar. Kostbare Beigaben und der für das Totenritual betriebene Aufwand blieben im Gedächtnis der Familie, Nachbarn, Dorfbewohner und auswärtigen Gäste lebendig und warfen ein Licht auf die ausrichtende Familie und ihre finanziellen Möglichkeiten. In einer Gesellschaft, in der Stand und Rang noch keineswegs durch Geburt und Abstammung gefestigt waren, dienten sie so gleichzeitig der Statusversicherung.

Auszug aus der Bestattungsgemeinschaft

Die Beigabenzusammensetzung in den einzelnen Gräbern zeigt, dass im 5. und 6. Jahrhundert arme und reiche Personen zusammen auf dem Ortsfriedhof beerdigt wurden. Ab der Zeit um 600 konzentrieren sich die reichen Gräber dann in bestimmten Friedhofsarealen oder bilden gesonderte vom Normalfriedhof abgesetzte Bereiche, wie das besonders gut in Lauchheim oder in Kirchheim a. Ries zu beobachten ist.

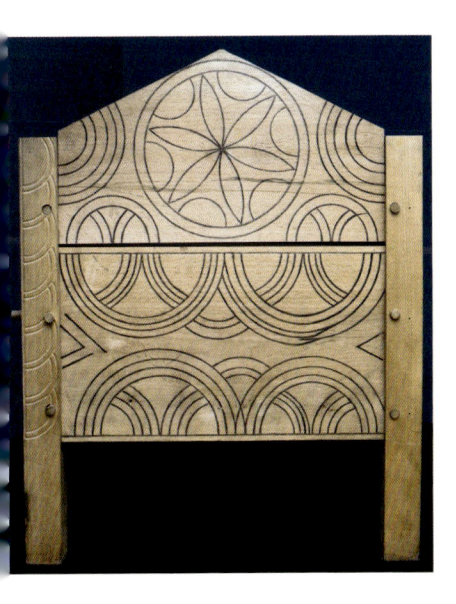

Parallel dazu entstehen völlig vom Ortsfriedhof getrennte kleine Separatfriedhöfe mit besonders reich ausgestatteten Gräbern wie in Niederstotzingen, Giengen a. d. Brenz oder in Pfahlheim. Hier scheint sich eine lokale Elite aus der Bestattungsgemeinschaft herausgelöst zu haben. Auf diesen abgesonderten Bestattungsplätzen konnten einzelne Gräber zusätzlich durch Grabhügel und Kreisgräben hervorgehoben werden. Außerdem ist hier häufig eine ungleiche Geschlechterverteilung festzustellen. In Niederstotzingen wurden ausschließlich schwer bewaffnete Krieger zum Teil mit ihren Pferden bestattet. Eine andere Form des Separatbestattungsplatzes stellen die Bestattungen in und um eine Kirche dar. Das älteste Beispiel dieses Raumes aus der Zeit um 600 stammt aus Brenz a. d. Brenz, wo mehrere Gräber in einer kleinen Holzkirche angelegt wurden.

Grabraub und Ende der Beigabensitte

Die seit der zweiten Hälfte des 6. Jahrhunderts einsetzende Christianisierung, die sich nicht nur in Kirchenbestattun-

97 Im Stuttgarter Psalter aus dem 9. Jahrhundert ist die Totenklage mit Aufbahrung des Toten in einem schmalen Rahmenbett wiedergegeben.

98 Die Rekonstruktion des Bettes aus Grab 27 von Lauchheim „Mittelhofen" zeigt, dass die Verzierungen von Wand- und Giebelbrett nicht aufeinander abgestimmt waren. Möglicherweise wurde der Giebel erst für die Bestattung aufgesetzt.

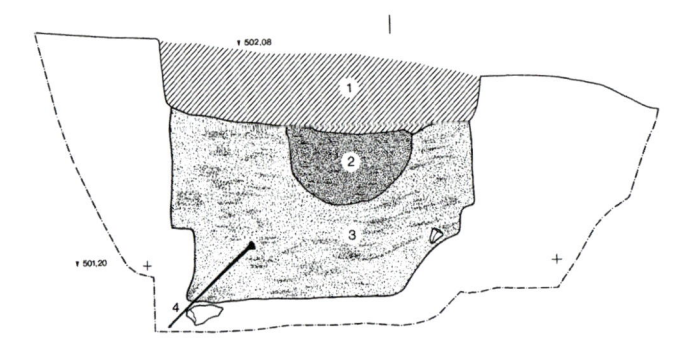

99 Einer der beiden in Lauchheim gefundenen Stocherstäbe wurde direkt im Raubschacht der Grabräuber gefunden.

100 Ein Beschlag vom Gürtel aus Grab 202 von Lauchheim, der sich wiederverwendet im Gürtel aus dem jüngeren Grabes 209 fand, muss nicht unbedingt Niederschlag zeitgenössischen Grabraubs sein, sondern kann auch bewusst als Erinnerungsstück im Gürtel des jüngeren Mannes verwendet worden sein.

schicht erst zu Beginn des 8. Jahrhunderts endete.

Die vermutlich weiterbestehende Bedeutung der Grabausstattung für die Statusversicherung einer Familie beim öffentlichen Totenritual würde gut erklären, dass selbst in Gräbern, die eindeutig einen christlichen Hintergrund erkennen lassen, wie Kirchenbestattungen oder solche mit Goldblattkreuzen, noch Beigaben mitgegeben wurden, obwohl diese nach der christlichen Glaubensvorstellung für das Jenseits nicht mehr nötig waren.

Parallel dazu ist auf vielen Friedhöfen massiver zeitgenössischer Grabraub festzustellen. Während dieser auf Gräberfeldern des 5. und 6. Jahrhunderts nur gelegentlich vorkommt, kann die Beraubung im 7. Jahrhundert 50 Prozent und mehr eines Friedhofs betreffen.

Offenbar wusste man genau, wonach man suchen musste, denn in Frauengrä-

gen, sondern auch in der Beigabe christlicher Heilszeichen widerspiegelt, führte zu einer allmählichen Aufgabe der Beigabensitte. Dies war ein langwieriger Prozess, der in der zweiten Hälfte des 7. Jahrhunderts begann und gerade bei den Angehörigen der lokalen Ober-

101 Lauchheim „Mittelhofen" Grab 25. Die fünf Goldblattkreuze ließen die Grabräuber trotz ihres materiellen Wertes zurück.

bern plünderte man mit Vorliebe den Oberkörperbereich, wo sich der kostbare Schmuck befand, in Männergräbern dagegen eher den Unterkörperbereich, wo Gürtel und Waffen niedergelegt worden waren. Die Verlagerung ganzer Skelettpartien lässt erkennen, dass sich diese bei der Beraubung noch im Sehnenverband befunden haben müssen.

Der archäologische Befund deckt sich mit den Überlieferungen aus *Lex* und *Pactus Alamannorum*, den unter fränkischer Herrschaft aufgeschriebenen Gesetzessammlungen der Alamannen, in denen Grabraub mit hohen Wergeldzahlungen geahndet wird.

Ob es sich bei dem Mann aus Grab 57 von Kösingen, in dessen Gürteltasche sich verschiedene Metallobjekte unterschiedlicher Zeitstellung befanden, tatsächlich um einen Grabräuber handelte, ist schwer nachzuweisen. Möglicherweise war er lediglich ein Sammler von altertümlichen Stücken.

Wir müssen davon ausgehen, dass die Angehörigen sich häufig selbst als Grabräuber betätigten. So ist es kaum vorstellbar, dass die massiv gestörten Gräber auf dem Herrenhof von Lauchheim, die an der Wende zwischen dem 7. und 8. Jahrhundert angelegt wurden, ohne Wissen der Familie geplündert wurden. Die Beraubung von 2 m tiefen Erdgräbern ist zeitaufwendig und hätte kaum durchgeführt werden können, ohne von den Bewohnern des Hofes bemerkt zu werden. Vermutlich zeigt sich hier der Konflikt zwischen dem Wunsch nach Repräsentation der Familie bei den Totenfeierlichkeiten einerseits und dem drohenden materiellen Verlust mit der Beerdigung andererseits – und das vor dem

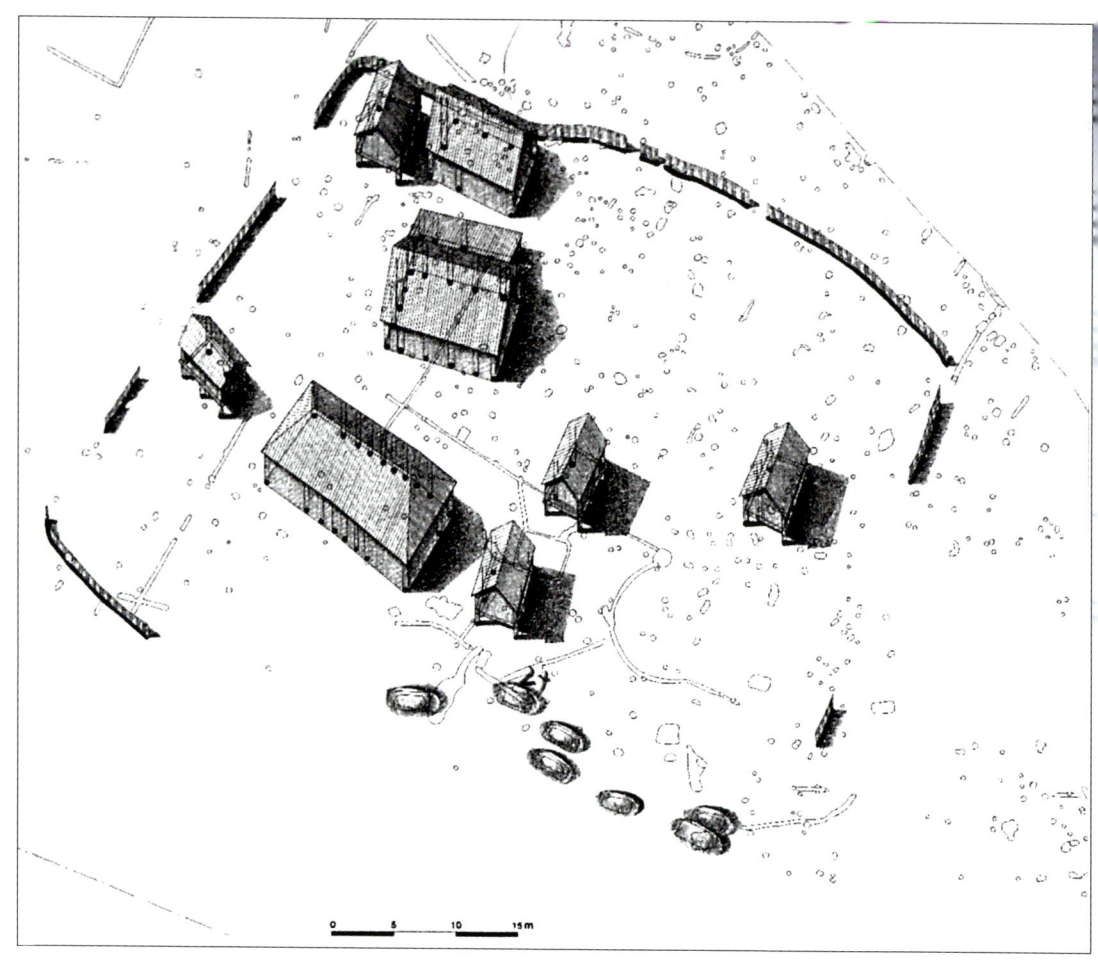

102 Besonders hervorzuheben ist die Gräbergruppe aus dem Bereich des mutmaßlichen Herrenhofes in Lauchheim, die trotz der Beraubung immer noch reiche Beigaben enthielt.

Hintergrund, dass Beigaben für das Seelenheil der christlichen Verstorbenen gar nicht mehr notwendig waren.

Dass die Grabräuber hier keineswegs skrupellos vorgingen, lassen die zurückgelassenen kostbaren christlichen Heilszeichen wie die Kreuzfibel aus Grab 24 und die Goldblattkreuze aus den Gräbern 25 und 27 erkennen.

Auflösung und Neubeginn

Im Rahmen dieser vielfältigen Auflösungserscheinungen, hinter denen gravierende gesellschaftliche Veränderungen mit der Auflösung von Sozialstrukturen, der Herausbildung eines Geburtsadels und die Entstehung der Grundherrschaft stehen, werden in einem Prozess, der von der zweiten Hälfte des 7. Jahrhunderts bis zum Beginn des 8. Jahrhunderts dauert, die Ortsfriedhöfe aufgegeben. In einer Zwischenphase bestattet man teilweise auf Familienfriedhöfen unmittelbar bei den Gehöften. Aus der Siedlung von Lauchheim kennen wir 78 vergleichsweise gut ausgestattete Gräber aus sechs kleinen Gräbergruppen, die jeweils einem Hof zugeordnet werden können. Nur wenige wurden noch zeitgleich mit Bestattungen auf dem großen Dorffriedhof angelegt, die meisten stammen aus der Zeit zwischen 680 und 720, als dieser bereits aufgegeben war. Ihre Zusammensetzung entspricht nicht der normalen Alters- und Geschlechtsverteilung, sie repräsentieren weder die Bewohner eines Hofes noch in der Gesamtheit die des Dorfes. Dies dürfte aber auch mit der kurzen Belegungszeit dieser Hofgrablegen zusammenhängen. Die Verlagerung der Gräber in die Siedlung war vermutlich der Anstoß für die endgültige Verlegung der Bestattungen zu den nun auch innerhalb der Dörfer entstehenden Pfarrkirchen mit Kirchhof. Die genaue zeitliche Dimension entzieht sich aber wegen der nun fehlenden Beigaben in den Gräbern unserer Kenntnis.

Literatur
Brather 2005; Brather 2008b; Brather u.a. 2009a; Härke 2003; Lüdemann 1994; Menninger u.a. 2004; Roth 1978; Scholz 2009; Schreg 2008b; Stork 1997a; Stork 1997b; Theune-Großkopf 1997; Theune-Großkopf/Nedoma 2008.

Das Gräberfeld von Bopfingen (Ostalbkreis)

MATTHIAS KNAUT

Bopfingens merowingerzeitliche Ortsgeschichte

Am Westrand des historischen Stadtkerns wurde am Hang des Sandberges in der Flur „An der Steig" beim Bau der Bahn Aalen–Nördlingen 1863 und bei Ausgrabungen in einem Neubaugebiet in den Jahren 1964, 1968, 1972, 1991 und 1992 ein ausgedehntes Ortsgräberfeld mit 350 größtenteils gut untersuchten und dokumentierten Bestattungen angeschnitten. Die ursprüngliche Zahl der Gräber dürfte bis zu 400 oder 500 betragen haben. Dies entspricht einer mittleren Größe innerhalb der uns bekannten Gräberfelder und korrespondiert recht gut mit Bestattungsplätzen wie Neresheim auf der Ostalb.

Aus dem Fundmaterial ist für den zugehörigen Ort Bopfingen eine Gründung spätestens in der ersten Hälfte des 6. Jahrhunderts und eine stark differenzierte soziale Schichtung der Bevölkerung zu erschließen. Hinter der groß erscheinenden Zahl von Bestattungen, gemessen an einer gut 100-jährigen Belegungsdauer des Gräberfeldes, verbirgt sich als Siedlungstyp ein Weiler mit rund acht bis neun gleichzeitig bestehenden Höfen und damit einer geschätzten Einwohnerzahl von knapp 90 Personen (berechnet nach der Formel: 350 Bestattungen x 25 Jahre durchschnittliche Lebenserwartung, geteilt durch 100 Jahre Belegungszeit des Gräberfeldes).

Das Gräberfeld wurde um die Mitte des 7. Jahrhunderts aufgegeben, im Gegen-

103 Bopfingen. Blick vom Gräberfeldareal „An der Steig" nach Norden zum Ipf. In der Mitte sieht man die Bahnlinie im Geländeeinschnitt und weiter rechts die Stadt sowie die Schornsteine der Lederfabrik.

satz zu den ebenfalls gut erforschten Gräberfeldern von Kirchheim a. Ries, Lauchheim, Neresheim und Kösingen in der näheren Umgebung, die bis mindestens in die Zeit um 700 genutzt wurden. Am südwestlichen Friedhofsrand ist eine Gruppe von 40 Gräbern auffallend vom übrigen Gräberfeldareal abgesetzt. Diese Gräber sind durchweg in die erste Hälfte des 7. Jahrhunderts zu datieren. Es scheint sich um einen Separatfriedhof am Rande des größeren Gräberfeldes gehandelt zu haben, der wohl zu einer eigenen Hofgemeinschaft gehörte. Gliederungen der Gräberfelder in Areale einzelner Gruppen, das heißt Hofgemeinschaften, sind häufiger zu beobachten. Völlig davon separiert findet sich 600 m nordwestlich in der Flur „Auf der Kappel" eine elf Bestattungen umfassende Grablege, die lediglich in der ersten Hälfte des 7. Jahrhunderts bestand. Offenbar gehörte sie zu einer dort zu vermutenden Hofgemeinschaft.

Durch den unter der Stadtkirche St. Blasius freigelegten hölzernen Vorgängerbau mit zugehörigen Außenbestattungen aus dem 8. und 9. Jahrhundert liegt in Bopfingen außerdem der seltene Fall vor, dass sich eine Siedlungskontinuität von der Merowingerzeit bis ins 9. Jahrhundert begründet annehmen lässt.

Gräber erzählen Schicksale

Das Gräberfeld von Bopfingen ist mit seinen etwa 350 Gräbern nur durchschnittlich groß. Als besonderes Charakteristikum ist zu bewerten, dass kaum ein Grab, ob beraubt, nur gestört oder unberaubt, keine Beigaben enthält. Dadurch lässt sich in zweierlei Hinsicht ein sehr gutes Bild von der Bevölkerung ableiten. Zum einen ist die große Mehrheit der Gräber über ihre Beigaben datierbar. Zum anderen lässt sich eine über die gut 100-jährige Belegungszeit reichende Abstufung der Totenausstattung der Verstorbenen dokumentieren, die zu allen Fragen der Gesellschaftsstruktur, des Ranges der einzelnen Personen und ihres persönlichen oder familiären Reichtums Aussagen ermöglicht.

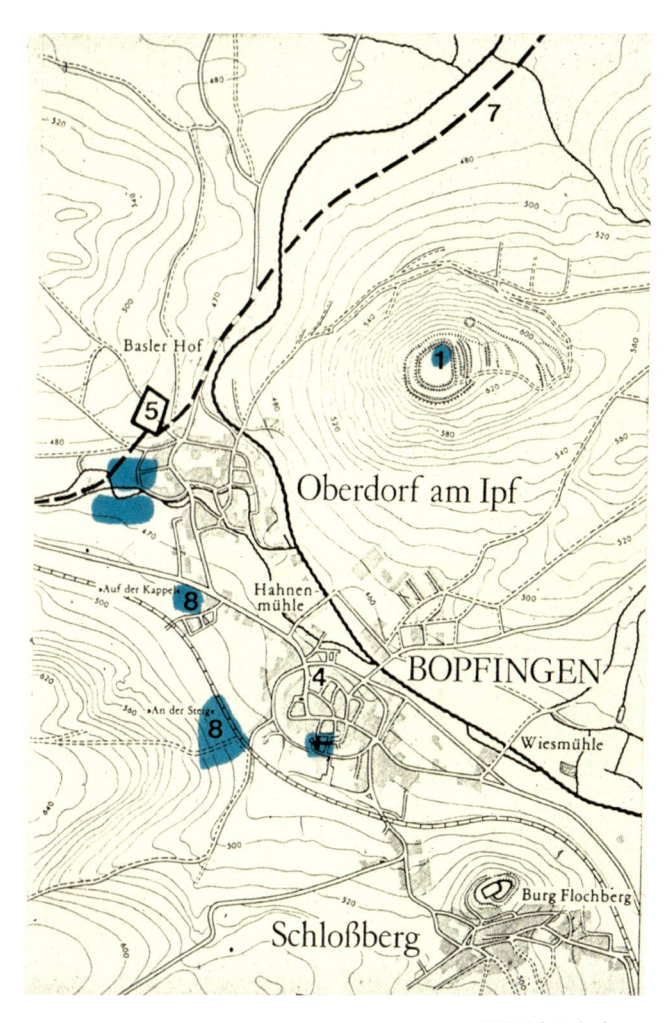

Schmuck für jedes Mädchen und jede Frau – Glasperlenketten und Gehänge (Grab 38, 81 und 107)

Die Gräber dreier etwa achtjähriger Mädchen vermitteln einen Eindruck vom Schmuckbedürfnis und den Trachtgewohnheiten ihrer Zeit. Umfangreiche

104 Historische Topografie Bopfingens und seines Umlandes mit Ipf und Oberdorf. Die Lage des Gräberfelder (8) und östlich davon im Stadtkern die frühe Ortskirche.

105 Ausgrabungsfläche am Nordostrand des Gräberfeldes mit Blick in den Einschnitt der Bahntrasse und dem Flochberg im Hintergrund.

106 Eine typische Glasperlenkette aus Mädchen- und Frauengräbern, zusammengesetzt aus kleineren einfarbigen und großen mehrfarbig verzierten Perlen.

Glasperlenketten aus zahlreichen bunten Perlen bestimmen die Erscheinung dieser „kleinen Frauen" – denn nichts anderes als ein Ebenbild ihrer erwachsenen Mütter, Tanten und Schwestern waren sie. Die farbigen Glasperlenketten sind ein prägendes Element der Schmuckausstattung aller weiblichen Mitglieder der Dorfgemeinschaft. Sie entsprechen dem üblichen Repertoire des alamannischen Gebietes und finden gute Vergleiche in den Gräbern benachbarter Fundplätze. Die Anordnung nach Größen und Farben ist bislang nur selten exakt dokumentiert. Klar ist, dass der Gesamteindruck recht bunt war, da das Farbspektrum der einfarbigen Glasperlen breit ist und außerdem zahlreiche Perlen stark farbig verziert sind. Es ist auch damit zu rechnen, dass mehrere Perlenschnüre zusammen getragen wurden. Ohrringe an beiden Ohren wie in Grab 38, Gürtel und Gürtelgehänge wie in Grab 107, einschließlich kleiner Toilettegeräte, Kamm und Lanzette, sowie Objekte, die als Amulette anzusprechen sind, wie die Muschel in Grab 107, sind charakteristische Elemente ihrer Grabausstattung. Ihr Schmuck und ihre Tracht dürften weitgehend mit der er-

107 Eine Auswahl ganz unterschiedlicher Tongefäße aus Bopfinger Gräbern. Rechts außen das größere der beiden Gefäße aus Grab 107.

wachsener Frauen übereinstimmen und zeigt, dass diese Mädchen den Übergang von der Kindheit zum erwachsenen Status im Alter zwischen sechs und zehn Jahren bereits vollzogen hatten.

Speise und Trank für das Jenseits (Grab 38, 81 und 107)

Tongefäße in den Gräbern sind ein wichtiges Element der „heidnischen" Beigabensitte. Hierin wurden den Verstorbenen Trank und Speisen für das Jenseits mitgegeben – ein Brauch, in dem sich die Vorstellungen der Bestattungsgemeinschaft vom Leben nach dem Tod und den damit verbundenen diesseitigen Bedürfnissen widerspiegeln. Den Bestatteten in den drei Gräbern 38, 81 und 107 wurden typischerweise Gefäße mit einem Volumen von einem halben Liter Inhalt, also eher größere Trinkgefäße, mitgegeben. In Grab 107 befand sich zusätzlich ein zweites Gefäß mit einem Volumen von einem Liter – ein Schankgefäß? Das Abstellen der Gefäße am Fußende des Grabes, wahrscheinlich außen neben oder auf dem Sarg, verdeutlicht den Charakter der „echten"

Beigabe, die von den Nachkommen dort deponiert wurde und nicht zum persönlichen Besitz der Verstorbenen gehörte. Diese Gaben wurden, wie Fleischstücke, deren Knochen erhalten sind, und Eier, von denen die Eierschalen in den Gräbern liegen, im Rahmen der Beisetzungsfeierlichkeiten von den Angehörigen mitgebracht und dem Jenseits übergeben.

Anführer (Grab 177)

Als Hofherr und Anführer oder „Häuptling" in einer Person können wir den Mann in Grab 177 identifizieren. Er hat zweifellos die reichste Grabausstattung eines Kriegers in Bopfingen. Spatha, Kurzschwert, Lanze und Schild ordnen ihn dem obersten Stand der Krieger zu. Nur ca. zwei bis fünf Prozent aller Männer gehörten dieser sozialen Schicht an. Was diesen in der zweiten Hälfte des 6. Jahrhunderts bestatteten Mann aus dieser Gruppe hervorhebt, ist zweierlei. Erstens verfügte er über ein Langschwert und dazu, statt des allgemein üblichen zeitgenössischen Sax, ein schmales zweischneidiges Kurzschwert, das sei-

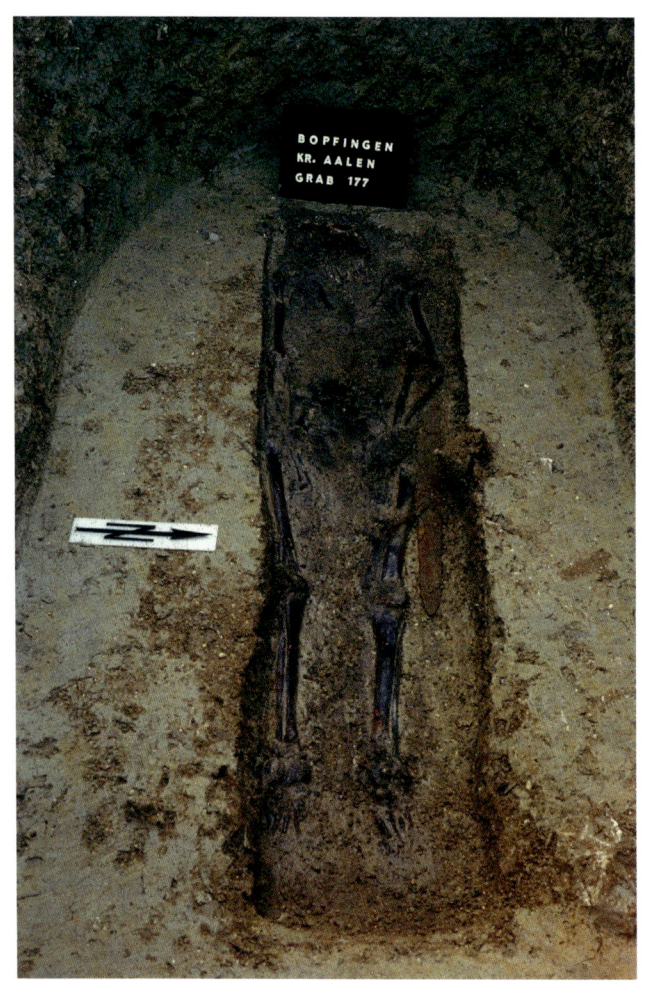

108 Grab 177 *in situ.*

109 Wertvolle fein gearbeitete Gürtelbeschläge aus vergoldeter Bronze. Der Dorn der Schnalle ist mit roten Almandinen eingelegt. Der reiche Krieger aus Grab 177 dürfte in der zweiten Hälfte des 6. Jahrhunderts der Anführer der Dorfgemeinschaft gewesen sein.

nesgleichen im Fundmaterial des 6. und 7. Jahrhunderts sucht. Zweitens sind seine Gürtelbeschläge aus vergoldeter Bronze gefertigt, reich mit Punzeinschlägen verziert, und der Schnallendorn ist mit eingelegten Almandinen besetzt. Die Gürtelgarnitur weist eher in den fränkischen Kulturraum, zumindest hat sie im alamannischen Gebiet keine nahen Entsprechungen.

Die weitere Ausstattung besteht, männertypisch, aus kleinen Geräten, die sich als Inhalt einer ledernen Gürteltasche fanden. Hier heben sich neben Toilettegeräten wie einer Pinzette und einem Allzweckmesser andere Geräte ab, die aus dem Handwerk stammen und deren exakte Funktion bislang noch nicht geklärt ist. Dieser Habitus ist durchaus typisch für Männer der Oberschicht. Eine Ausstattung mit vollständiger Waffenausrüstung und reicher Gürtelschmuck demonstrieren ihren gesellschaftlichen Rang, und daneben belegen sehr spezielle Handwerksgeräte persönliche Besonderheiten des Individuums.

Hofherr und Krieger (Grab 162 und 190)

Dem gesellschaftlichen Rang entsprechend würde dem Toten aus Grab 177 unmittelbar der Krieger aus Grab 162 folgen, der allerdings einige Jahrzehnte früher, in der ersten Hälfte des 6. Jahrhunderts, bestattet wurde. Er verfügte über eine komplette Waffenausstattung mit Spatha, Sax, Lanze und Schild völlig zeit- und regionstypischer Ausprägung. Dazu kommen noch Pfeilspitzen, also eine

110 Das Doppelgrab 145 mit der Beisetzung zweier bewaffneter Männer *in situ*.

Ausstattung mit Bogen und Pfeilen sowie eine Axt. Diese sog. Bartaxt konnte im Krieg und sicher auch handwerklich eingesetzt werden.
Etwa zehn weitere Beispiele von Franzisken und Äxten aus dem Bopfinger Gräberfeld sind ein Indiz für eine „fränkische" Komponente in der Grabausstattung von Teilen der Bevölkerung. Dies unterstreicht die Ausstattung des Mannes in Grab 190, ein einfacher Bauernkrieger, bei dem die herausragende Waffe eine Franziska ist. Mit Pfeil und Bogen ergänzend zur Wurfaxt, dazu ein paar persönliche Habseligkeiten und Geräte in einer Gürteltasche, ist die unterste Schicht der waffenführenden Männer der Bopfinger Dorfgemeinschaft definiert.

Im Tode vereint (Grab 145 A und B)

Zur Oberschicht, der Gruppe der Hofherren, gehören auch die beiden erwachsenen Krieger, die gemeinsam im zweiten Viertel des 6. Jahrhunderts in Grab 145 bestattet wurden. Eine im Grab 145B liegende Silbermünze Theoderichs, die im Namen Justins I. zwischen 518 und 526 in Ravenna geprägt wurde, ermöglicht eine sehr genaue Datierung dieser Doppelbestattung. Solche Doppelbestattungen werfen zwei wesentliche Fragen auf: Handelt es sich um gleichzeitig im Kampf gefallene Männer oder aber, wenn keine Hinweise dafür zu finden sind, um Opfer einer Seuche oder Epidemie? Darüber hinaus steht die Frage im Raum, in welchem Verhältnis die beiden Männer zu Lebzeiten zueinander standen?
Seine vollständige Waffenausstattung weist den Krieger in Grab 145A, links im Grab liegend, als die höherrangige Person aus. Der rechts liegende Mann, Grab 145B, etwa gleichen Alters (zwischen 20 und 30 Jahre) und mit gut 1,70 m etwa gleich groß, ist mit Bogen und Pfeilen, Sax, Franziska und Gürtel mit Tascheninhalt weniger reich ausgestattet. Die innige Verbindung in einem gemeinsamen Grab und mit ineinander verschlungenen Armen weist auf eine enge Beziehung beider Männer hin. Sie könnte verwandtschaftlich oder in einer Waffenbruderschaft begründet sein, die

111 Planskizze des Doppelgrabes 145 – gut zu erkennen sind die einzelnen Beigaben zwischen den Skelettresten.

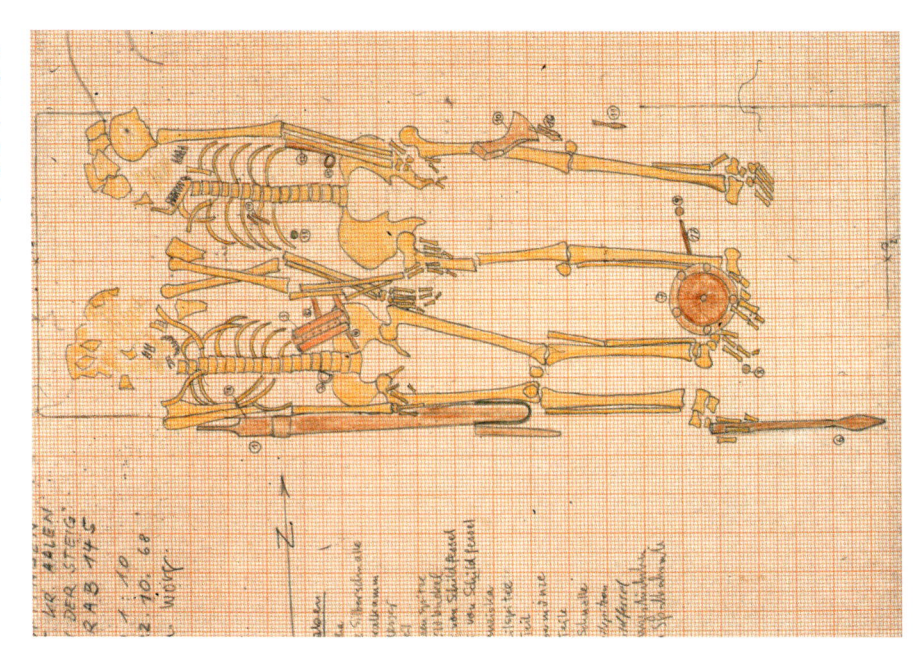

wir hier nur vermuten können. Möglich erscheint auch, dass es sich um eine typisch germanische Gefolgschaftsverbindung zwischen Herrn und „Knappen" handelt. Da wir in den kriegerischen Zeiten eine ganze Reihe solcher Mehrfachbestattungen von bewaffneten Männern kennen, angefangen von Doppel- bis hin zu Fünffachbestattungen, drängt sich der Gedanke an eine Gefolgschaft von Kriegern auf. Vergleichbare Mehrfachbestattungen von reich ausgestatteten Frauen kommen nicht in derartigem Umfang vor!

Hofherrinnen – Schwestern und Tanten? (Grab 147, 148, 150 und 159)

Reiche Frauengräber von Frauen, die in der Blüte ihres Lebens im Alter zwischen etwa 20 und 40 Jahren verstorben waren, stehen am Beginn der Belegung des Gräberfeldes von Bopfingen. Die Gründergeneration Anfang des 6. Jahrhunderts ist anhand ihrer Ausstattung gut zu erkennen und einzuordnen. Charakteristisch ist die sog. Vierfibeltracht aus paarigen Bügelfibeln und ebenfalls paarigen sog. Kleinfibeln. Wie und auf welche Weise sie als Gewandverschlüsse fungiert haben, ist nicht immer eindeutig festzustellen. Meist liegen die Kleinfibeln, Vogel- oder Scheibenfibeln aus vergoldetem Silber, im Oberkörperbereich. Die größeren Bügelfibeln finden sich zwischen Becken und Oberschenkeln. Sie könnten nach letzten Untersuchungen Bestandteil eines „latzartigen" Gehänges gewesen sein, das vorn vom Gürtel herabhing. Früher hatte man eher an eine Funktion wie bei gewickelten „Schottenröcken" gedacht.

Perlenketten, Gürtelgehänge und Geräte sind die charakteristischen Schmuck- und Trachtelemente der weiblichen Oberschichtgräber. Die stark normierte Ausstattung unterscheidet sich in feinen Details, einerseits der Schmucktypen, die ja immer Einzelanfertigungen waren, und andererseits der unterschiedlich edlen verwendeten Materialien. In Grab 148 und 150 finden wir Fibeln aus vergoldetem Silber mit Edelsteineinlagen. In Grab 159 hingegen ist das Bügelfibelpaar relativ klein und aus Bronze gegossen.

Alle Schmuckstücke zeigen Abnutzungsspuren, die auf einen intensiven Gebrauch hinweisen. Sie wurden also regelmäßig getragen und sind kein reiner „Totenschmuck". Die Fibeln der Hofherrin aus Grab 147 mussten sogar nach einem größeren Schaden mit einem hinterlegten Blech am Bügel repariert werden.

All diese Frauen wurden in der ersten Hälfte und der Mitte des 6. Jahrhunderts bestattet, gehören also zur Gründergeneration des Bopfinger Gräberfeldes. Nur wenige weitere Frauengräber weisen ein gleiches und höheres Ausstattungsniveau auf und man hat den Eindruck, als würde der Wohlstand der Hofbesitzer insgesamt zum Ende des 6. Jahrhunderts und in der ersten Hälfte des 7. Jahrhunderts merklich nachlassen.

Wohlhabende Frau – Grabstörung (Grab 186)

Ebenfalls zur zuvor genannten Gruppe der Hofherrinnen gehört das im Oberkörperbereich komplett gestörte Grab 186 einer jungen, erwachsenen Frau. Die Qualität des verbliebenen Gehängeschmuckes, vor allem die silbernen Beschläge von Lederbändern und die gefasste Bergkristallkugel als Schmuckamulett, sind ganz charakteristisch für eine recht reiche Frau. Perlen und andere Bestandteile vom Gürtelgehänge wie der Elfenbeinring (!), die *Cypraea*, das Fragment eines Webschwertes und anderes mehr zeugen von der individuellen Amulettvielfalt und dem Zugang zu Luxusobjekten aus weit entfernten Gebieten. Hier kann man eine einst vorhandene reiche Fibelausstattung unterstellen, die wohl zeitgenössischen Grabräubern in die Hände fiel.

Die Unsitte des „Grabfrevels", der Plünderung und Beraubung der Gräber, ist ein in den merowingerzeitlichen Gräberfeldern häufig zu beobachtendes Phänomen. Regional ist es unterschiedlich stark ausgeprägt und hier in Bopfingen seltener anzutreffen als zum Beispiel in Neresheim oder Kösingen. Es wird immer wieder darüber spekuliert, ob die starke Beraubung der „heidnischen" Gräber der Vorfahren mit der zunehmenden Bekehrung zum christlichen Glauben ursächlich zusammenhängt. Dafür spricht, dass manche Objekte, zum Beispiel mit christlichen Zeichen, trotz hohen Materialwertes nicht aus den Gräbern entfernt, sondern bei der Beraubung im Grab belassen wurden.

Fränkischer Einfluss? (Grab 190)

Der Mann aus Grab 190 verfügte, wie einige andere in Bopfingen, über eine typisch fränkische Axtwaffe. Bisweilen sind es echte Franzisken oder auch andere Axtformen. Ungewöhnlich erscheint die starke Häufung dieser Waffen in diesem Gräberfeld. Es bleibt zu prüfen, ob diese Waffenform, neben anderen Beigabentypen wie Scheibenfibeln in einigen Frauengräbern, als Indiz für eine westliche, fränkische Herkunft der Bopfinger Siedlungsgründer zu werten ist. Von den übrigen Gräberfeldern auf der Ostalb unterscheidet sich Bopfingen mit solchen Beigaben erheblich.

Literatur
Knaut 1987; Knaut 1988a; Knaut 1990; Knaut 1993a; Knaut/Blumer 1991.

Das Gräberfeld von Niederstotzingen (Kreis Heidenheim)

ANDREAS GUT

Zehn Gräber mit 14 Bestattungen – ein ungewöhnlicher Friedhof

Am östlichen Stadtrand von Niederstotzingen wurde 1962 und 1963 anlässlich einer Baumaßnahme ein kleiner Separatfriedhof einer alamannischen Adelsfamilie ausgegraben. Um 600 bis gegen 630 waren dort insgesamt acht adelige Familienangehörige, sechs Gefolgschaftsleute oder sonstige Mitglieder der Hofgemeinschaft, die ihren „Herren" womöglich freiwillig ins Grab gefolgt waren, und drei Pferde begraben worden. Ein größerer Ortsfriedhof, auf dem das Gesinde

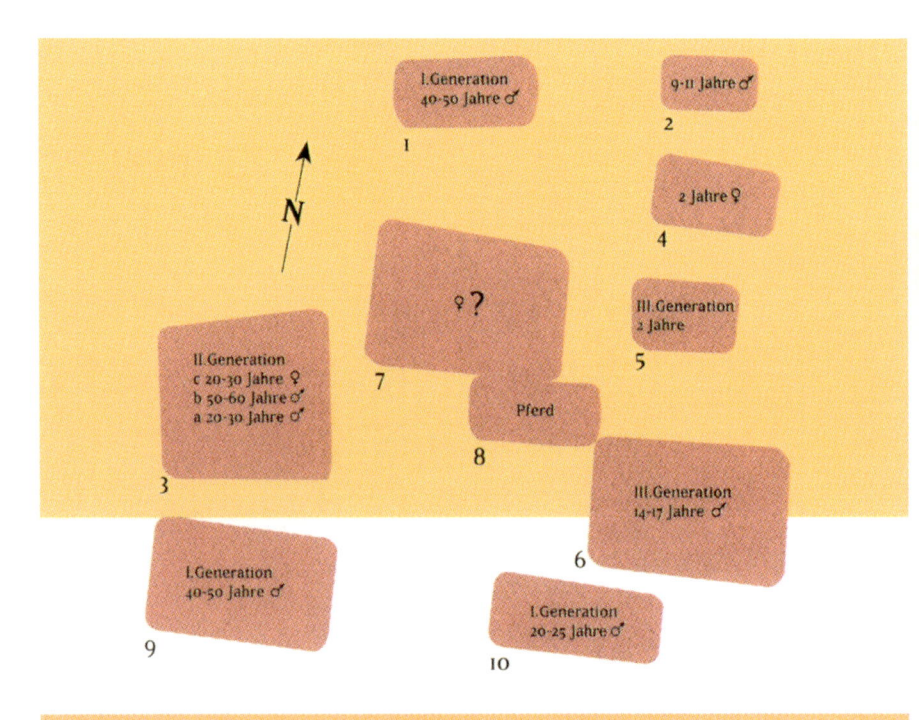

112 Plan des kleinen Gräberfeldes von Niederstotzingen der Zeit um 600. Eingetragen ist die Belegungsabfolge über zwei, maximal drei Generationen.

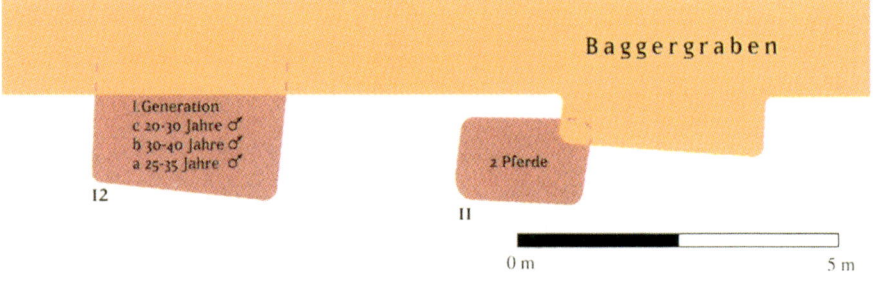

113 Silbertauschierte Gürtelgarnitur und in gleicher Weise verzierte Spathagarnitur des langobardischen Typs Civezzano aus Grab 6 von Niederstotzingen.

dieser Familie zusammen mit den übrigen Dorfbewohnern bestattet wurde, konnte bisher nicht entdeckt werden. Die Gräber waren in dem nach Süden flach abfallenden Gelände oberflächlich nicht erkennbar. Eine Umgrenzung wie etwa eine Holzeinfriedung des Bestattungsplatzes konnte – ganz im Gegensatz zum Lauchheimer Gräberfeld – im Rahmen der Ausgrabungen nicht festgestellt werden.

Die Schächte der Gräber 1 und 10 waren im Vergleich zu denen der Kindergräber 2, 4 und 5 und besonders zu denen der reicheren Bestattungen eines Jugendlichen (Grab 6) und eines erwachsenen Mannes (Grab 9) auffallend schmal. Die drei großen Gräber 3, 7 und 12 ragen in jeder Hinsicht aus den anderen Bestattungen hervor, einmal durch ihre Ausmaße von bis zu 3 m Länge, 2,50 m Breite und 1,70 m Tiefe, zum anderen durch ihre Beigaben. Die beiden Dreifachbestattungen in den großen Holzkammern Nr. 3 und 12 sowie die Gräber 6 und 9 von Niederstotzingen zählen zu den reichsten Bestattungen der Ostalb überhaupt.

Von besonderer Bedeutung ist die verkehrsgeografische Lage dieses Platzes, kreuzten sich hier doch zwei wichtige Römerstraßen, nämlich die von Heidenheim nach Günzburg und die von Urspring nach Faimingen, welche auch im frühen Mittelalter noch genutzt wurden.

114 Silbertauschierter Sporn aus Grab 6 von Niederstotzingen.

115 Silberne Beschläge des Pferdezaumzeugs aus Grab 6 von Niederstotzingen.

Bezüge zum Frankenreich und vor allem nach Italien

Auffällig ist die kurze Nutzungsdauer des Gräberfeldes, die nur ein bis zwei Generationen entspricht. Die Datierung basiert auf den Gürtel- und Spathagurtgarnituren, die – wie auch das Zaumzeug und die Stoßlanze aus Grab 6 – auf Verbindungen mit den Langobarden hinweisen, die ab 568 in Italien ansässig waren. Neben den mehrteiligen Garnituren enthielten die Gräber 5 (ein Kind) und 6 (ein Jugendlicher) unter anderem tauschierte vielteilige Gürtelbeschläge, die auch noch nach 630 in Gebrauch waren. Da es sich bei diesen Beschlägen um die jüngsten Funde des Gräberfeldes handelt, das heißt, alle anderen Beigaben in eine ältere Zeitstufe datieren, kann man von dieser Zeit als Ende der Belegungszeit ausgehen. Ob das rasche Ende der Friedhofsnutzung auf einen Glaubenswechsel, verbunden mit einer Verlegung zur Kirche, schließen lässt, oder auf politische Ereignisse zurückzuführen ist, wird in der Forschung kontrovers diskutiert. Zuletzt hat Ursula Koch die in den Niederstotzinger Funden deutlich werdenden Kontakte zum italischen Raum mit den aus den Schriftquellen bekannten fränkisch-langobardischen Auseinandersetzungen im Italien des ausgehenden 6. Jahrhunderts in Verbindung gebracht.

Alle Männer des Friedhofs waren mit je einer Spatha ausgerüstet, selbst der Jüngling von 14 bis höchstens 17 Jahren in Grab 6. Bei dem Schwert in Grab 9 handelt es sich um eine der seltenen Ringknaufspathen mit silbernem Knauf, an der eine Schwertperle aus Meerschaum mit einem goldenen, mit zellwerkartigen Granateinlagen in sog. Cloisonnétechnik versehenen Zierknopf angebracht ist. Aus demselben Grab stammt eine Lanze mit aufwendiger Verzierung. Daraus lässt sich ablesen, dass

116 Silbertauschierte Beschläge des Sattelzeugs aus Grab 6 von Niederstotzingen.

der 40- bis 50-Jährige, der in diesem Grab bestattet worden war, in enger Beziehung zum Fränkischen Reich stand. Byzantinische Einflüsse aus dem Mittelmeerraum zeigen dagegen der einzigartige Gürtel mit Silberbeschlägen und das Pferdezaumzeug des 20- bis 30-Jährigen in Grab 3a. Interessanterweise konnte zudem bei den drei auf dem Gräberfeld bestatteten Pferden eine Kreuzung mit orientalischen Pferden nachgewiesen werden.

Lamellenpanzer und Lamellenhelm

Zu den ersten geborgenen Funden des Gräberfeldes gehörten ein eiserner Lamellenpanzer und ein eiserner Lamellenhelm, die im Dreifachgrab 12 entdeckt wurden. Der Panzer war auf den Unterschenkeln der hier Bestatteten ausgebreitet. Weitere Lamellen solcher auf mittelasiatische Vorbilder, insbesondere auf Kontakte mit dem Reitervolk der Awaren, zurückgehender Panzerungen wurden in alamannischen Gräbern in Kirchheim a. Ries sowie in Schretzheim bei Dillingen an der Donau gefunden. Sie boten dem Träger einen guten Schutz gegen Pfeilschüsse, wie Experimente mit Nachbauten solcher Panzer gezeigt haben. Am Nasenschutz des Helms fand sich noch ein festkorrodiertes Fragment aus Seide, was ebenfalls ein Hinweis auf Kontakte mit dem östlichen Mittelmeerraum ist.

Eine Runeninschrift mit „Liub"

Niederstotzingen gehört zu den wenigen alamannischen Fundorten mit überlieferten Runeninschriften. Dies harmoniert gut mit der Zeitstellung des Gräberfeldes, denn nur in einem kurzen Zeitraum um 600 war die an sich nordische Sitte, Gegenstände mit Runen zu versehen, auch hier in Süddeutschland verbreitet. Die in Niederstotzingen erhaltene Inschrift ist auf beiden Seiten einer silbernen Riemenzunge angebracht, die als Rest eines Gürtels in Grab 3a zutage kam. Es handelt sich ursprünglich um das Mundblech einer Schwertscheide, das zur Nutzung als Riemenzunge zurechtgebogen und umgeschnitten worden war. Durch die dabei angebrachten Nietlöcher und die eingestempelte Randverzierung wurden einzelne schon vorhandene Runen beschädigt, das heißt, die Inschrift muss schon vor der Umarbeitung angebracht gewesen sein. Die von Karl Düwel als „bigws liub" und „ueul didu" gelesenen Runen konnten bisher nicht näher gedeutet werden: Lediglich „liub" scheint als „Wunschwort" „Lieb(es)"/„Glück"

117 Kostbare Spatha mit Knaufring und Schwertperle sowie versilberte Lanze mit vergoldeten Nieten aus Grab 9 von Niederstotzingen.

118 Das prächtige Zaumzeug aus Grab 9 von Niederstotzingen weist zahlreiche Zierelemente im germanischen Tierstil auf.

sicher; damit könnte aber auch der Personenname Liub gemeint sein.

Der Mann aus Grab 3c ist – eine Frau!

Rätselhaft erscheint die Tatsache, dass in Grab 3c trotz typischer „Männerbeigaben" wie Spatha und Sax nach neuen anthropologischen Erkenntnissen eine Frau bestattet worden war. Schon der Grabungsbericht von 1967 weist auf den grazilen Körperbau dieses Skeletts hin: „... so daß man nach der Skelettbeurteilung allein eher eine Frau vermuten würde." Folglich wird neuerdings in der Forschung diskutiert, ob sich mit diesem Befund die Anwesenheit amazonenhafter Kämpferinnen in den Kriegergefolgschaften der Merowingerzeit fassen lässt.

Die DNA-Analysen an Skelettproben der Gräber 3a, 3b und 3c, die im Rahmen einer in Tübingen durchgeführten und im Jahr 2000 veröffentlichten molekular-

119 Eiserne Pferdetrense mit reicher Verzierung aus Grab 9 von Niederstotzingen.

120 Lamellenhelm aus Grab 12 von Niederstotzingen.

biologischen Studie erstellt wurden, ergaben außerdem, dass der Mann in Grab 3b und die Frau in Grab 3c mütterlicherseits verwandt waren; sehr wahrscheinlich war der Mann der Onkel oder Cousin der Frau. Auch aus der Art, wie die beiden im Grab lagen, wurde auf ein besonderes Verhältnis zwischen ihnen geschlossen. Dagegen sind die Männer in den Gräbern 3a und 3b weder mütterlicher- noch väterlicherseits verwandt. Allerdings ist es der Untersuchung zufolge sehr wahrscheinlich, dass der junge Mann in Grab 3a den gleichen Vater hatte wie die junge Frau in Grab 3c; demnach handelt es sich bei ihnen um uneheliche Geschwister.

Grab 7 – groß und leer

Überraschende Befunde lieferte auch die Ausgrabung der komplett ausgeräumten großen Grabkammer 7. Hatte

121 Stoßlanze und silberne, nach byzantinischem Vorbild gefertigte Pressbleche von der mediterranen Gürtelgarnitur aus Grab 3a von Niederstotzingen.

man hier ebenfalls eine Dreifachbestattung von Männern erwartet, so kamen lediglich noch verstreute Perlen, ein goldgefasstes kleines Granatstück sowie drei Kettenglieder einer bronzenen Amulettkette zutage, was dafür spricht, dass hier einst eine Frau bestattet war. Die Kammer wirkte so gründlich ausgeräumt, dass eine Überführung der Toten an einen anderen Bestattungsort anzunehmen ist.

Dreifachgräber – Synonym für Totenfolge?

Mit der Feststellung, dass in Grab 3c eine Frau lag und dass die drei in diesem Grab Bestatteten teilweise miteinander verwandt waren, ist auch die durch sein Buch „Die Alamannen" weithin bekannte Interpretation von Rainer Christlein revisionsbedürftig geworden, wonach die Person in Grab 3c wegen der Halfterkette als Marschalk, der Tote in Grab 3b wegen des Trinkhornbeschlags als Mundschenk und der in Grab 3a Bestattete als Gefolgsherr zu deuten seien. Sicherlich spielten Mundschenk und Marschalk am fränkischen Hof eine große Rolle, ihre Übernahme im germanischen Totenritual lässt sich ansonsten aber nur noch im Bootskammergrab von Haithabu an der Ostsee feststellen.

Seit Christleins Veröffentlichung wurden die Dreifachbestattungen in den Gräbern 3 und 12 immer wieder als Belege dafür angeführt, dass derartige Mehr-

122 Die Dreifachbestattung in Grab 3 von Niederstotzingen sorgte für Aufsehen: Entgegen der ersten Erwartung der Ausgräber handelte es sich bei der mit Spatha und Sax sowie einer Bronzeglocke und einer Kette ausgestatteten Person rechts (Grab 3c) nicht um einen Mann, sondern eine Frau.

123 Niederstotzingen Grab 3a. Mit Kreisaugenmustern reich verzierter Kamm mit Futteral aus einem Adelsgrab des 6. Jahrhunderts.

fachbestattungen auf den Brauch der Totenfolge zurückzuführen seien. Da nun aber am Niederstotzinger Skelettmaterial keine Hinweise auf eine gewaltsame Tötung festgestellt wurden, müssen nunmehr auch andere Möglichkeiten zur Erklärung der gleichzeitigen Bestattung dreier Krieger und „Kriegerinnen" in Betracht gezogen werden, sei es im Rahmen des die damalige Gesellschaft dominierenden Gefolgschafts- und Kriegswesens oder wie im Fall von Grab 3 die Möglichkeit sich abzeichnender besonderer familiärer Traditionen. So hat auch Heide Lüdemann in ihrer Untersuchung solcher Mehrfachbestattungen darauf hingewiesen, dass Familienbindungen im Sinne der frühmittelalterlichen „Familia" die gesamte Hausgemeinschaft, also auch die Hausdienerschaft sowie das Gefolge eines „Häuptlings" oder einer adligen Grundherrschaft einschlossen. Dass zwei der drei Toten in Grab 3, wie bei vielen weiteren Mehrfachbestattungen, einander die Köpfe zuneigten, wobei der Schädel des mittleren auf der Brust des Außenliegenden ruhte, und dass die Arme der drei Toten gegenseitig untergehakt waren, ist ein Zeichen persönlicher Verbundenheit: „Bei allen diesen Befunden erscheinen die Verstorbenen wie durch ein unsichtbares Band im Tode verbunden."

Literatur
Becker/Riesch 2002; Christlein 1991; Düwel 2002; Koch 1997a; Lüdemann 1994; Paulsen 1967; Quast 2002c; Schneider (im Druck); Stork 1997b; Zeller 2000.

Das Gräberfeld von Kirchheim a. Ries (Ostalbkreis)

ANDREAS GUT

Entdeckung beim Schulhausbau

Zwischen 1962 und 1964 wurde auf einer Kuppe am nördlichen Ortsrand von Kirchheim a. Ries anlässlich des Baus der heutigen Alemannenschule der bis dahin größte alamannische Reihengräberfriedhof im nördlichen Württemberg ausgegraben. Er besteht aus einem großen Hauptfriedhof sowie einem deutlich abgesetzten Adelsbestattungsplatz. Insgesamt wurden 518 Gräber mit mindestens 570 Bestatteten festgestellt.

Der Friedhof wurde von der Mitte des 6. Jahrhunderts bis ins beginnende 8. Jahrhundert belegt. Gegen Ende des 7. Jahrhunderts ist eine führende Adelsfamilie dazu übergegangen, ihre Toten auf dem eigenen kleinen Friedhof im Südosten des Hauptgräberfeldes zu bestatten. Leider ist die Mehrzahl dieser ursprünglich prunkvollen Gräber bereits

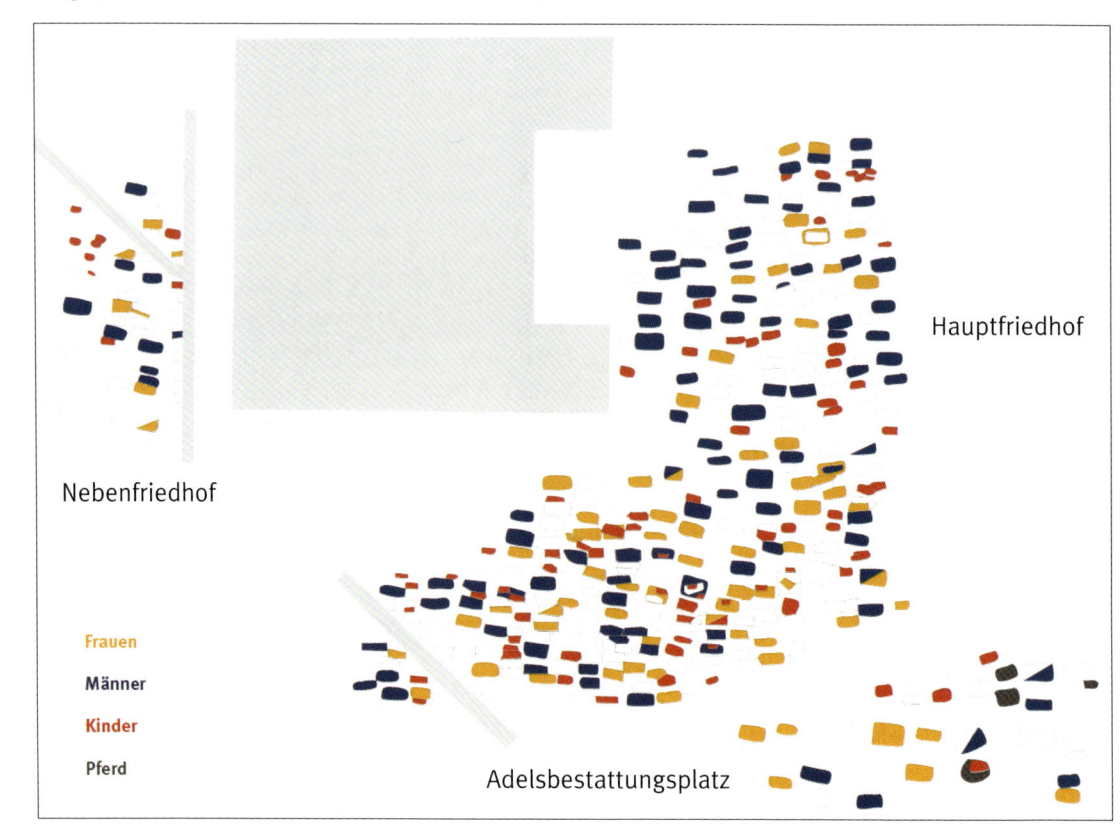

124 Plan des Gräberfeldes von Kirchheim a. Ries mit Unterscheidung der Männer-, Frauen- und Kindergräber sowie der vier Pferdegräber. Der graue Bereich markiert den Neubau der Alemannenschule.

125 Die Aufnahme von der Ausgrabung des alamannischen Friedhofs von Kirchheim a. Ries im Jahr 1964 zeigt die strenge Ost-West-Ausrichtung der Grabgruben. Viele derartige Reihen ergeben ein typisches Reihengräberfeld.

früh beraubt worden. Eine Ausnahme bildet das reiche Frauengrab 326, in dem nach Ausweis der Funde eine Christin beerdigt war und das eine Vorstellung vom Reichtum des alamannischen Adels im westlichen Ries gibt.

Unbekannt ist, wie viele Gräber durch den Schulhausneubau zerstört worden sind, doch dürfte ihre Zahl beträchtlich sein. Im Laufe der Ausgrabung stellte sich heraus, dass der Hauptteil des Friedhofs sich südlich und östlich der Schule erstreckte. Seine Grenzen wurden mit Sicherheit im Westen und Osten erreicht. Der Gesamtplan zeigt geradlinige, nach den vier Himmelsrichtungen ausgerichtete Begrenzungen im Norden, Osten, Süden und Westen, sodass von einem ursprünglich rechteckigen Friedhof mit rund 700 Gräbern und einer Ausdehnung von ca. 85 m in Ost-West- und 55 m in Nord-Süd-Richtung ausgegangen werden kann. Ingo Stork, der Ausgräber des zur selben Zeit genutzten Gräberfeldes von Lauchheim „Wasserfurche", hat zu Recht darauf hingewiesen, dass das Kirchheimer Gräberfeld dem Befund von Lauchheim entspricht und dass sich damit eine Gräberfeldplanung mit abgesteckten Grenzen schon zu Beginn der Belegungszeit nachweisen lässt. Ebenso stimmen beide Friedhöfe darin überein, dass die in der Südostecke liegenden spätesten Gräber am Ende des 7. Jahrhunderts keine Rücksicht mehr auf diese Begrenzung nahmen.

Das Grab der „Dame von Kirchheim"

Um die Mitte des 7. Jahrhunderts hatte die adlige Dame gelebt, die in Grab 326 des Friedhofs von Kirchheim bestattet

126 a/b Grabplan und Rekonstruktion des reichen Frauengrabes 326 von Kirchheim a. Ries.

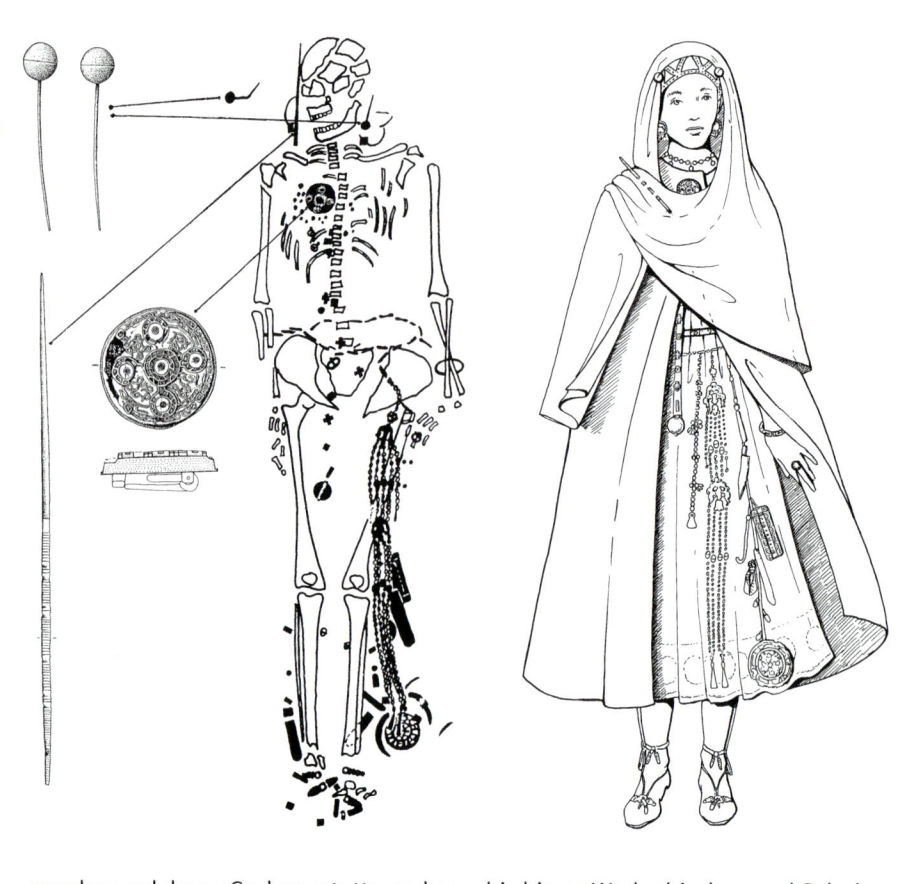

127 Glasbecher, ein so genannter Tummler, aus dem reichen Frauengrab 326 von Kirchheim a. Ries.

worden und deren Grabausstattung den sonst allgegenwärtigen Grabräubern entgangen war. Ihr Schmuck ist komplett überliefert und umfasst das gesamte Repertoire des damals üblichen Zierrates, beginnend bei Hauben-, Ohr- und Halsschmuck über Fibel, Armring, Fingerring bis hin zu Wadenbinden- und Schuhgarnituren. Besonders auffallend ist die große Zahl an Amuletten: Vom Gürtel herab hingen, jeweils gesondert, eine bronzene Gürtelkette, ein Perlengehänge, eine Zierscheibe und eine Tigermuschel, von der Brust herab eine silberne Amulettkapsel. Die silbernen Kreuze auf dem Band der Kapsel weisen die Frau als Christin aus. Bemerkenswert am Wohlstand dieser Kirchheimer Adeligen ist die Herkunft des Schmucks, denn bis auf wenige fremdländische Rohmaterialien, etwa die Amethyste der Halskette und die Tigermuschel, stammen alle Objekte aus einheimischen Werkstätten.

Die „Dame von Kirchheim", wie sie in der Forschung genannt wird, starb im Alter von etwa 20 bis 30 Jahren und war in der Mitte des Adelsfriedhofs im Süden des alamannischen Gräberfeldes beigesetzt worden.

Die Beigaben der Frauen

Fibeln dienten nicht nur als Kleiderverschluss und Schmuck, sondern waren auch ein Standesabzeichen. In der Zeit des Friedhofs von Kirchheim war es üblich, runde Scheibenfibeln auf der Brust zu tragen. Die Goldscheibenfibeln konnten mit roten Granateinlagen gearbeitet sein oder sie waren aus filigranverziertem Goldblech hergestellt.

Fingerringe wurden bei sechs Frauen im Kirchheimer Gräberfeld gefunden. Der goldene Ring aus dem Grab der „Dame von Kirchheim" trägt einen Amethyst und war der Größe nach ein Daumenring, sodass er – über seine rein schmückende Funktion hinaus – gleichzeitig als ein Standesabzeichen zu werten ist. Einen solchen Ring trug auch die fränkische Königin Arnegunde, aus deren Grab uns umfangreiche Kleidungsreste überliefert sind.

Die farbenprächtigen Perlen wurden, soweit sie nicht zu Halsketten gehören, als Perlengehänge im Hüft- und Beckenbereich oder an den Beinen getragen. Die insgesamt mehr als 3000 in Kirchheim zutage gekommenen Exemplare entstammen nicht weniger als 78 Gräbern, sind hier also eine besonders beliebte Grabbeigabe.

Wie oben schon angedeutet, war die adlige Dame des Grabes 326 mit vier Amulettgehängen geschmückt. An einem eisernen Stangengürtel trug sie ein Kettengehänge aus Bronze, dessen beide Verteiler langovale menschliche Masken mit Augen, Augenbrauen und Nase zeigen, ergänzt durch Tierköpfe. Solche Bronzegehänge waren bei den Alamannen nur im mittleren Teil Württembergs und im Norden Bayerisch Schwabens üblich. Häufiger dagegen sind Gehänge an einem langen, am linken Bein entlangführenden Band oder Riemen, abgeschlossen durch eine schwere Zierscheibe oder einen Ring. In den insgesamt 84 Frauengräbern von Kirchheim wurden allerdings nur zwei Zierscheiben gefunden, beide zeigen die seltene Dar-

128 Kirchheim a. Ries, Grab 326. In den goldenen Anhängern wurden antike Gemmen aus Carneol, Sardonyx und einem weiß-blauen Lagerstein gefasst.

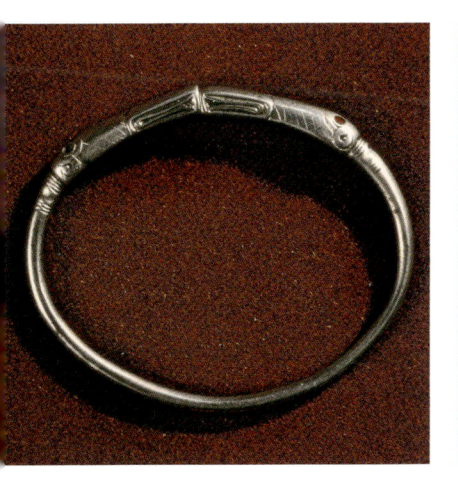

129 Silberner Armreif aus dem reichen Frauengrab 326, Kirchheim a. Ries.

130 Kirchheim a. Ries, Grab 326. Silberne Bulle.

131 Kopfbereich des Grabs 326 der „Dame von Kirchheim" mit der goldenen Scheibenfibel in der Halszone.

132 Zierscheibe vom Amulettgehänge der Frau aus Kirchheim a. Ries, Grab 326. Die Scheibe zeigt vier kreuzförmig angeordnete menschliche Silhouetten.

stellung von Menschen mit beim Nachbarn eingehakten Armen.
Als Fruchtbarkeitsamulette sind die Tigermuscheln zu deuten, die aus dem Roten Meer und dem Indischen Ozean stammen. Um Amulette handelt es sich auch bei den kegeligen Anhängern, sog. Donarkeulen, der Gräber 206 und 357 oder dem an einer Kette hängenden Tierzahn aus Grab 11.

Die Männergräber

Die auf den ersten Blick nur spärlich erscheinende Anzahl von 36 Spathen aus 136 Männergräbern erklärt sich aus der vorwiegend späten Zeitstellung des Gräberfeldes. Anhand der Griffgestaltung lassen sich drei Spathatypen unterscheiden, nämlich solche mit kleinem Knauf und nicht erhaltenen, demnach hölzernen oder beinernen Griffplatten, solche mit Griffplatten und Nieten zur Befestigung organischer Auflagen sowie solche mit massiven Griffplatten und unmittelbar aufsitzendem Knauf.
Weitere häufiger in Kirchheim belegte Grabbeigaben sind Sax, Lanze und Schild. In dem Separatfriedhof im Südosten des Gräberfeldes waren Reiterkrieger bestattet, wie Sporen und Steigbügel, aber auch das Vorkommen von vier Pferdegräbern zeigen.
Im Grab 363 wurden einige wenige Lamellen eines Panzerharnischs gefunden, wie er besser erhalten auch im Grab 12a des alamannischen Bestattungsplatzes von Niederstotzingen zutage trat. Experimentelle Untersuchungen der letzten Jahre haben gezeigt, dass diese in der zweiten Hälfte des 6. Jahrhunderts von den Awaren aus Ungarn übernommene Panzerung ihren Träger effektiv vor Pfeiltreffern zu schützen vermochte.

Verwandtschaftsbeziehungen

Im Rahmen einer im Jahr 2000 veröffentlichten molekularbiologischen Studie konnten bei einigen Gräbern aus Kirchheim anhand von DNA-Analysen an Skelettproben Verwandtschaftsbeziehungen zwischen den Bestatteten ermittelt werden. Demnach war die Frau aus Grab 279 mit signifikanter Wahrscheinlichkeit die Mutter des Kindes aus Grab 286. Mütterlicherseits verwandt waren mit hoher Wahrscheinlichkeit die in den Gräbern 81, 87, 88, 282 und 289 Bestatteten, ohne dass sich im jeweiligen Fall der Verwandtschaftsgrad, wie etwa Bruder, Schwester, Cousin, Cousine, Tante, Nichte oder Ähnliches, genauer bestimmen lässt. Zusammen mit der Untersuchung dreier alamannischer Skelette aus Niederstotzingen handelt es sich um die ersten erfolgreichen DNA-Analysen an alamannischen Skelettresten.

133 Goldener Daumenring der „Dame von Kirchheim" mit eingelegtem Amethyst (Grab 326).

Die Alamannen im Ries

Grundlage des Reichtums der in Kirchheim Bestatteten waren offensichtlich die fruchtbaren Böden des Rieses und der damit verbundene große Grundbesitz der führenden Geschlechter. Zu allen Zeiten war das Ries als Kornkammer berühmt, denn im Gegensatz zum umgebenden Juragestein findet sich hier eine geschlossene Lössschicht mit daraufliegendem Humus von 1,00 bis 1,50 m Mächtigkeit. Die Karte der alamannischen Reihengräberfelder zeigt eine Häufung der Fundstellen um Kirchheim. So wurden unweit nördlich auf halbem Weg nach Dirgenheim zwei etwa 250 m voneinander entfernt liegende Friedhöfe angeschnitten. Etwa 2 km südlich des Ortes liegt der Goldberg, der schon 1000 Jahre früher während der Hallstattzeit dicht besiedelt war, von dem aber auch alamannische Siedlungsreste vorliegen. Diese werden entweder als Hinweise auf eine Höhenburg als Wohnsitz eines Gefolgsherrn oder auf eine Fluchtburg der Bevölkerung der umliegenden Dörfer gedeutet. Ein weiterer Hinweis, dass das Ries zur Zeit der Alamannen dicht besiedelt war, sind die zahlreichen -ingen- und -heim-Orte in diesem Raum.

Literatur
Becker/Riesch 2002; Neuffer 1970; Neuffer-Müller 1983; Stork 2001a; Zeller 2000.

Tracht und Bewaffnung der Alamannen

ANDREAS GUT

Was Archäologen von der Festtagstracht finden

Von der Grabausstattung der in der Regel in ihrer Festtagstracht bestatteten alamannischen Bevölkerung können die Archäologen nur die Teile erforschen, die die Jahrhunderte im Boden überdauert haben. Dies sind in erster Linie Grabbeigaben aus Metall (Eisen, Bronze, Silber, Gold), Bein, Keramik, Glas und einigen weiteren unvergänglichen Materialien. Da wir aus dieser Zeit über keine Bilddarstellungen verfügen, bleibt als einziger Weg, aus möglichst vielen Beobachtungen zur Lage der Beigaben am Skelett das Erscheinungsbild von Kleidung und Tracht im Wandel der Zeiten zu rekonstruieren. Dabei kommen manchmal glückliche Zufälle wie etwa die Feuchtbodenerhaltung von Textilien oder die Erhaltung von Textilresten, die an Metallobjekten wie Waffen und Fibeln (Gewandspangen) ankorrodiert sind, zu Hilfe, sodass gerade in jüngster Zeit unser Wissen über frühgeschichtliche Webtechniken, Stoffsorten und -qualitäten stark angewachsen ist.

Vom Peplos zur Tunika

Bei der Kleidung der Frauen kam es im 5. Jahrhundert zu einer einschneidenden Veränderung. Damals gaben die Alamanninnen wie auch die Angehörigen der anderen westgermanischen Stämme – Fränkinnen, Thüringerinnen und Langobardinnen – ihr traditionelles, seit Jahrhunderten gebräuchliches Hauptkleid auf. Bei diesem handelte es sich um ein röhrenförmiges, bis unter die Achseln emporgezogenes ärmelloses Gewand, das dem griechischen Peplos entsprach und über den Schultern mit zwei Fibeln – bei weniger wohlhabenden Trägerinnen auch durch Verschlüsse aus organischem Material – zusammengehalten wurde. An dessen Stelle trat nun die im Mittelmeerraum schon seit Langem übliche Tunika, ein zusammengenähtes, bis auf einen Halsausschnitt geschlossenes Kleid mit angewebten oder angenähten Ärmeln. Aus dieser Zeit sind nur wenige Kleidungsreste überliefert wie etwa die Fragmente der Tunika der Äbtissin Bertille von Chelles in Frankreich, die 704 verstarb. Dieses kurzärmlige Kleidungsstück – die Ärmel reichten sicher nicht über den Ellbogen der Trägerin hinaus – war aus brauner Seide in Leinwandbindung gefertigt und am Handgelenk mit einer gelb, rot und schwarzbraun gemusterten Borte versehen, die in der sog. Brettchenwebtechnik hergestellt worden war.

Kleinfibeln, Bügelfibeln, Scheibenfibeln – Schmuck der Frauen

Fibeln dienten nicht nur als Kleiderverschluss und Schmuck, sondern waren offensichtlich ein Standesabzeichen der alamannischen Frau. Bis in die Mitte des 6. Jahrhunderts waren vier Fibeln üblich: zwei Kleinfibeln (oft Vogel- oder S-Fibeln) in der oberen Körperhälfte, die den

134 Miniaturen aus dem Stuttgarter Psalter des frühen 9. Jahrhunderts mit Scheibenfibeln, kurzärmligen Tuniken, Hemden, Mänteln und Schleiern sowie brettchengewebten Zierborten.

135 Die ganze Kunst frühmittelalterlicher Goldschmiede zeigt diese Scheibenfibel mit Filigranverzierung und Glaseinlagen des 7. Jahrhunderts aus Heidenheim. Sie stammt aus der Werkstatt des „Wittislinger Meisters", die sich nach den Funden im ostwürttembergisch-bayerischen Grenzgebiet lokalisieren lässt.

136 Silberne Pressblechfibel des 7. Jahrhunderts aus Kirchheim a. Ries, Grab 208, mit der Darstellung zweier Engel mit einem Kreuzstab, bei dem es sich wohl um ein kirchliches Vortragekreuz handelt.

Halsausschnitt des Untergewandes zusammenhielten, und zwei Bügelfibeln, die offenbar an einer um die Hüfte geschwungenen Schärpe befestigt waren und den Rock oder das Untergewand unterhalb der Taille verschlossen. Die Fibeln sind in der Regel aus Silber gearbeitet und feuervergoldet. Daneben gibt es Fibeln mit farbigen Einlagen aus Granat und buntem Glas.

Im 7. Jahrhundert kamen runde Goldscheibenfibeln in Mode, die häufig Einlagen – zum Beispiel Granateinlagen in der sog. Cloisonnétechnik – aufweisen. Des Weiteren umfasst das Repertoire Exemplare, die ein reines, ungefülltes Zellwerk aus Goldstegen zeigen, oder solche, die aus filigranverziertem Goldblech hergestellt wurden. Alle diese späten Scheibenfibeln wurden einzeln in Brusthöhe getragen und hielten dort das Gewand (einen Umhang oder Mantel) zusammen, wie auf Bilddarstellungen im Stuttgarter Psalter aus dem frühen 9. Jahrhundert gut zu erkennen ist.

Später kamen einfachere Exemplare, oft mit verzierter Pressblechauflage aus Silber oder Bronze, hinzu. Eine ungewöhnliche Silberfibel aus Grab 208 von Kirchheim a. Ries zeigt zwei Engel zu beiden Seiten eines mit einem Kreuz geschmückten Stabes; die Form des Kreuzes entspricht dabei ziemlich genau der großen Kreuzfibel aus Lauchheim „Mittelhofen" Grab 24.

Perlen, Amulette und Tigermuscheln

Zur typischen Frauentracht der Zeit ab 500 gehörten auch Haarpfeile aus Bronze oder Eisen sowie Amulettgehänge, die vom Gürtel herabhingen und unten meist mit einer durchbrochenen Zierscheibe aus Bronze abschlossen. An ihnen wurden außer Gebrauchsgerät wie Messer, Kamm und Schlüssel zahlreiche

137 Goldene Kreuzfibel der Zeit um 700 aus Lauchheim „Mittelhofen", Grab 24, zusammen mit weiterem Schmuck der hier bestatteten Frau.

Schmuck- und Amulettanhänger getragen. Als Fruchtbarkeitsamulett sind die exotischen Tigermuscheln zu deuten. Farbenprächtige Perlen zierten, soweit sie nicht zu Halsketten gehören, in Form von Perlengehängen den Hüftbereich oder die Beine.

Gut erhalten – die Kleidung der Königin Arnegunde

Über die Kleidung der Alamanninnen gibt uns das Grab der fränkischen Königin Arnegunde Aufschluss, die um 580 in der Kirche St. Denis nördlich von Paris bestattet wurde und in deren Grab sich umfangreiche Gewebereste erhalten haben. Ihre Kleidung bestand aus mindestens sieben Teilen:
– einem Kopfputz, wohl einer Haube, die nur anhand zweier Kugelkopfnadeln zu erschließen ist
– einem Schleier aus Seide, der bis auf die Hüften reichte und den vermutlich eine große Nadel zusammenhielt, die auf der Brust gefunden wurde
– einem Mantel aus leinengefütterter Seide mit langen, weiten Ärmeln, der vorne offen und mit zwei Granatscheibenfibeln am Hals und auf der Brust sowie mit einem geknoteten Ledergürtel an den Hüften verschlossen war
– einem tunikaartigen Kleid aus Seide mit vermutlich kurzen Ärmeln, das offenbar kurz unter dem Knie endete und mit einem Gürtel mit prachtvoller Gürtelschnalle versehen war
– einem Hemd oder einer „Untertunika" aus feiner Wolle als unterster Schicht
– Resten wollener Strümpfe, die von ledernen Strumpfbändern mit Metallbeschlägen gehalten wurden
– Lederschuhen mit Verschlussgarnituren aus Metall.

Leinen, Wolle, Brennnessel, Hanf, Ginster, Stroh – die Stoffe

Flachs spielte unter den pflanzlichen Rohstoffen zur Textilherstellung die größte Rolle. Schon in der Jungsteinzeit verwendet, war er seitdem die gebräuchlichste

138 a/b Kleidung der um das Jahr 580 gestorbenen fränkischen Königin Arnegunde, links mit Mantel und Schleier, rechts ohne.

Faser nördlich der Alpen. Raufen, Rösten, Dörren, Brechen (Knicken), Schwingen und Hecheln sind die nötigen Arbeitsschritte, um die Flachsfaser zu feinem Leinengarn verspinnen zu können. Die Glätte der Fasern sorgt dafür, dass Leinen nur wenig Schmutz aufnimmt. Ein Hinweis auf die Leinenweberei bei den Alamannen sind die zahlreichen in den Boden eingetieften Webhütten (Grubenhäuser), denn beim Leinenweben kommt es darauf an, dass feuchte Bedingungen herrschen, um ein Abreißen des Fadens zu verhindern.

Seit alters her bildete die Schafzucht die Grundlage für eine ausgeprägte Textilproduktion. Nach textilkundlichen Untersuchungen war die mittelalterliche Wolle vorwiegend von einem einfachen, feinen Typ. Schon damals lieferten Schafe, die den heutigen Heidschafen und Marschschafen ähnelten, das Gros der Wolle; um 700 brachten die Mauren auch die berühmten Merinoschafe auf die Iberische Halbinsel, die aber von dort nicht ausgeführt werden durften. Die immer wieder in alamannischen Gräbern gefundenen Wollreste lassen vor allem

139 Die rekonstruierte Webhütte im Alamannenmuseum Ellwangen gibt eine anschauliche Vorstellung vom ursprünglichen Aussehen der Grubenhäuser, die in vielen frühmittelalterlichen Siedlungsbereichen zutage traten.

im Bereich der Ostalb und der angrenzenden Donauniederung um Günzburg ein alamannisches Wollzentrum vermuten.
Auch Brennnesselstoff war im frühen Mittelalter geläufig; heute ist er dagegen eine Rarität und wird nur noch in Nepal hergestellt. Ähnlich wie Brennnessel eignet sich auch Hanf zur Herstellung von Kleiderstoffen; in begrenztem Maße sind aber auch Stoffe aus Ginster, Stroh, Lindenbast, Weidenfasern und anderen Pflanzenfasern für das frühe Mittelalter anzunehmen.

Farbenfrohe Kleider dank Krappwurzel und Waid

Das Alizarin aus der Krappwurzel *(Rubia tinctorum L.)* ist ein Universalmittel in der Färbeküche. Es ist als Färberröte bekannt und war im frühen Mittelalter der gebräuchlichste Farbstoff, der je nach Beize die Stoffe zwischen Backsteinrot über Ziegelrot, Türkischrot bis Rotbraun färbte. Vermischt mit verschiedenen gelbfärbenden Pflanzen ergeben sich besonders leuchtende und farbechte Töne von Orange.

gewandelt. Anschließend kann gefärbt werden. Die Färbelösung ist gelblich grün; auch die gefärbte Faser ist zunächst gelblich grün und wird erst durch den Sauerstoff an der Luft langsam blau.

Die Kleidung der Männer

Obwohl zeitgenössische Textilfunde noch ausstehen, lassen bildliche Zeugnisse wie die des Stuttgarter Psalters aus dem frühen 9. Jahrhundert den Schluss zu, dass die alamannischen Männer ab der Zeit um 500 mit Sicherheit Hosen und darüber die Tunika trugen. Bereits in der Frühzeit wurden Germanen in römischen Bilddarstellungen mit Hosen bekleidet wiedergegeben. Die Tunika schmückte ein Leibgurt, an dem auf dem Rücken eine Tasche befestigt war, in der man Feuerzeug, Messer, Ahlen, Schere, aber auch Altmetall aufbewahrte.

Wurmbunte Klingen – die Schwerter

Die Schwerter des frühen Mittelalters waren zu ihrer Zeit „Berühmtheiten", die mit Namen versehen wurden und um die sich Legenden rankten. Vor allem Elastizität und Schärfe dieser Waffen wurden bewundert. So wurden damaszierte Schwerter, die lagenweise aus hartem Stahl und weichem Eisen zusammengesetzt sind, oft mit zubeißenden Schlangen verglichen oder ihre Klingen als mit sich kräuselndem Gewürm bedeckt beschrieben; im Frühmittelalter wurden sie folglich auch als „wurmbunt" bezeichnet. Neben solchen Prachtstücken trug der einfache Mann einen Sax, das einschneidige Schwert, das an der linken Hüfte vom Leibgurt herabhing. Vornehmer und sicher kostbarer war das zweischneidige Schwert, die Spatha, die je-

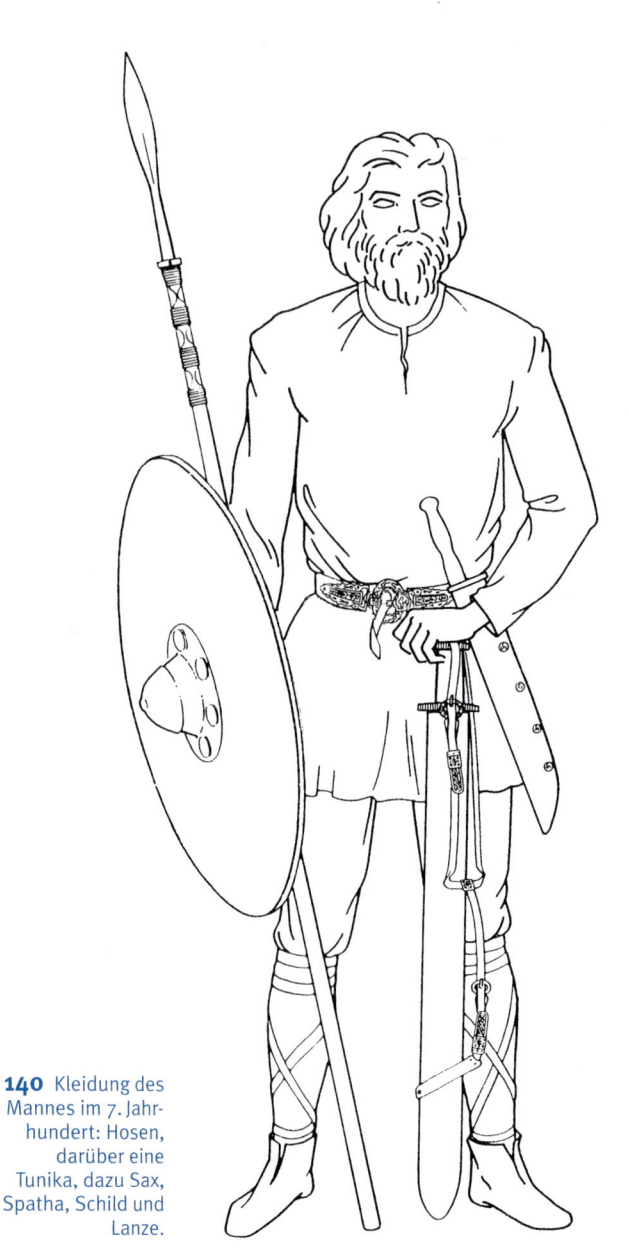

140 Kleidung des Mannes im 7. Jahrhundert: Hosen, darüber eine Tunika, dazu Sax, Spatha, Schild und Lanze.

Blautöne wurden im frühen Mittelalter besonders gern gesehen – man denke nur an den blau eingefärbten Mantel Karls des Großen oder den in Norddeutschland gefundenen Thorsberger Mantel. Zur Gewinnung des Indigofarbtons wurde in Mitteleuropa vor allem Waid *(Isatis tinctoria L.)* verwendet. Das in der Pflanze enthaltene und zunächst farblose Indican wird extrahiert und mithilfe eines Gärprozesses zu Indoxyl umder Reiter trug, mit der aber in der Regel nicht zu Pferde, sondern zusammen mit dem Schild zu Fuß gefochten wurde.

Waffen und Waffengürtel

Weitere Waffen, die wir in großer Zahl kennen, sind verschiedene Lanzen und Wurfspeere, daneben Pfeil und Bogen, von denen aber meist nur eiserne Pfeilspitzen erhalten geblieben sind. Zu den typischen Grabbeigaben der Männer gehören die teils kunstvoll verzierten Waffengürtel. Im 6. Jahrhundert bestand die Verzierung aus drei Teilen: der Gürtelschnalle, dem in gleicher Weise gearbeiteten Gegenbeschlag und einem Gürtelbeschlag, an dem eine Gürteltasche im Rücken des Trägers befestigt war. Häufig sind diese Beschläge aus Eisen und mit feinen Einlagen aus Silberdraht in der Technik der sog. Tauschierung verziert. Vielfach wurden verschlungene Flechtbandmuster verwendet, bei denen die Vorstellung von Schlangenkörpern Pate stand.

Ganz anders sehen dagegen die vielteiligen Gürtel des 7. Jahrhunderts aus, bei denen zahlreiche Nebenriemen vom Hauptriemen herabhingen und auf diese Weise einen gewissen Schutz vor Schwerthieben boten. Diese Form ging auf mediterrane Männergürtel zurück. Sie wurde von den Langobarden nach ihrem Einzug in Italien (568) übernommen und über die Alpen an die Alamannen weitervermittelt, wie zahlreiche Beispiele von der Ostalb wie in Lauchheim oder Niederstotzingen zeigen. Im Westteil des Alamannengebietes, in Baden und der Nordschweiz, wurden dagegen die älteren Formen fast unverändert beibehalten. Schon 1966 hat Rainer Christlein anhand der Männergürtel der Alamannen, ausgehend vom Gräberfeld von Marktoberdorf in Bayerisch Schwaben, eine Chronologie der alamannischen Männergräber vorgelegt, die bis heute grundlegend geblieben ist.

Literatur
Banck-Burgess 1997; Christlein 1991; Kania 2010; Martin 1997a; Menghin 1983.

Ein Volk der Alamannen?
Vom Wandel archäologischer Perspektiven

SEBASTIAN BRATHER

Alamannenforschung im 19. Jahrhundert

Im 3. Jahrhundert wurden Alamannen erstmals erwähnt. Ob es sich bei der frühesten Nennung 213 um eine spätere Verbesserung handelt und die tatsächlich älteste Nachricht dann erst aus den 280er Jahren stammt, ist noch immer umstritten. Zur gleichen Zeit wurden auch Franken von den Römern als eigene Gruppe wahrgenommen. Beide Namen lösten damit die ältere Bezeichnung „Germanen" ab; sie benannten nun Bevölkerungsgruppen, die östlich der Provinzen *Germania superior* und *inferior* siedelten.

Gab es diese Namen in Textquellen, so lag im 19. Jahrhundert die Frage nahe, wo denn diese Alamannen gelebt hatten. Man konnte sich vor 100 und 150 Jahren (wie manchmal auch heute noch) die vergangene Welt nicht anders als die modernen Nationalstaaten vorstellen. So suchte man – ungeachtet der tief greifenden Veränderung in der Zwischenzeit von fast 1500 Jahren – unbefangen nach den eigenen, „nationalen" Vorfahren. Man setzte ein fest umrissenes Siedlungsgebiet ebenso voraus wie eine weitgehende kulturelle Homogenität der Bevölkerung – mit einheitlicher Sachkultur, Sprache und Verhalten. „Fremde" sollten sich dementsprechend durch ihre abweichende Kultur zu erkennen geben, stammten sie doch angeblich aus einer ebenso homogenen Nachbarregion. Waren die Alamannen vielleicht noch kein „Volk" gewesen, so doch sicher ein „Stamm". Diese Überzeugungen teilten Historiker, Volkskundler und Altertumsforscher.

Bevor man Alamannisches unter den Bodenfunden identifizieren konnte, musste deren zeitliche Einordnung geklärt werden. Während der ersten Hälfte des 19. Jahrhunderts stritt man noch darum, ob es sich bei Körpergräbern (des frühen Mittelalters, wie wir heute wissen) um jene der „alten Deutschen" (so Karl Wilhelmi) oder um solche der Kelten (so Heinrich Schreiber) handelte. Um 1850 setzte sich die Auffassung Wilhelmis durch, wozu die Veröffentlichung des beim rheinhessischen Selzen ausgegrabenen Reihengräberfeldes wesentlich beitrug. Über die gängigen „nationellen Bestimmungen" spotteten die Autoren, die Brüder Lindenschmit, auch wenn sie es selbst ernst meinten: Man hätte sich etwa beim historischen Verein von Schwaben in Neuburg dafür entschieden, dass auf dem Reihengräberfeld von Nordendorf „ein Theil der dortigen Todten als Römer, ein anderer Theil [...] als keltische Ureinwohner (?) und ein dritter Theil [...] als alemannische Sieger möchten betrachtet werden können"; „auch noch für slavische Gäste unter den geduldigen Todten" hätte sich wohl Raum finden lassen (Abb. 141).

Über die geografische Abgrenzung der *Alamannia* machte man sich kaum weitere Gedanken: Alles, was im Südwesten Deutschlands einschließlich des Elsass sowie in der nordwestlichen Schweiz aus dieser Zeit gefunden wurde, galt als alamannisch; an Mittel- und Niederrhein sprach man ebenso selbstverständlich von Franken. Zahlreiche lokale und regionale Geschichts- und Altertumsvereine engagierten sich seit den 1830er Jahren bei „Ausgrabungen" frühmittelalterlicher Reihengräberfelder – etwa in Sinsheim, Ebringen und Oberflacht. Die vielen Grabbeigaben faszinierten die interessierte Öffentlichkeit, noch dazu, wenn sie so aufwendig wie die Funde von Gammertingen (1905) publiziert wurden.

„Tracht", Herkunft und Reihengräberfelder

Seit den 1920er Jahren begann man nach Argumenten dafür zu suchen, wie Alamannen von Franken zu unterscheiden wären. Es bedurfte nun mehr als nur des einfachen geografischen Arguments – auch deshalb, weil anscheinend „fränkische" Funde im Südwesten gefunden worden waren. Ließ sich also mithilfe archäologischer Funde das Siedlungsgebiet der Alamannen genauer erfassen? Gestützt auf volkskundliche Überlegungen, entwickelte Hans Zeiß das Modell der „Tracht". Die Kleidung des frühen Mittelalters sei für die „Stämme" jeweils charakteristisch gewesen – sie hätte „das allen Volksgenossen gemeinsame Gewand" dargestellt. Wegen der seltenen Erhaltung von Textilien stützte man sich seitens der Archäologie auf die metallenen Bestandteile der Kleidung. Sie wären nie gehandelt worden (gab es nicht weitere Alternativen?), sondern strikt personengebunden und „stammestypisch". Mit diesem Argument fiel es nicht schwer, „fremd" erscheinende Fibeln etwa mit der Herkunft der Frau zu erklären, in deren Grab sie gefunden worden waren. Wo „alamannische" Fibeln häufig vorkamen, hätten Alamannen gelebt, und wo sie nur vereinzelt entdeckt wurden, dorthin wären Ala-

mann(in)en gezogen (Abb. 142). Was man dabei nicht außer Acht lassen darf: Erst Archäologen haben definiert, was eine „alamannische" Fibel sei.
Wanderungshypothesen wurden schon im 19. Jahrhundert aufgestellt, wenn es um die Frage ging, woher die Alamannen kamen. Dass sie nicht schon immer dort ansässig gewesen waren, wo sie seit dem 3. Jahrhundert den Römern auffielen, ergab sich daraus, dass sie das gesamte rechtsrheinische, ehemals römische Gebiet besiedelten. Der Vergleich mit Keramikgefäßen und Fibelformen zeigt große Ähnlichkeiten mit dem Raum an der mittleren Elbe. Daraus ergab sich rasch die These, die Alamannen seien von dorther eingewandert. Fertigte man Bilder an, um diesen „Zug" zu illustrieren, dann zeichnete man lange Trecks

141 Titelblatt der Publikation über das Reihengräberfeld von Selzen (1848). Die Datierung – und damit auch die Zuweisung an eine fränkische Bevölkerung – wurde demonstrativ hervorgehoben.

142 Alamanninen im Exil? Das Vorkommen „alamannischer" Bügelfibeln lässt sich einfacher mit Kommunikation über die Alpen hinweg erklären.

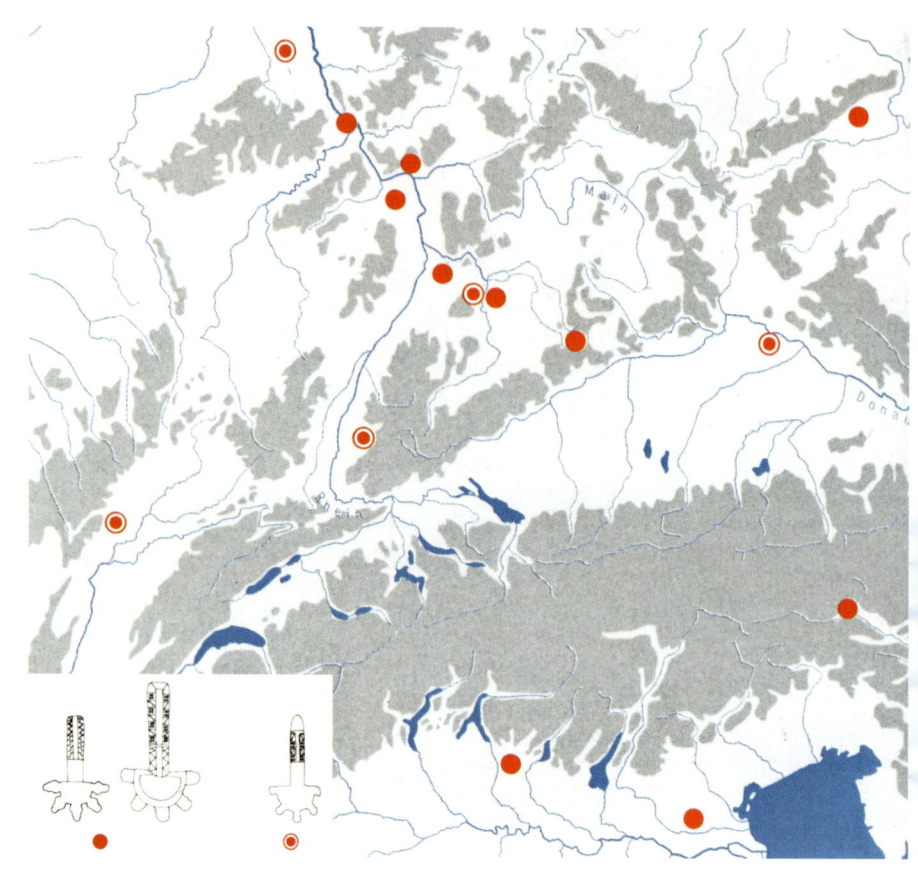

von Planwagen, die mit Kind und Kegel durch die Lande zogen (Abb. 143). Auch für andere „Völkerwanderungen" gibt es diese Bilder, ohne dass sich ihr exaktes Vorbild – Siedlertrecks in den nordamerikanischen Westen? – bislang hat feststellen lassen. Davon abgesehen wanderten in der Spätantike entgegen einer weitverbreiteten Vorstellung keine „Völker" (die es damals im modernen Sinn noch gar nicht gab); es waren meist bunt zusammengewürfelte Gruppen von Menschen unterwegs, wie viele zeitgenössische Beobachter feststellten. Allerdings trugen oder erhielten sie *einen* möglichst prestigeträchtigen Namen, der das einigende Band darstellte sowie die kulturelle und soziale Vielfalt überdeckte.

Die Alamannen wanderten also nicht aus anderen Regionen ein, sondern bildeten sich erst in Südwestdeutschland – unter den Augen der Römer. Dort fanden Menschen ganz unterschiedlicher Herkunft zueinander, und aus ihnen wurden im Laufe der Zeit – und nicht ohne römischen Einfluss – Alamannen. Da gleiche Funde auch gleich*zeitig* sein müssen, belegen die Parallelen nach Mecklenburg, Mitteldeutschland und Böhmen keine Wanderungsbewegung, sondern einen Austausch zwischen den Regionen (Abb. 144). Er fand offenbar im Anschluss an die Bevölkerungsverschiebungen statt und bezeugt vielmehr wechselseitige Beziehungen zwischen Mittel- und Südwestdeutschland im 4. und 5. Jahrhundert. Ebenso wie nach Norden lassen sich Beziehungen nach Osten entlang der oberen Donau feststellen, ohne dass damit immer gleich ein „ostgermanischer" Zuzug verbunden war.

Ein Blick auf die Verbreitung der frühen merowingerzeitlichen Reihengräberfelder zeigt, dass sie ausschließlich diesseits des Limes angelegt wurden, auf ehemals römischem Gebiet. Das ist umso erstaunlicher, als die römische Administration das Dekumatland bereits im 3. Jahrhundert aufgegeben hatte. Dennoch muss es eine Traditionslinie zur Römerzeit gegeben haben, sonst wäre dieser Zusammenhang nicht zu erklären. Deshalb handelt es sich bei diesen Friedhöfen nicht um „germanische" Bestattungsplätze, sondern um frühmittelalterliche. Ihre Kennzeichen lassen sich auf die spätantike Situation entlang der Peripherien des Römerreiches zurückführen:
– Die Körperbestattung setzte sich im Westen des Imperiums im 3. Jahrhundert durch und strahlte auf die Regionen östlich der Grenzen aus.
– Die West-Ost-Ausrichtung der Gräber beruhte auf religiösen Vorstellungen der Spätantike, jedoch nicht speziell des christlichen Glaubens.
– Waffen in Männergräbern kamen im Westen auf, nicht außerhalb des Reiches, und sie lassen sich nicht auf wenige Waffenbeigaben in Ostmitteleuropa beziehen.
– Auch das Vorbild der mit vier Fibeln geschmückten Kleidung wurde nicht aus der *Germania* importiert, sondern ist mediterranen Ursprungs.
Die aufwendige Kleidung war nicht „barbarisch" (oder auch „germanisch"); sie wurde lediglich von Angehörigen der traditionellen Elite als solche disqualifiziert, um sich doch noch gegen ihre neue, aus militärischem Milieu sich rekrutierende Konkurrenz durchzusetzen.

143 „Völkerwanderung" der Alamannen. In einem langen Treck ziehen die Familien mit Hausrat und Vieh in das von den Römern verlassene Land, vorbei an den noch rauchenden Ruinen (Schulbuchillustration um 1970).

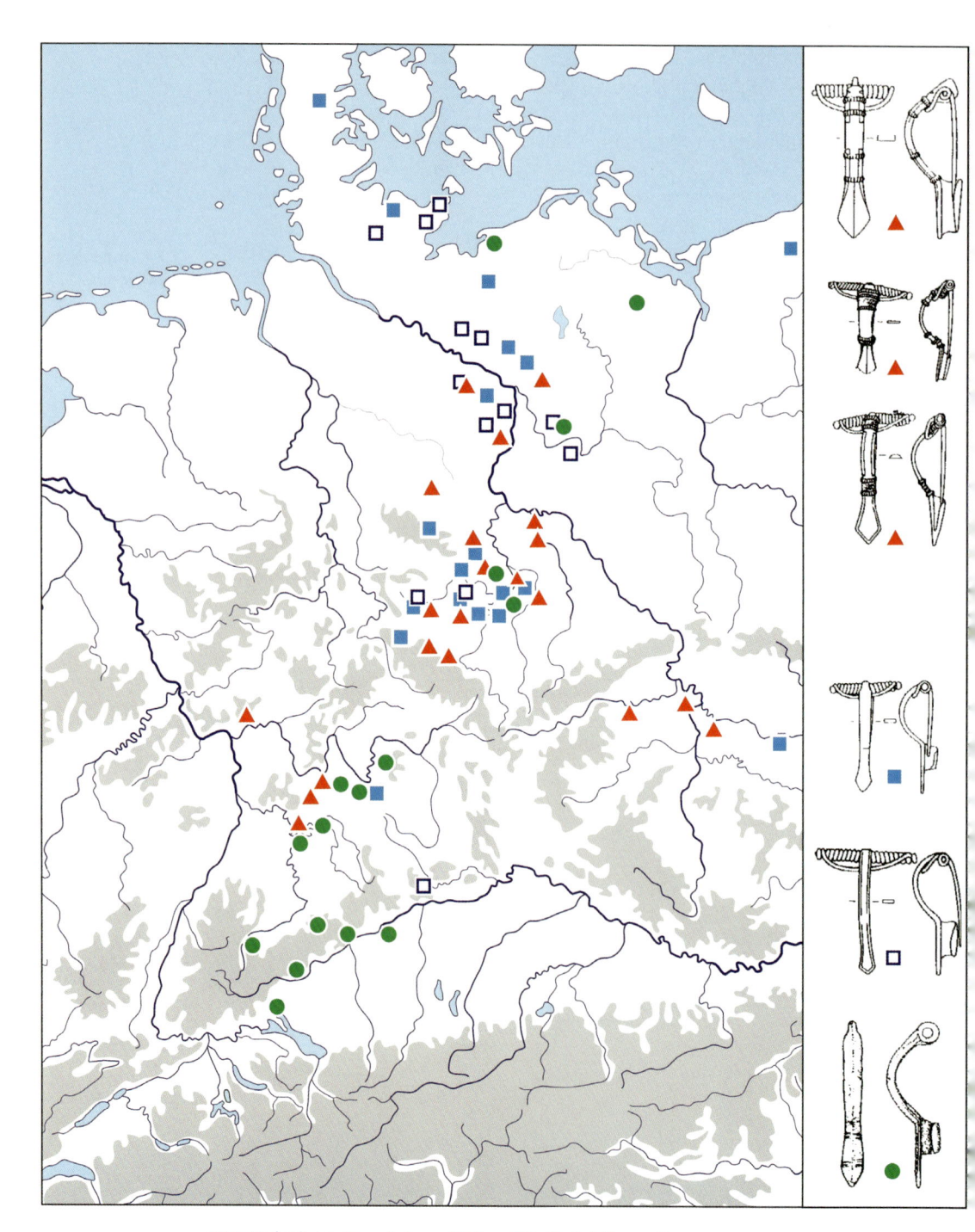

144 Verbreitung jüngerkaiserzeitlicher „Elbefibeln" (Typen Almgren 174–176). Die Karte zeigt einen Austausch zwischen Nordost- und Südwestdeutschland und Böhmen (nach H. Steuer).

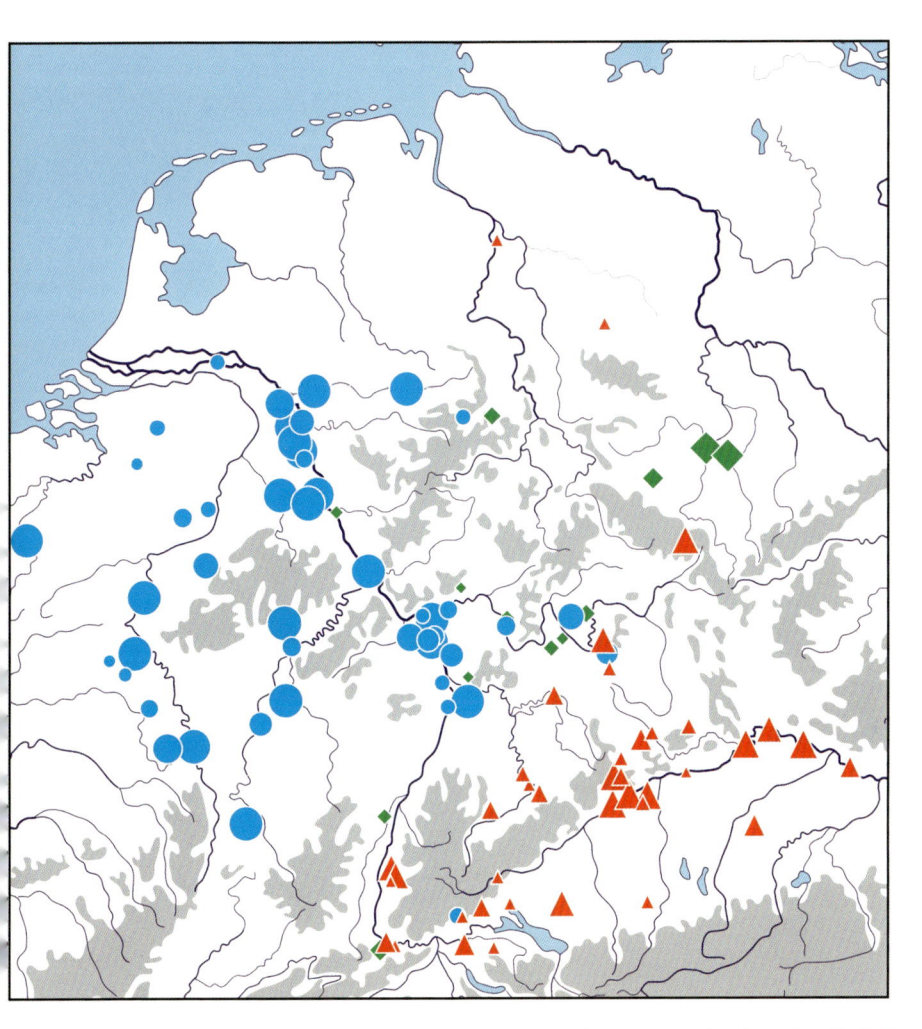

145 Regionale Gruppen anhand von Gefäßbeigaben im 6. Jahrhundert.
● „Kulturmodell West", ▲ „Kulturmodell Süd", ♦ „Kulturmodell Ost".
Die Größe der Signatur verdeutlicht, wie nah das jeweilige Gräberfeld dem Idealmodell kommt (nach F. Siegmund, verändert).

Bestattungen und frühmittelalterliche Identitäten

Warum gingen die Bevölkerungen von Nordgallien bis an die mittlere Donau zu dieser Form der Bestattung über? Die immer umfangreicheren Grabausstattungen konnten nur dann Wirkung entfalten, wenn sie von vielen gesehen wurden. Sie dürften also „öffentlich" vorgeführt worden sein, bevor sie mit der oder dem Toten beerdigt wurden. Offenbar wurde soziale Repräsentation innerhalb lokaler Gemeinschaften immer wichtiger. Das wiederum hatte seinen Grund darin, dass sich das Römische Reich insgesamt in seine Teile auflöste und damit regionalisierte. Bisherige soziale Repräsentationsformen – auf das Imperium zielend – verloren ihren Sinn. An ihre Stelle mussten neue Formen der Selbstdarstellung treten, und man entdeckte anscheinend die Bestattung als eine geeignete „Bühne".

Damit wird der Blick zurück auf Identitäten gelenkt, das heißt auf das Selbstverständnis Einzelner und ebenso dasjenige sozialer Gruppen. Im 19. und 20. Jahrhundert dachte man dabei vor allem an eine nationale oder für frühere

146 Beteiligte an einer Bestattung. Im Zuge von Ritualen wird ein idealisiertes Bild des Verstorbenen gezeichnet, das die Angehörigen vor der Nachbarschaft entwerfen.

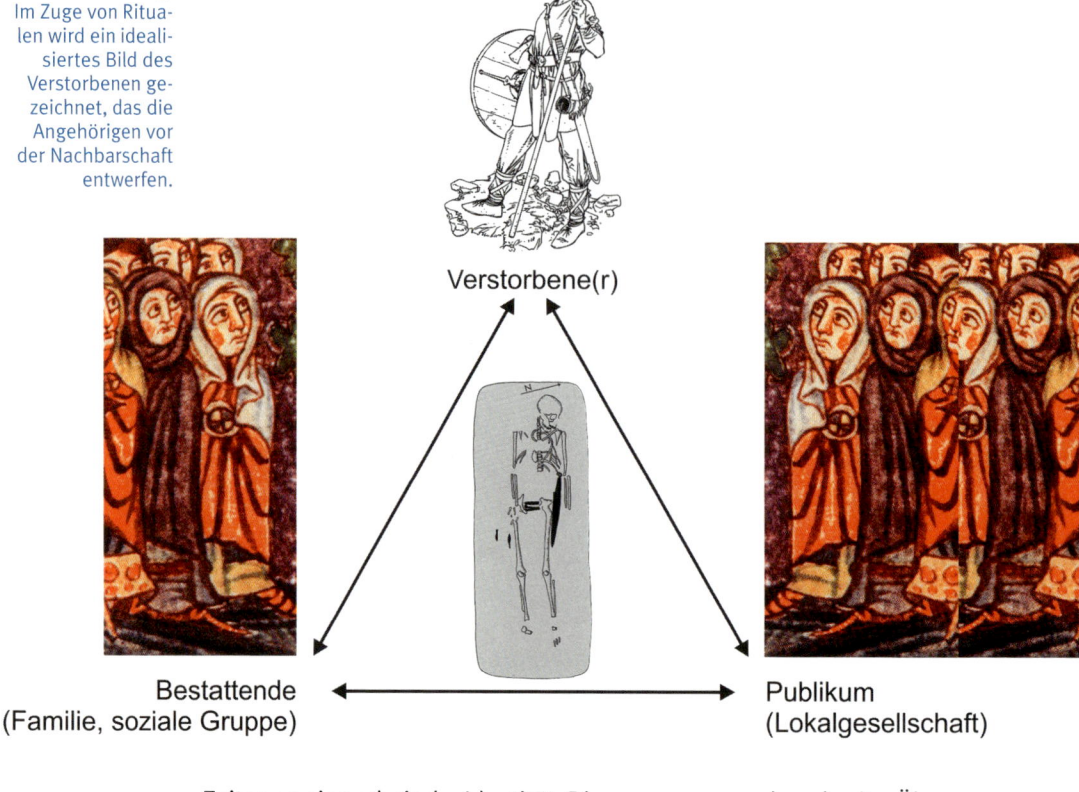

Verstorbene(r)

Bestattende
(Familie, soziale Gruppe)

Publikum
(Lokalgesellschaft)

Zeiten an eine ethnische Identität. Diese habe – ebenso wie die moderne „Vaterlandsliebe" – die wichtigste gesellschaftliche Zugehörigkeit widergespiegelt. Daran sind grundlegende Zweifel angebracht. Anhand der Schriftquellen lässt sich die Vorstellung von einer „Einheit" der frühmittelalterlichen Alamannen nicht bestätigen. Vielmehr zeigen gerade die zahlreichen „Siege", die fränkische Heere über Alamannen errangen, dass es keine zentrale Führung gab – stattdessen viele „Kleinkönige" mit eigenen Zielen. Archäologische Untersuchungen kommen zum gleichen Ergebnis. Die *Alamannia* ist durch zahlreiche kleinregionale Varianten gekennzeichnet, womit mehr als allein Unterschiede zwischen Oberrheingebiet und Württemberg gemeint ist. Aufgrund dieser inneren Heterogenität gibt es auch keine scharfen Grenzen zu Nachbarräu-

men, sondern breite Übergangszonen (Abb. 145).
Für die meisten Alamannen spielte sich das alltägliche Leben in überschaubaren Grenzen ab; der Horizont reichte – von einer Elite abgesehen – nicht an die Grenzen der *Alamannia*. Es kam daher vor allem auf Zuordnungen innerhalb dieses Horizonts an. Die Abgrenzung gegenüber Fremden konnte bei der Bestattung wenig Wirkung erzielen, da unter den Beteiligten kaum Auswärtige waren. Die Betonung von Differenzen innerhalb der Nachbarschaft stand daher an erster Stelle. Vergegenwärtigt man sich die Situation während der Bestattung einer oder eines Toten, so sind drei „Parteien" zu berücksichtigen (Abb. 146): zunächst die oder der Verstorbene, die oder der von den Angehörigen zu Grabe getragen wurde; dann die Familie, die die Bestattung ausricht-

tete; und schließlich die Nachbarschaft, die ebenfalls anwesend und einzubeziehen war.

Bei dieser Konstellation konnte sich kein „realistisches" Bild ergeben; alle Beteiligten dürften nach Beschönigung der tatsächlichen Verhältnisse gestrebt haben, nach etwas mehr Schein als Sein. Was sich aus den Grabausstattungen und dem Aufwand der Grabanlage ablesen lässt, sind deshalb idealisierte Vorstellungen – also ein Blick in die Geisteswelt des frühen Mittelalters. Dennoch gingen auch diese Vorstellungen von den Gegebenheiten aus und ermöglichen uns deshalb Einblicke in die Sozialstrukturen.

Identitäten, subjektive Zugehörigkeiten und Zuschreibungen, kennzeichnen alle sozialen Gruppen – und sie schaffen sie zugleich. Jedermann gehört zugleich verschiedenen Gruppen an; welche Zugehörigkeit jeweils hervorgehoben wird, hängt dabei von der Situation ab. Prinzipiell überschneiden sie sich vielfach und sind daher schwierig auseinanderzuhalten (Abb. 56). Besonders deutlich erscheinen die Identitäten der Geschlechter; die Ausstattung von Frauen- und Männergräbern unterschied sich beträchtlich – Schmuck und Kleidungsbestandteile einerseits, Gürtel und Waffen andererseits. Daneben gab es eine ganze Anzahl von Grabbeigaben, die Frauen

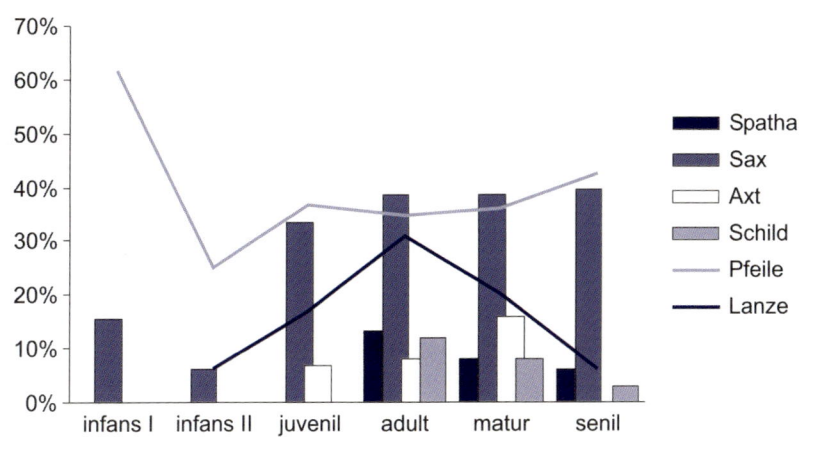

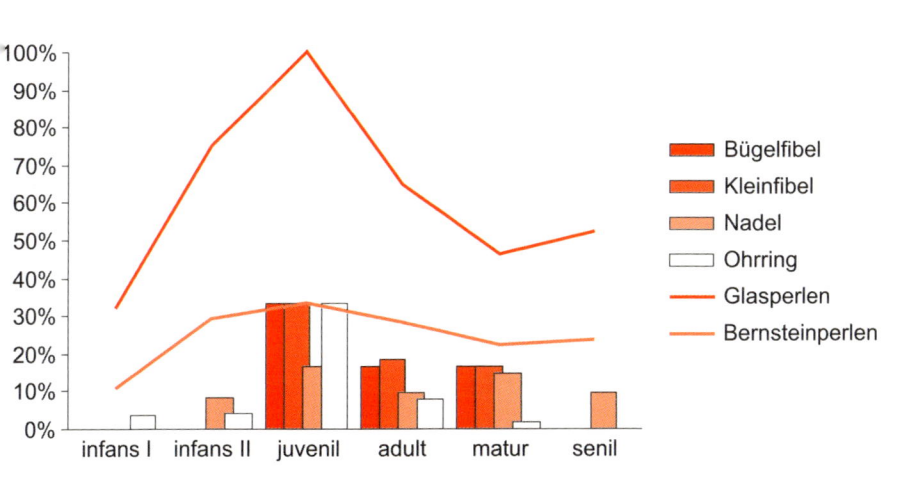

147 Pleidelsheim, Kr. Ludwigsburg. Schematisierte Abhängigkeit ausgewählter Grabbeigaben bei Männern (oben) und Frauen (unten) vom Sterbealter der Toten.

148 Wergeld – Totschlagsbuße – nach der *Lex Salica* und der *Lex Ribvaria*. Die hier schematisiert wiedergegebenen Summen in Goldmünzen berücksichtigen das Alter der zu Tode Gekommenen.

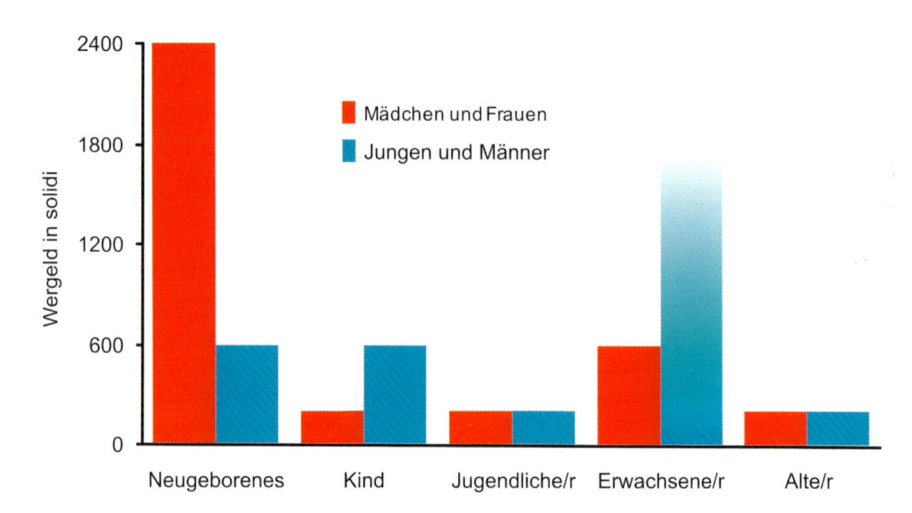

und Männer im Grab erhalten konnten – etwa Speise- und Gefäßbeigaben. Diese hinsichtlich des Geschlechts „neutralen" Gegenstände kennzeichneten dann Rangunterschiede, die sich prinzipiell am „Reichtum" der Grabausstattungen erkennen lassen, doch muss dabei das Alter viel stärker als bislang beachtet werden. Da das Lebensalter für soziale Rollen ebenso wichtig wie das Geschlecht war, dominierte es weitere Zuordnungen. Kinder und Alte wurden im Vergleich mit Erwachsenen mittleren Alters weniger umfangreich ausgestattet, weil Letztere die entscheidenden sozialen Positionen besetzten. Berücksichtigt man das Alter nicht, erkennt man nur scheinbar soziale Hierarchien (Abb. 147). Nicht das alamannische, aber das fränkische Recht kannte ein altersabhängiges Wergeld (eine im Tötungsfalle zu entrichtende Buße), mit dessen wechselnder Höhe sich die Grabausstattungen vergleichen lassen (Abb. 148).

Familien waren wichtig – und sind an Gräbergruppen auf Reihengräberfeldern zu erkennen, des Weiteren an separaten Grabgruppen und auf „Hofgrablegen", schließlich an „Mehrfachbestattungen". Biologisch sind Familien höchstens zur Hälfte verwandt, denn sie entstehen durch Heirat. Ähnliche Ausstattungen – etwa mit „thüringischen" Fibeln – spiegeln wohl nicht die familiäre Zusammengehörigkeit, sondern eher „aktuelle" Modetrends (hier des 6. Jahrhunderts) wider. Religiöse Zugehörigkeit wird weniger häufig vorgeführt; die hier zu nennenden Goldblattkreuze mögen angesichts ihres Materials aber wohl zunächst eine Elite charakterisieren. Von den vielen, angeblich „heidnischen" Amuletten wird manches magischen Praktiken gedient haben, die auch Christen guten Gewissens vollziehen konnten. Ob immer der „Glaube" der oder des Toten reflektiert wird, bleibt dahingestellt – die Hinterbliebenen mögen manchen Vorfahren posthum „christianisiert" haben.

Erstaunlich rar sind Hinweise auf „berufliche" Tätigkeiten. Selten gibt es Schmiedewerkzeuge in Männergräbern. Handelte es sich bei den Toten immer um Schmiede? Man mag daran zweifeln, wenn man auf landwirtschaftliche Geräte als Grabbeigabe schaut; diese kommen noch seltener vor, obwohl jedermann pflügte. Deshalb könnten diese Grabausstattungen mehr bedeuten, vielleicht die Verfügung über Grundbesitz oder über Handwerker.

Der Rechtsstatus – frei oder unfrei – lässt sich archäologisch nicht rekonstruieren;

er wird in der Grabausstattung durch soziale Konkurrenz vollkommen überlagert. Und individuelle Identität? Sie betrifft einerseits jedes Grab, indem ja eine Person beerdigt wurde; andererseits ist es nur selten möglich, jemanden anhand seines Namens zu identifizieren, indem etwa ein Schmuckstück mit einem Personennamen gefunden wird.
Regionale Identitäten ergaben sich aus Gewohnheiten und bewusster Unterscheidung. Betrachtet man nicht allein die wenigen, archäologisch definierten Fibel*typen*, sondern vor allem charakteristische Merkmale, dann zeigen sich weniger regionale Besonderheiten und Abgrenzungen als vielmehr überregionale Gemeinsamkeiten oder allgemein geteilte Modetrends innerhalb weitreichender Kommunikationsräume. Sie können am besten erklären, dass etwa „ostgotische" Fibeln, eine Münze aus Ravenna und Kleinfibeln nach westlichem Muster wie in Pleidelsheim, Grab 89, zusammen vorkommen. Und sie offenbaren, dass die *Alamannia* europaweit eingebunden und wie sehr sie in sich differenziert war. *Eine* alamannische Identität entwickelte sich erst mit der Etablierung eines karolingischen Herzogtums.

Literatur
Bierbrauer 2005; Brather 2004; Brather 2008a; Brather u.a. 2009a; Brather 2009b; Brather-Walter 2010; Drinkwater 2007; Fehr 2010; Fingerlin 1997b; Geuenich 2005; Koch 1997b; Rummel von 2007; Siegmund 2000; Steuer 1998; Theune 2004.

Christliche Glaubenswelt und frühe Kirchen
Die Alamannen und das Christentum

BARBARA SCHOLKMANN

Mit der Übernahme des Christentums vollzog sich bei den Alamannen ein tiefgreifender Wandel ihrer Glaubens- und Jenseitsvorstellungen und zugleich setzte damit ein kultureller Umbruch ein, an dessen Ende ihre vollständige politische und kirchliche Integration in das Fränkische Reich der Karolinger stand. Dieser Prozess, die daran beteiligten politischen Kräfte und Personen und die Entstehung kirchlicher Organisationsstrukturen sind in der schriftlichen Überlieferung nur spärlich dokumentiert. Im Niederschlag der materiellen Überreste lässt sich dagegen das Vordringen des christlichen Glaubens in seinem zeitlichen Ablauf und in den verschiedenen Regionen der *Alamannia* gut nachvollziehen.

Spätantikes Christentum

Nachdem Kaiser Konstantin im Toleranzedikt von Mailand im Jahr 313 n. Chr. die Duldung der christlichen Religion festgeschrieben hatte, konnte sich diese innerhalb der Grenzen des Römischen Reiches ausbreiten. Schriftlich belegt ist, dass im 4. Jahrhundert in Mainz, Worms, Speyer, Straßburg und Kaiseraugst bei Basel Bischöfe wirkten, für Augsburg ist dies ebenfalls anzunehmen. In den Teilen des späteren alamannischen Siedlungsgebietes, die innerhalb des spätrömischen Reiches lagen, links des Rheins und in der nördlichen Schweiz, entstanden christliche Gemeinden, doch scheint das kirchliche Leben bis zum Einfall der Alamannen weitgehend zum Erliegen gekommen zu sein. Im rechtsrheinischen Gebiet, das bereits im 3. Jahrhundert von den Römern aufgegeben worden war, sind keine Zeugnisse eines spätantiken Christentums nachweisbar, obwohl dort frühmittelalterliche Kirchen nicht selten auf römischen Ruinen errichtet wurden. Die Annahme, dass die unmittelbar vor der Porta Praetoria des Römerkastells in Aalen gelegene Kirche St. Johann als spätantik-frühchristliche Bau auf einem römischen Heiligtum errichtet worden und damit auf der Ostalb eine Kontinuität kirchlichen Lebens von der Spätantike bis ins Mittelalter belegt sei, ist durch neuere Grabungen widerlegt. Die Christianisierung bedeutete also auch hier, wie in allen Teilen der *Alamannia*, einen Neuanfang.

Die „Glaubensboten" und die Anfänge einer kirchlichen Organisation

Unter König Chlodwig begann um 500 der Übertritt der Franken zum christlichen Glauben. Eine danach einsetzende, von den fränkischen Herrschern betriebene oder unterstützte Christianisierung der Alamannen lässt sich jedoch nicht nachweisen, vielmehr berichtet der Chronist Agathias im 6. Jahrhundert noch von dem heidnischen Glauben der Alamannen. Im Spiegel der schriftlichen Überlieferung scheint vor allem seit der Wende vom 6. zum 7. Jahrhundert der alamannische Raum in die Einfluss-

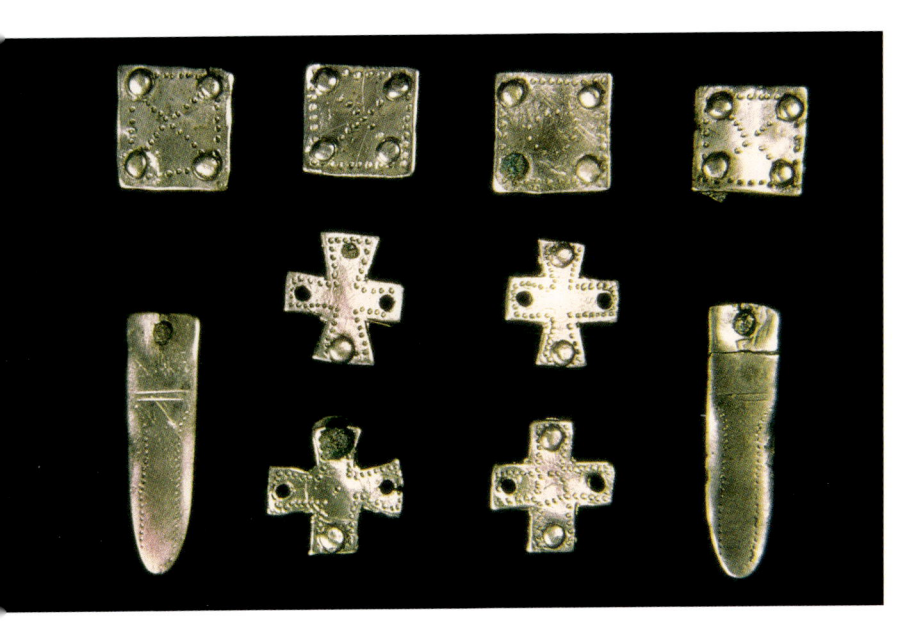

149/150 Christliche Darstellungen: Silberne Beschläge und Kreuze von einem auf der Brust getragenen Band aus dem Grab der „Dame von Kirchheim" (Grab 326). Darunter die Vorderansicht des 1876 in einem Kammergrab am Rennweg bei Pfahlheim gefundenen Lindenholzkästchens, das zwei fibelgeschmückte Engel inmitten einer Säulenarchitektur zeigt. Zwischen den Köpfen erkennt man das ehemalige Schlüsselloch, das eine Deutung als Schmuckkästchen einer reichen Alamannin zulässt.

sphäre des Christentums geraten zu sein. Ein wichtiger Schritt für seine kirchenorganisatorische Erfassung und ein Hinweis auf das Vordringen des Christentums ist die Gründung des Bistums Konstanz, dessen Sprengel einen großen Teil der *Alamannia* umfasste. Es wurde sehr wahrscheinlich von dem Merowingerkönig Dagobert I. im ersten Drittel des 7. Jahrhunderts eingerichtet, ebenso wie er das Bistum Augsburg, zu dem der östliche Teil Alamanniens gehörte, neu oder wieder begründet hat. Aber es bleibt offen, welchen Einfluss die dort residierenden Bischöfe im 7. und 8. Jahrhundert auf die Christianisierung nahmen.

Aus der Zeit nach 600 kennen wir die Namen von irischen Mönchen, die nach Alamannien kamen. So lebte Columban von 610 bis 620 im Raum Bregenz, wo er teilweise eine noch völlig heidnische Bevölkerung bzw. in Bregenz eine offenbar weitgehend wieder ins Heidentum zurückgefallene, ehemals christliche Gemeinde vorfand. Sein Gefährte Gallus blieb nach dem Weggang Columbans zurück, lebte aber zurückgezogen als Eremit. Beide scheinen nicht aktiv für eine Verbreitung des Christentums gewirkt zu haben, ebenso wenig wie der Ende des 7. oder Anfang des 8. Jahrhunderts aus Gallien hergereiste Friedolin, der das Kloster Säckingen begründet haben soll, oder der Einsiedler Trudpert, der 643 im

Schwarzwald den Märtyrertod erlitt. Die Klöster, in denen diese „Glaubensboten" verehrt wurden, entstanden erst wesentlich später, meist im Verlauf des 8. Jahrhunderts. Über das Vordringen des Christentums in den Raum der östlichen Alb erfahren wir bis zur Gründung des Klosters Ellwangen im Jahr 764 aus den Schriftquellen nichts.

Symbole aus der Bildwelt des Christentums im Grab

Wichtige Quellen für das Eindringen des christlichen Glaubens in die Lebenswelt der Alamannen sind die Gräberfelder. Bei der Totenausstattung der dort Beigesetzten treten seit dem späteren 6. und verstärkt im 7. Jahrhundert verschiedene frühchristliche Bildsymbole als Verzierungselemente auf, und christliche Heilszeichen oder als christlich gekennzeichnete Gegenstände mit Schutz- und Abwehrfunktion finden ihren Platz im Grab. Dazu gehören vor allem die Kreuzornamente auf Fibeln oder Waffen und kreuzförmige Anhänger. Weitere Darstellungen mit erkennbar christlichem Symbolgehalt sind zum Beispiel Vögel und Fische, sechsblättrige Blüten- und Vierpassknotenornamente, schließlich Bilder von Heiligen und lateinische Inschriften. Solche Objekte finden sich auch immer wieder in Gräbern in dem Gebiet der östlichen Alb, wie beispielsweise in dem Gräberfeld von Lauchheim. In der Herkunft dieser Objekte selbst oder ihrer Vorbilder ebenso wie in der Bildtradition einer christlichen Symbolik zeigt sich der Einfluss einer vom Christentum geprägten Gedanken- und Bildwelt aus den in dieser Zeit schon christlich gewordenen Nachbarregionen im Süden, Südwesten, Westen und Nordwesten der *Alamannia*. Im Totenbrauchtum wird damit eine sich zum Christentum hin wandelnde Volksreligiosität mit noch vielen vorchristlichen Elementen erkennbar, da diese Objekte als Teil der noch ganz der vorchristlichen Glaubenswelt angehörenden Beigabensitte auftreten. Die Frühphase der Christianisierung der Alamannen, die seit der zweiten Hälfte des 6. Jahrhunderts einsetzt, erscheint geprägt von dem Nebeneinander noch heidnischer und schon christlicher Glaubensvorstellungen, einem sog. Synkretismus.

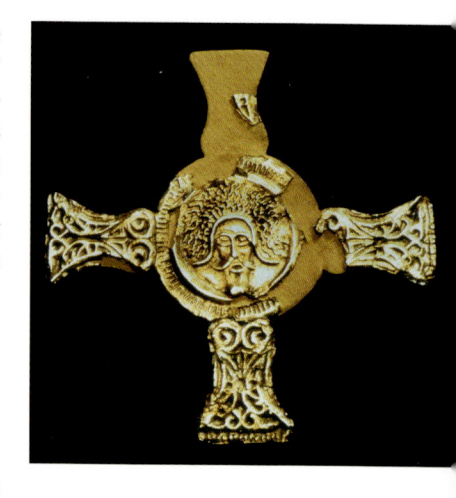

Eine Besonderheit der christlich beeinflussten Grabausstattung der Alamannen, die diese offenbar von den in Oberitalien lebenden Langobarden übernommen hatten, sind die Goldblattkreuze, aus dünner Goldfolie geschnitten und häufig mit Ornamenten, oft mit christlichem Bezug verziert. Sie wurden ausschließlich als Totenschmuck gefertigt, und, auf Tücher aufgenäht, auf den Oberkörper oder das Gesicht der Toten gelegt. Aus dem hier betrachteten Raum ist eine ganze Anzahl davon bekannt. Goldblattkreuze sind besonders häufig in Gräbern des 7. Jahrhunderts zu finden und waren offenbar den Angehörigen der Oberschicht vorbehalten.

Auch wenn all diese Objekte erkennen lassen, dass die damit Bestatteten im Tod offensichtlich auch dem Schutz des Christengottes anvertraut worden sind, bleiben die Bestandteile der Grabausstattung mit christlicher Prägung in ihrer Mehrzahl vieldeutig im Hinblick auf eine Interpretation als bewusstes und gewolltes Bekenntnis zum Christentum, sei es der Verstorbenen selbst oder der sie bestattenden Gemeinschaft.

Das Zeugnis der Kirchen

Eindeutig interpretierbar als gesichertes Zeugnis der Christianisierung und auch der sich als Institution ausbreitenden Kirche sind dagegen die Überreste frühmittelalterlicher Kirchenbauten. Mit der Errichtung einer Kirche dokumentieren deren Erbauer und Nutzer auch nach außen, gegenüber der Gemeinschaft, in der sie lebten, den vollzogenen Übertritt zum Christentum. Gleichzeitig wurden nun die Verstorbenen nicht mehr auf den abseits der Siedlungen gelegenen Gräberfeldern, sondern dem bei der Kirche entstehenden Friedhof bestattet. Der Wechsel vom Gräberfeld zum Kirchhof vollzog sich jedoch in einem langsamen, viele Jahrzehnte umfassenden Prozess. Unser Wissen über die Kirchen der Frühzeit in Alamannien beruht ausschließlich auf den archäologischen Quellen, denn die ältesten noch stehenden Bauten sind nicht vor dem 9. Jahrhundert entstanden, wie die Kapelle St. Sylvester in Goldbach, Gem. Überlingen, oder die Stiftskirche St. Georg in Oberzell auf der Reichenau. Die zahlreichen, in den letzten Jahrzehnten durchgeführten Kirchengrabungen haben jedoch viele neue Erkenntnisse zum frühen Kirchenbau erbracht.

Die Entstehung der frühesten gesicherten Kirchenbauten im alamannischen Siedlungsgebiet lässt sich zwischen der zweiten Hälfte des 6. und den ersten Jahrzehnten des 7. Jahrhunderts festlegen. Die bisher älteste ergrabene und sicher datierbare Kirche entstand frühestens um die Mitte des 6. Jahrhunderts in Stein am Rhein. Aber schon wenig später, seit dem Beginn des 7. Jahrhunderts, wurden auch in Inneralamannien Kirchen errichtet, zum Beispiel in Dunningen, Pfullingen oder Nusplingen, auf der östlichen Alb in Brenz a. d. Brenz. Träger der Verchristlichung waren offensichtlich die Angehörigen der Oberschicht, die durch den Kontakt mit Franken, Langobarden oder Burgundern mit dem Christentum in Berührung gekommen waren. Die Kirchen wurden wohl als Eigenkirchen bei ihren Herrenhöfen errichtet, auch wenn sich dies bisher archäologisch nicht belegen lässt. Bis zum Ende des 7. Jahrhunderts lässt sich schon eine ganze Anzahl von Kirchenbauten nachweisen, weitere wurden sicher oder mit einiger Wahrscheinlichkeit im 8. Jahr-

151 a/b/c Die Goldblattkreuze des 7. Jahrhunderts aus Sontheim a. d. Brenz, Grab 83 (mit Christusdarstellung), Lauchheim „Wasserfurche", Grab „0" und Giengen a. d. Brenz, Grab 26 (mit zwei Adlern) waren nur für die Grablege angefertigt und wurden auf das Leichentuch aufgenäht. Sie zeigen enge Kontakte zu den in Italien lebenden Langobarden auf.

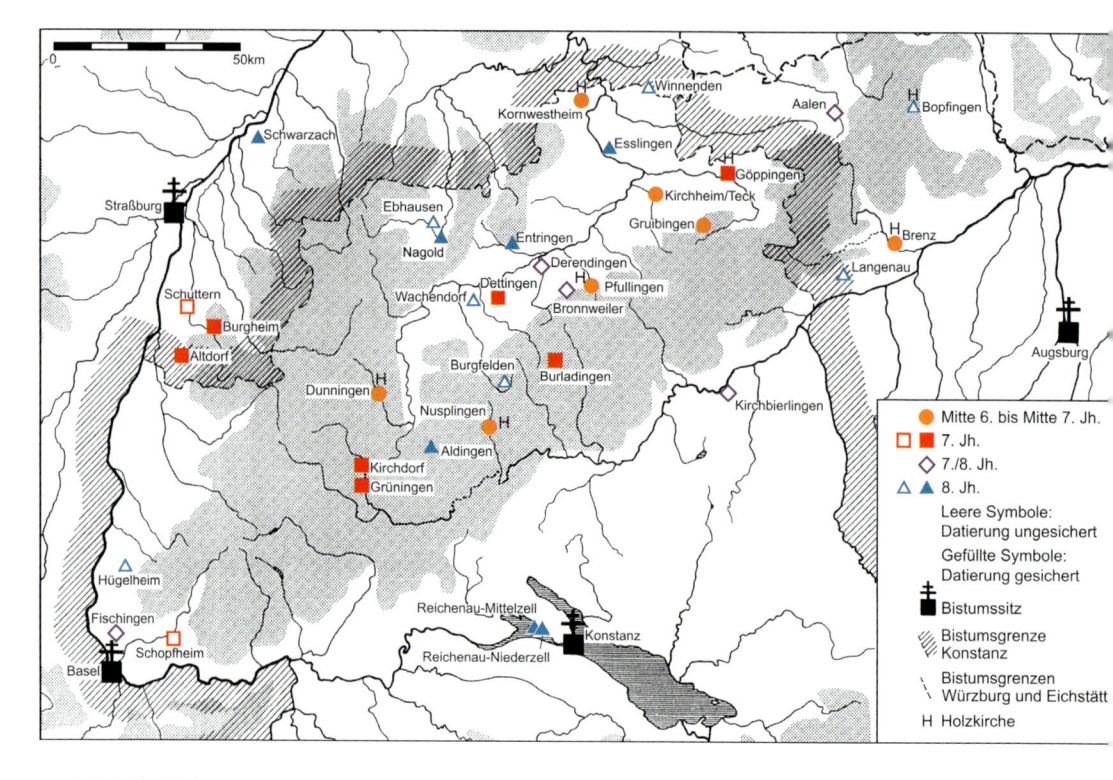

152 Frühmittelalterliche Kirchenbauten im alamannisch besiedelten Teil von Baden-Württemberg.

hundert errichtet. Am Ende des 8. Jahrhunderts erscheint die Hinwendung der Alamannen zum Christentum so weit fortgeschritten, dass wir von einem weitgehend christlich gewordenen Alamannien ausgehen können.

Im rechtsrheinischen Teil der *Alamannia* wurden alle frühen Kirchen in der heimischen Holzbauweise errichtet. Der Steinbau verbreitete sich hier erst im Verlauf des 7. und 8. Jahrhunderts, aber auch Kirchen aus Holz wurden weiterhin gebaut, so vielleicht im 8. Jahrhundert in Bopfingen. Die Holzkirchen wurden vielfach noch im Lauf der hier untersuchten Zeitspanne durch einen Steinbau ersetzt, wie bei der Galluskirche in Brenz. Steinkirchen des 8. Jahrhunderts kennen wir zum Beispiel auch aus Burgfelden, Bronnweiler, Esslingen und vielleicht Langenau. Ob der Johanneskirche in Aalen bereits im Frühmittelalter ein Steinbau vorausging, eingebunden in einen herrschaftlichen oder kirchlichen Bau-

komplex, zu dem mehrere Gebäude aus Stein gehörten, ist aufgrund der nicht eindeutig interpretierbaren Grabungsergebnisse unsicher.

Die Holzkirchen zeigen die auch vom Profanbau bekannte Bauweise mit in den Boden eingegrabenen Dach- und Wandpfosten. Fast alle sind einschiffig, Bauten mit mehreren Stützenreihen sind nur selten nachgewiesen, zum Beispiel in Brenz. Als Wandgestaltung ist Flechtwerk mit Lehmbewurf ebenso denkbar wie vertikale oder horizontale Bohlen. Die Dächer waren sehr wahrscheinlich mit Stroh oder Schindeln gedeckt, während für die frühen Steinkirchen auch schon eine Ziegeldeckung möglich erscheint. Sicher hatten sie kleine, hochliegende Fenster und meist nur eine Tür. Sie wiesen nur geringe Ausmaße auf, eine Gesamtlänge von weniger als 10 m ist nicht selten. Die Gemeinschaft, die eine solche Kirche nutzte, kann nicht groß gewesen sein und bestand wohl nur aus

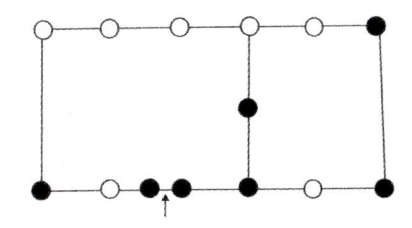

Pfullingen, St. Martin wahrscheinlich 1. Drittel 7. Jh.

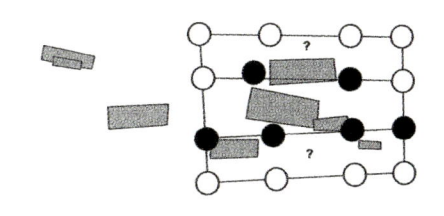

Aldingen, St. Mauritius 8. Jh.

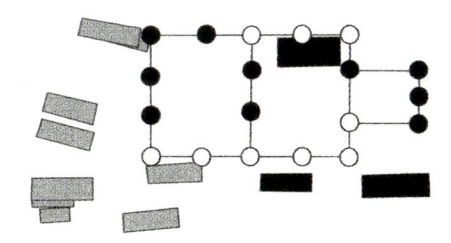

Kornwestheim, St. Martin 7. Jh.

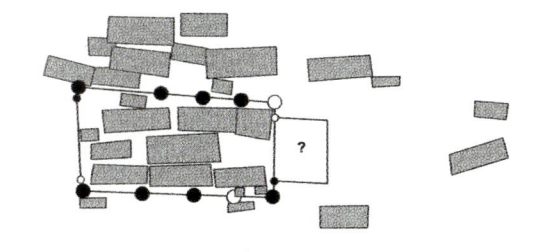

Nusplingen, St. Peter und Paul Mitte 7. Jh.

■ Grab mit Beigaben   ▨ Grab ohne Beigaben

153 a Grundrisse früher Holzkirchen.

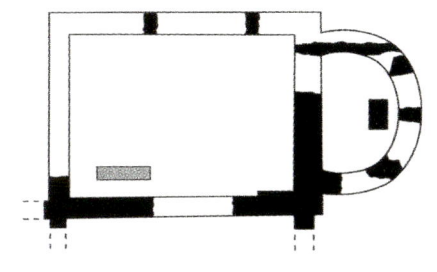

Pfullingen, St. Martin, Bau II wahrscheinlich 8. Jh

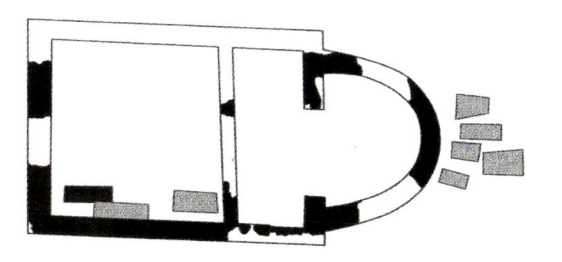

Dunningen, St. Martin, Bau II um 700

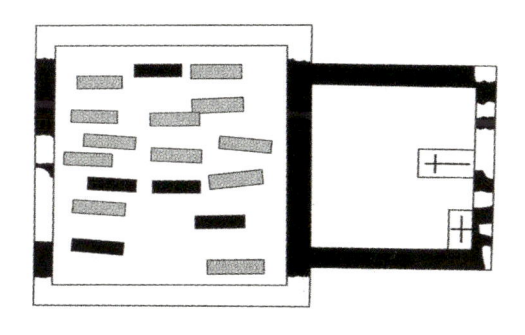

Esslingen, St. Dionysius vor 777

Nusplingen, St. Peter und Paul, Bau II vor 800

■ Grab mit Beigaben   ▨ Grab ohne Beigaben

153 b Grundrisse früher Steinkirchen.

154 Die Galluskirche in Brenz a. d. Brenz. Holzbau (Mitte 7. Jahrhundert) und Nachfolgebau aus Stein (Mitte 8. Jahrhundert) mit Gräbern aus dieser Zeit.

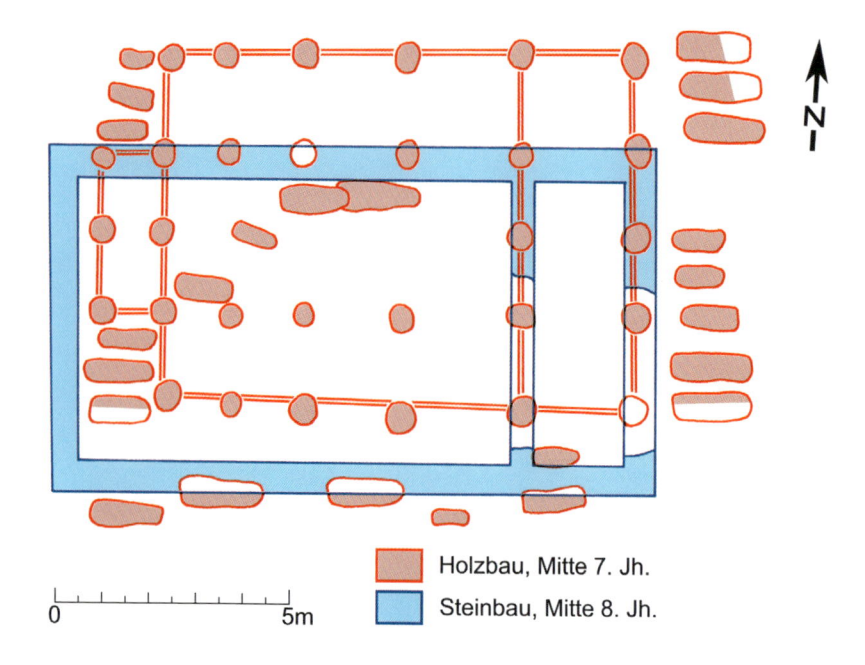

Holzbau, Mitte 7. Jh.
Steinbau, Mitte 8. Jh.

der Familie des Eigenkirchenherrn und den zu seinem Hof gehörenden Abhängigen. Einen eindeutigen Nachweis für Pfarrkirchen, die einer Dorfgemeinschaft als Gottesdienstraum dienten, haben wir in der Frühzeit nicht.

Die Kirchenausstattung

Von der ortsfesten Ausstattung dieser Kirchenbauten sind archäologisch nur spärliche Überreste nachweisbar. Dazu gehören zum Beispiel Estrichfußböden

155 Rekonstruktion der Holzkirche von Brenz a. d. Brenz (Mitte 7. Jahrhundert), dem frühesten nachgewiesenen Kirchenbau der Ostalb. Die Datierung erfolgte anhand der Bestattungen in und bei der Kirche, die dem Wunsch der Verstorbenen entsprangen, „ad sanctos", also nahe bei den Reliquien der Heiligen zur letzten Ruhe gebettet zu werden.

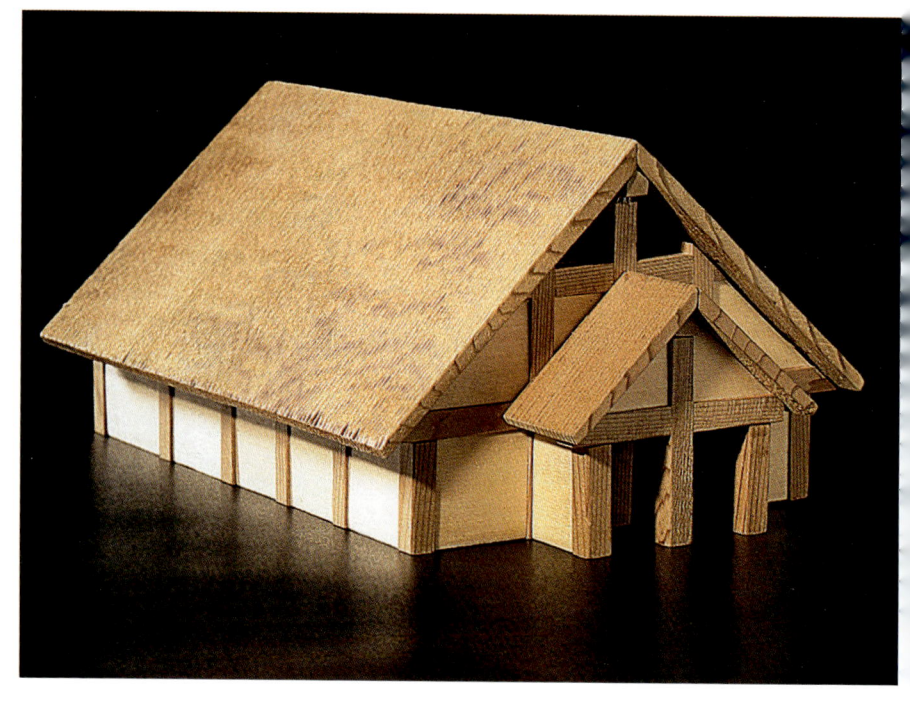

156 Abendmahlszene aus dem Stuttgarter Psalter (9. Jahrhundert) mit dem reich geschmückten Altar. Zu sehen ist die Tischabdeckung in Form von Tüchern, der Kelch, das Altarkreuz und, daneben stehend, ein gedrechselter Leuchter.

157 Das vergoldete und reich verzierte Bursenreliquiar in Hausform von Ennabeuren auf der Laichinger Alb entstammt dem Altar der dortigen Kirche, der Ende des 7. Jahrhunderts geschaffen wurde. Auf der Vorderseite ist ein Reiter mit geschultertem Kreuz zu erkennen.

oder gemauerte Blockaltäre im Chor. Häufiger lassen sich Chorschranken belegen, meist allerdings nur durch die jeweiligen Ausbruchgruben. Nachgewiesen sind sowohl Platten als auch Pfostenkonstruktionen. Sehr selten finden sich bemalte Wandputzreste als Nachweise einer farbigen Ausschmückung des Kircheninnenraumes, so bei den als Bau II errichteten Kirchen von Pfullingen und Dunningen.

Bildquellen in frühmittelalterlichen Handschriften und einige wenige erhalten gebliebene Stücke vermitteln eine Vorstellung von der mobilen Ausstattung des Kirchenraumes und dem liturgischen Gerät. Die Darstellung eines Altars im Stuttgarter Psalter zeigt diesen mit einem Altarkreuz versehen und mit Tüchern geschmückt. Zur Ausstattung gehörten ferner Kerzenleuchter ebenso wie die *vasa sacra*, das Gerät für den Altardienst, zum Beispiel Kelche aus Edelmetall, aber auch aus anderen Materialien, wie die in Esslingen gefundenen Bruchstücke kostbarer farbiger Gläser belegen.

Von besonderer Bedeutung für eine Kirche war der Kirchenheilige, das Patrozinium. In der Frühzeit besonders geschätzte Kirchenheilige, denen auch die frühen Kirchen in unserem Raum geweiht waren, sind vor allem Martin, aber auch Maria, die Apostelfürsten Petrus und Paulus oder frühchristliche Märtyrer. Der Reliquienkult war von großer Bedeutung und jede Kirche besaß Reliquien, die im Altar in einem besonderen Behälter aufbewahrt wurden. Zeugnisse für die aufwendige Gestaltung von Reliquienbehältern sind das Reliquiar aus

158 Das Grab des heiligen Vitalis im Chor der Vitaliszelle in Esslingen entstand kurz vor 777 n. Chr.. Im pultdachförmigen Deckstein befindet sich eine verschließbare Öffnung für Berührungsreliquien.

Ennabeuren oder der im Kloster Säckingen überlieferte kostbare Seidenstoff, mit dem sehr wahrscheinlich die Gebeine des heiligen Fridolin umhüllt waren. Das Grab des heiligen Vitalis, dessen Gebeine kurz vor 777 nach Esslingen gebracht worden waren, vermittelt eine Vorstellung von der Gestaltung einer in den Kirchenbau integrierten Reliquienverehrungsstätte.

Die Kirche als Bestattungsplatz

In vielen frühmittelalterlichen Kirchen der *Alamannia* finden sich Innenbestattungen. Sie belegen eindrücklich deren multifunktionale Bedeutung nicht nur als Gottesdienstraum für die Gläubigen, sondern zugleich als Bestattungsplatz und Ort des Totengedenkens, erbaut zur Sicherung des Seelenheils der in ihnen Bestatteten. In vielen dieser Kirchengräber, aber auch in Bestattungen bei den Kirchen findet sich eine meist besonders reiche oder außergewöhnliche materielle Grabausstattung. Die so hervorgehobenen Gräber belegen, dass in ihnen die Angehörigen der sozialen Oberschicht beigesetzt wurden, die Familien der Erbauer und Eigenkirchenherren. Sie sind zugleich auch ein eindrückliches Zeugnis der Vermischung noch heidnischer Vorstellungen mit dem christlichen Glauben in der Frühzeit der Christianisierung.

Ein Teil der Bestattungen in Kirchen ist den Klerikern zuzuordnen, die den Altardienst in den Kirchen versahen. Die beigabenlosen Gräber in Kirchen werden meist erst der Spätphase der Christianisierung, also dem 8. oder 9. Jahrhundert zugewiesen. Dass jedoch auch schon im 7. Jahrhundert Kirchenbestattungen ohne materielle Grabausstattung angelegt wurden, zeigt das Beispiel Nusplingen in eindrücklicher Weise.

Anfang des 9. Jahrhunderts wurden die Bestattungen im Kircheninnenraum durch kirchliche Dekrete bis auf wenige Ausnahmen untersagt. Sie treten danach nur noch sehr selten auf und können so als eine typische Erscheinung des frühmittelalterlichen Kirchenbaus angesehen werden.

Literatur
Ahrens 2001; Angenendt 1995; Dumitrache/Schurig 2000; Eismann 2004; Fingerlin 1997a; Hartmann 2003; Jäggi 1996; Knaut 2003; Krause/Gross/Schurig (1998); Lorenz 2003; Maurer 2000; Müller/Knaut 1987; Riemer 1997; Scholkmann 1997; Scholkmann 2003a; Scholkmann 2003b; Scholkmann 2008; Theune-Großkopf 1997.

Gräberfelder und Siedlungen
Die Ostalb in der Merowingerzeit

BARBARA SCHOLKMANN

Entwicklung, Struktur und Ausdehnung der Besiedlung der östlichen Alb vom 5. bis zum Ende des 7. Jahrhunderts lassen sich auf der Grundlage der bisher bekannten archäologischen Aufschlüsse recht genau erfassen. Die wichtigsten Quellen hierfür sind die Reihengräberfelder. Im Verlauf des 5. Jahrhunderts tritt bei den Alamannen ein Wandel im Bestattungsbrauchtum ein: Die Toten werden nun nicht mehr in Einzelgräbern oder kleinen Grabgruppen bestattet, sondern es entstehen Friedhöfe bei den Siedlungen, sog. Reihengräberfelder, die auch über längere Zeit, teilweise bis zu deren Ende um 700, belegt werden.
Vor allem aufgrund der den Toten beigegebenen Grabausstattung gerieten sie schon früh ins Blickfeld von Archäologen und interessierten Laienforschern. So wurden auch auf der Ostalb erste Entdeckungen von Reihengräbern schon im 19. Jahrhundert gemacht, weitere kamen in den ersten Jahrzehnten des 20. Jahrhunderts hinzu. Die Kenntnis der 1931 von Walther Veeck erstmals zusammengestellten und veröffentlichten Reihengräber, zum Beispiel in Hüttlingen, Essingen, Pfahlheim, Heidenheim oder Herbrechtingen, basierte meist auf der Aufdeckung einzelner Bestattungen oder auf Zufallsfunden. Eine systematische Untersuchung von Reihengräberfeldern setzte nach dem Ende des Zweiten Weltkrieges, auf der östlichen Alb vor allem seit den sechziger Jahren ein, meist im Zusammenhang mit der Erschließung von Neubaugebieten an den Rändern der bestehenden Orte. So konnten ausgedehnte Friedhöfe erfasst und in großen Teilen ausgegraben werden, etwa in Sontheim a. d. Brenz, Kirchheim a. Ries, Bopfingen, Neresheim, Kösingen oder Lauchheim. Hinzu kommen kleine, aber durch den Rang der hier Bestatteten herausragende Friedhöfe wie die von Giengen oder Niederstotzingen. Die Bestattungsplätze sind sichere, wenn auch indirekte Nachweise dafür, dass und ab wann sich Menschen im Verlauf der Merowingerzeit an einem bestimmten Platz niederließen und Siedlungen entstanden.
Verglichen mit den bekannten Gräberfeldern ist die Zahl der durch Grabungen erschlossenen oder durch Funde nachweisbaren Siedlungen im Bereich

159 Bei der großen Silberfibel aus Lauchheim „Wasserfurche" Grab 911 mit rechteckiger Kopfplatte vom Ende des 5. Jahrhunderts handelt es sich um die einheimische Nachahmung einer Fibel vom „nordischen Typ", der im skandinavischen oder angelsächsischen Raum verbreitet war. Auf der Rückseite war die Runeninschrift „AONOFADA" eingeritzt, die als Name der Besitzerin gelesen wird.

160 Zwei Rosettenfibeln des 6. Jahrhunderts mit Granateinlagen aus Bopfingen, Grab 153.

der östlichen Alb ebenso wie in ganz Südwestdeutschland sehr gering. Ursachen hierfür sind das lange Zeit kaum vorhandene Interesse an den Siedlungen und die gegenüber den Reihengräberfeldern weitaus schlechteren Erhaltungsbedingungen und damit geringeren Chancen, sie zu entdecken. Inzwischen liegt jedoch eine Reihe von Siedlungsaufschlüssen vor, und durch die umfangreichen Grabungen in den abgegangenen Siedlungen von „Mittelhofen" und Heidenheim-Schnaitheim wurden zwei merowingerzeitliche Wohnplätze großflächig, „Mittelhofen" sogar vollständig untersucht. Insgesamt kann der Bereich der östlichen Alb als verhältnismäßig gut erforschte frühmittelalterliche Siedlungslandschaft gelten. Darüber hinaus stellt dieser Raum, dank der naturräumlichen Gegebenheiten, mit den siedlungsgünstigen Flusstälern von Brenz und Egau, Jagst und Kocher, begrenzt im Westen und Norden durch die erst später besiedelten Regionen des Albuchs und des Schwäbisch-Fränkischen Berglandes sowie im Nordosten durch die Siedlungskammer des Rieses, eine verhältnismäßig geschlossene und nur nach Süden zur Donau hin offene Siedlungskammer dar.

Die Besiedlungsstruktur

Die in frühalamannischer Zeit entstandenen Siedlungen auf der Ostalb, wie die von Heidenheim-Großkuchen, Sontheim im Stubental, auf dem Kastellareal von Heidenheim und in Heidenheim-Schnaitheim brechen in der Zeit um 400 ab. Für die erste Hälfte des 5. Jahrhunderts liegen bisher weder Grab- noch Siedlungsfunde vor. Möglicherweise steht diese Siedlungsunterbrechung in einem Zusammenhang mit der Aufgabe des Donaulimes als Grenzsicherung des spätrömischen Reiches. Schon in der zweiten Hälfte des 5. Jahrhunderts lässt sich jedoch wieder eine Besiedlung nachweisen, und zwar zum einen im Brenztal, belegt durch Grabfunde in Heidenheim, Heidenheim-Schnaitheim und vielleicht Hermaringen, zum anderen auf dem Härtsfeld mit den Gräberfeldern von Neresheim, Heidenheim-Großkuchen und Fleinheim sowie schließlich am Nordrand der Alb mit dem Reihengräberfriedhof von Lauchheim. Einige der Bestattungsplätze werden zu Beginn des 6. Jahrhunderts wieder aufgegeben, wie der von Heidenheim-Großkuchen, bzw. die Bestattungszahlen gehen zurück wie auf dem Gräberfeld von Neresheim. Ob

161 Um eine besonders wertvolle „Grabbeigabe" handelt es sich bei diesen beiden im 7. Jahrhundert in einer eigenen Grube mitbestatteten Pferden aus Giengen a. d. Brenz (Pferdegrab 47).

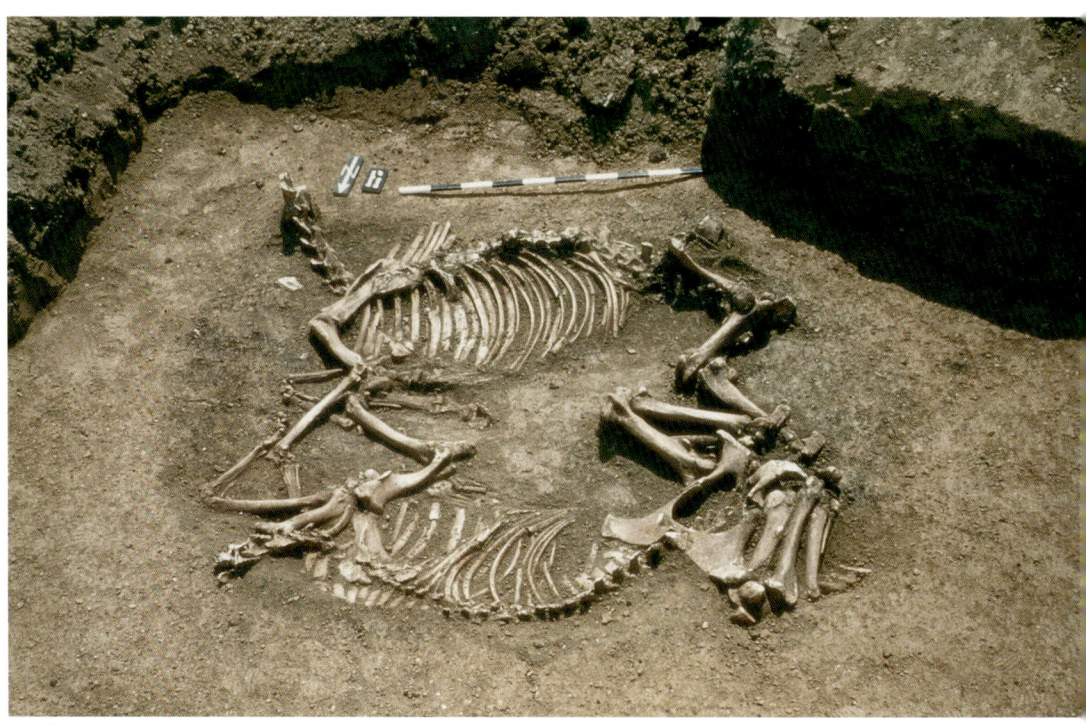

der sich hier andeutende Rückgang der Besiedlung im Zeitraum um 500, der sich durch das Abbrechen von Reihengräberfeldern auch in anderen Regionen der Schwäbischen Alb nachweisen lässt, als eine Folge der Unterwerfung der Alamannen durch die Franken und ihrer Eingliederung in das Fränkische Reich zu sehen ist, scheint nicht sicher geklärt. Im weiteren Verlauf des 6. und 7. Jahrhunderts lässt sich dann eine kontinuierliche Zunahme von Siedlungen feststellen, gespiegelt in den zahlreichen Gräberfeldern des 6. und 7. Jahrhunderts. Die Besiedlung verdichtet sich in den Flusstälern und auf dem Härtsfeld und dehnt sich nun auch auf die Albhochläche und das nördliche Albvorland aus. Spätestens seit der ersten Hälfte des 7. Jahrhunderts scheint das bereits in römischer Zeit bewohnte und genutzte Kulturland von den Alamannen wieder aufgesiedelt worden zu sein. Die außerhalb des Limes gelegenen Regionen bleiben aber noch siedlungsleer, erst im 8. Jahrhundert entstehen hier erste Niederlassungen wie etwa das Kloster Ellwangen.

Die Bedeutung der römischen Straßenverbindungen über die Alb auch in merowingischer Zeit zeigt sich daran, dass Siedlungen an ihnen angelegt wurden, wie dem Albübergang in den Tälern von Brenz und Kocher oder der Donautalstraße. Es ist sicher kein Zufall, dass die besonders reich ausgestatteten Gräber in den Ortsgräberfeldern oder die Separatgrablegen einer reichen Oberschicht, wie die von Pfahlheim, Lauchheim oder Kirchheim a. Ries im nördlichen Albvorland und die von Sontheim, Niederstotzingen und Giengen im Brenztal oder am Südrand der Schwäbischen Alb, an römischen Straßen oder Straßenkreuzungen liegen. Für die adlige Oberschicht der Alamannen war offensichtlich eine Niederlassung hier besonders attraktiv, während die bäuerliche Bevölkerung auf dem Härtsfeld oder der Albhochfläche siedelte.

Die Größe der Wohnplätze lässt sich nur fassen, wenn diese selbst oder die zugehörigen Gräberfelder annähernd vollständig erfasst wurden. Große Siedlungen sind in Lauchheim, Kirchheim oder Bopfingen nachgewiesen, daneben gab es sicher auch kleine Weiler und Einzelhöfe, wie sie zum Beispiel in Aalen oder Bopfingen – Kappel belegt sind.

Das Kartenbild der Fundstellen des 6. bis 7. Jahrhunderts deckt sich mit dem der sog. älteren Ortsnamen mit den Suffixen auf -ingen und -heim. Allerdings scheint die von der älteren Forschung versuchte Rekonstruktion des frühmittelalterlichen Landesausbaus anhand einer Kombination von älteren und jüngeren Ortsnamenschichten, Kirchenpatrozinien und ersten urkundlichen Nennungen aufgrund neuer archäologischer Forschungen problematisch, da sich immer wieder Diskrepanzen zwischen der namenkundlichen Datierung von Ortsnamen und zugehörigen Siedlungsbefunden aufzeigen lassen. Die Siedlung „Mittelhofen" stellt hierfür ein gutes Beispiel dar, denn der Ortsname gehört in eine jüngere Ortsnamenschicht und deckt sich nicht mit der Datierung des Ortes, wie sie sich aufgrund der archäologischen Befunde ergibt. Heute ist davon auszugehen, dass diese Ortsnamen wohl nicht einzelne Orte, sondern Siedlungskomplexe oder Kleinsiedlungsregionen bezeichneten, während die einem ersten „inneren Landesausbau" zugerechneten Ortsnamen mit den Suffixen auf -stetten, -hofen, -zimmern oder -hausen präzisere Lagebezeichnungen für einzelne Siedlungen innerhalb derselben darzustellen scheinen.

Die Dorfgenese

Die ältere Forschung ging lange Zeit von der Annahme aus, dass die Siedlungen der Merowingerzeit den ältesten Kern der noch heute bestehenden Orte bilden und die Gräberfelder diesen Ortskernen zuzuordnen seien. Eine solche Zuordnung lässt sich allerdings nur belegen, wenn, wie etwa beim Friedhof und der Siedlung „Mittelhofen", ein eindeutiger Lagebezug zwischen beiden hergestellt werden kann. Bei den meisten der ergrabenen Gräberfelder ist dies nicht möglich. Durch sie lassen sich der Beginn und die möglichen Unterbrechungen einer Besiedlung innerhalb einer Siedlungskammer erfassen, nicht jedoch die kleinräumigen Siedlungsstrukturen und die genaue Lage der zu den Gräberfeldern gehörenden Siedlungen. Neue Forschungen haben gezeigt, dass das kleinräumige Siedlungsgeschehen von der Völkerwanderungszeit bis ins Hochmittelalter ein sehr dynamischer Prozess war, in dessen Verlauf sich das Siedlungsbild immer wieder veränderte. Eindeutige Belege hierfür sind insbesondere merowingerzeitliche Siedlungsfunde am Rand der späteren Dörfer und die Tatsache, dass sich häufig auf einer Markung mehrere Gräberfelder nachweisen lassen. Die Untersuchungen einzelner Kleinsiedlungskammern wie des Renninger Beckens vermitteln ein detailliertes Bild solcher Prozesse. Grundsätzlich muss davon ausgegangen werden, dass für das Früh- und ebenso das Hochmittelalter vielfach eine Streusiedlungsweise charakteristisch ist. Im Umkreis eines späteren Dorfes lagen mehrere Kleinsiedlungen, deren Standorte immer wieder verlagert werden konnten. Erst die Einführung der Dreizelgenwirtschaft mit geregelter Fruchtfolge und der politischen Dorfgemeinde dürften um 1200 die auschlaggebenden Faktoren gewesen sein, die zu einer Lagekonstanz und ebenso einer Konzentration der Besiedlung im Bereich eines älteren Ortskerns mit Kirche und möglicherweise einem Herrenhof führten. Damit verfestigte sich die Ortslage der Dör-

162 Der Prozess der Dorfgenese vom 4. bis 12. Jahrhundert (nach Rainer Schreg).

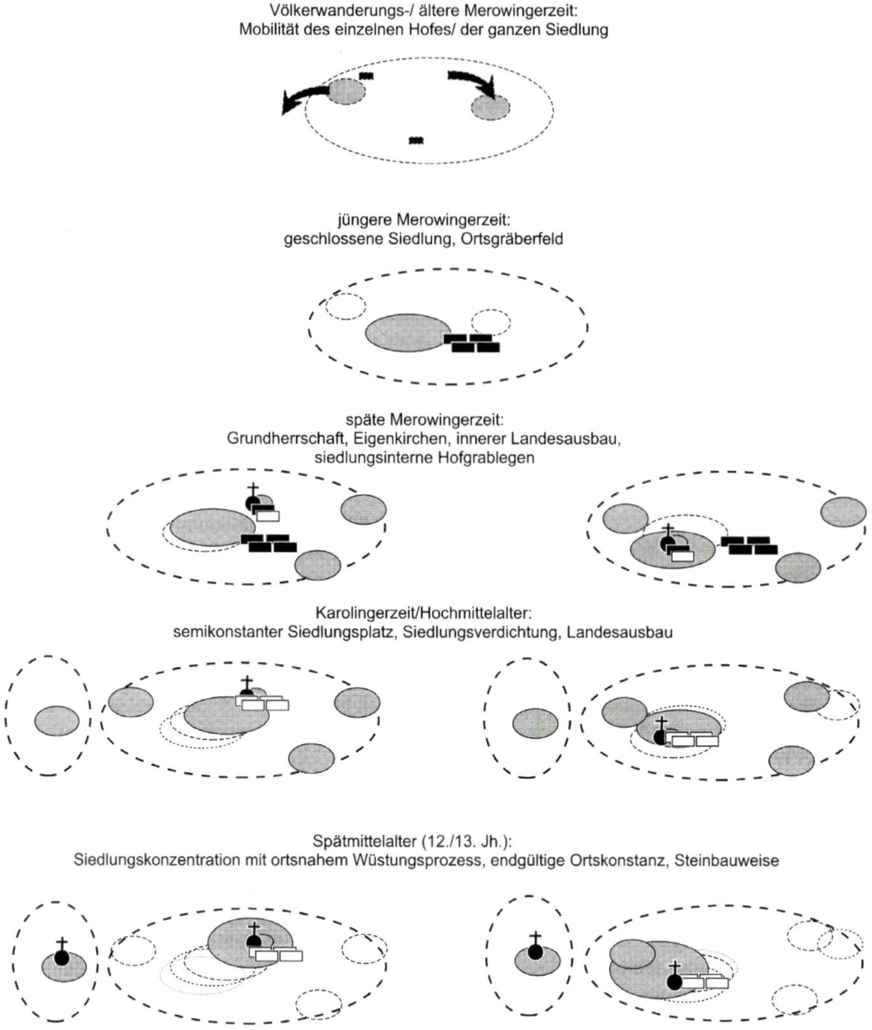

fer an der Stelle, wo sie noch heute liegen, und es entstand das Bild der Orte, wie es seit dem Spätmittelalter überliefert ist. Dass jedoch auch Siedlungen mit einer jahrhundertelangen Lagekonstanz entstehen konnten, zeigt das Beispiel „Mittelhofen", dessen Standort jedoch bezeichnenderweise im 12. Jahrhundert aufgegeben wurde, möglicherweise als Folge eines solchen Konzentrationsprozesses. Andererseits muss der Ort selbst mindestens einmal verlagert worden sein, denn schon um die Mitte des 5. Jahrhunderts setzen die Bestattungen auf dem zugehörigen Gräberfeld ein, und es wird bis zum Ende des 7. Jahrhunderts ohne Unterbrechung belegt, während die Siedlung am Standort „Mittelhofen" erst im 6. Jahrhundert entstand.

Das Bild der Siedlungen

Erst seit den letzten Jahrzehnten ist es dank neuer und großer, flächenhafter Freilegung von Siedlungsarealen möglich, ein Bild von den Siedlungen in der *Alamannia* zu gewinnen. Allerdings bleibt die vollständig untersuchte Sied-

163 Grundriss eines ergrabenen Hauses der Zeit um 700 aus der Siedlung von Heidenheim-Schnaitheim „Seewiesen" (Haus H).

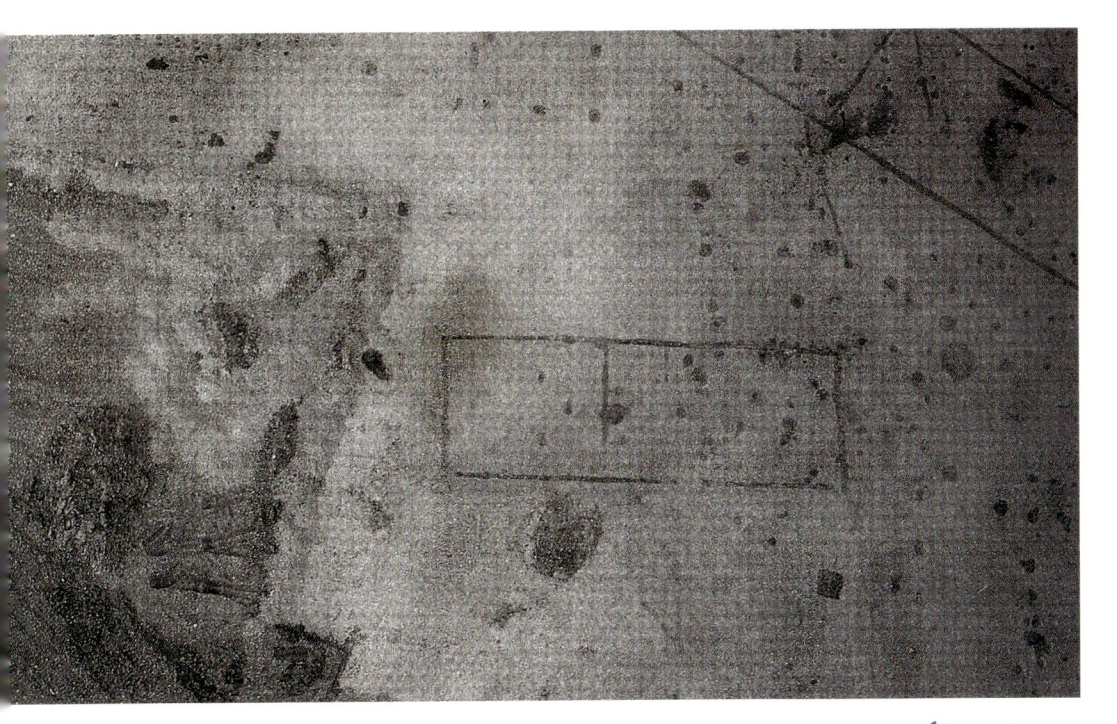

lung „Mittelhofen" ein Einzelfall, bei allen anderen Grabungen wurden nur größere oder kleinere Ausschnitte erfasst. Über Größe und Binnenstruktur der Orte lassen sich deshalb in der Regel wenig Aussagen machen.

Die Siedlungen waren geprägt von der Landwirtschaft. Städtische Niederlassungen gab es noch nicht, und auch wenn sich in den Ruinen der großen römischen Städte wie Rottweil oder Rottenburg manchmal Spuren alamannischer Siedler nachweisen lassen, waren sie sicher nicht mehr dauerhaft bewohnt. Eine Besonderheit der Wohnplätze der Alamannen auf der östlichen Alb ist, dass neben der Landwirtschaft die Eisengewinnung aus den Bohn- und Doggererzen offenbar eine wichtige Rolle spielte. Alle Häuser waren ganz aus Holz errichtet, der Steinbau war unbekannt. Meist zeigen die Ausgrabungen eine große Vielzahl von Bodenverfärbungen, die von eingegrabenen Pfosten, Wandgräbchen und Hofzäunen, aber auch Gruben aller Art stammen. Durch die vielfachen Überlagerungen wird die Rekonstruktion von Hausgrundrissen erschwert, lediglich die für frühmittelalterliche Siedlungen charakteristischen, eingetieften Baustrukturen, die Grubenhäuser, heben sich im archäologischen Befund gut ab. Eine wichtige Quelle, die zur Interpretation der Bodenbefunde herangezogen werden kann, sind die im 7. und 8. Jahrhundert niedergeschriebenen Gesetzestexte der Alamannen, in denen sich Hinweise auf das Aussehen von Haus und Hof finden.

Eine Siedlung bestand aus einer unterschiedlichen Anzahl von Gehöften, die von einem Zaun umgeben waren. Zu einem Hof gehörten verschiedene Gebäude. Das ebenerdige Haupthaus diente zu Wohnzwecken und war mit einer oder mehreren Feuerstellen ausgestattet. Auch Wohnstallhäuser sind nachgewiesen, hier lagen Wohnbereich und Stall unter einem Dach. Ebenerdige Nebengebäude waren Ställe oder Scheunen, gestelzte Speicher mit einem oberhalb der Erdoberfläche liegenden Boden wur-

164 Rekonstruktion des Hauses H von Heidenheim-Schnaitheim „Seewiesen" (nach Klaus Scholkmann).

den zur Vorratslagerung genutzt. In den eingetieften Grubenhäusern befanden sich Werkstätten, vor allem zur Textilherstellung, oder sie dienten als Keller. Die Anzahl der zu einem Gehöft gehörenden Bauten war unterschiedlich und hing wohl von der sozialen Stellung des Besitzers ab. Auch gemeinschaftlich genutzte Einrichtungen, wie zum Beispiel Brunnen, sind nachgewiesen.

Erstaunlich ist die Vielfalt der Bautechniken wie der Grundrissgestaltung. Neben einschiffigen Bauten sind solche mit einer oder mehreren inneren Stützenreihen belegt. Die Ausmaße variieren ebenso, das zentrale Haupthaus konnte eine Länge bis zu 20 m erreichen. Die tragenden Stützen konnten eingegraben oder in Fußschwellen eingezapft sein, die Wände bestanden aus Flechtwerk, waagerechten oder senkrechten Bohlen, und als Dachdeckungsmaterial wurden Schindeln oder Stroh verwendet.

Eine Vorstellung vom Aussehen einer Siedlung auf der Ostalb vermittelt neben der Ausgrabung des Dorfes „Mittelhofen" auch der Ausschnitt des Wohnplatzes, der in Heidenheim-Schnaitheim ergraben wurde. Er bestand vom späten 6. bis zum frühen 9. Jahrhundert und muss dann an eine andere Stelle verlagert worden sein. Dank der verhältnismäßig kurzen Dauer seines Bestehens sind die Grundrisse der Gebäude durch spätere Baumaßnahmen nur wenig verunklärt und daher gut fassbar.

Der Ort lag auf einem hochwasserfreien Kiesrücken am östlichen Ufer der Brenz und erstreckte sich über einen etwa 60 m breiten Streifen entlang des Flussufers. Die Häuser waren annähernd parallel, mit den Schmalseiten zur Brenz ausgerichtet, sodass sich eine regelmäßige, einem Straßendorf ähnliche Siedlungsstruktur ergibt. Nachgewiesen sind ebenerdige, ein- oder mehrschiffige Gebäude in unterschiedlichen Konstruktionsweisen, sowohl Pfosten- wie Schwellbauten. Die Eingänge lagen an den Längsseiten. Eine Besonderheit stellt die bisher sonst bei den Alamannen nicht nachgewiesene Konstruktion ebenerdiger Bauten mit doppelten Pfostenreihen dar. Sie dienten wohl der Unterstützung des Daches, da die so konstruierten Häuser keine Innenstützen aufwiesen. Die Funktion als Wohnhäuser ist durch zum Teil mehrere Feuerstellen belegt, weitere Bauten lassen sich als Ställe und Scheuern ansprechen. Die Grubenhäuser wiesen ebenfalls unterschiedliche Konstruktionsweisen auf. Sie waren nicht, wie in anderen Siedlungen, den ebenerdigen Bauten zugeordnet, sondern lagen konzentriert im südwestlichen Teil des ergrabenen Siedlungsausschnitts. Diese ungewöhnliche Bebauungsstruktur lässt sich bisher nicht erklären, vor allem, weil keine Spuren von Zaunanlagen erhalten waren, durch die sich eine Zuordnung der einzelnen Bauten zu Gehöftanlagen ermöglichen ließe.

Literatur
Bücker u. a. 1997; Eberl 2004; Hildebrand 2004; Jänichen 1972–1988; Knaut 1990; Knaut 1993b; Leinthaler 2003; Reinhard 1999; Schreg 2006; Schreg 2008a; Scholz 2009; Wieland 1999; Willmy 2008; Veeck 1931.

Die Ostalb in der Merowingerzeit und in der frühen Karolingerzeit

IMMO EBERL

Die politische Struktur

Als Ostalb werden heute der Ostalbkreis und der Landkreis Heidenheim in Baden-Württemberg bezeichnet. In diesem Raum haben sich in der Zeit um Christi Geburt die Römer niedergelassen und sich im weiteren Verlauf durch den von West nach Ost durch den heutigen Ostalbkreis ziehenden Limes vor überraschenden Überfällen aus dem germanischen Gebiet abgesichert. Die Archäologie hat in den Kastellen und Kastelldörfern entlang des Limes im 3. Jahrhundert Spuren von Belagerungen, Brandschatzungen und Plünderungen nachweisen können und im Hinterland zahlreiche Hort- und Verwahrfunde, die auf kriegerische Auseinandersetzungen hindeuten. In einem längeren Prozess wurden in dieser Zeit römische Truppen aus dem Dekumatland abgezogen. Neueste Forschungen setzen für das Ende des rätischen Limes 253/54 an, während der obergermanische Limes noch bis 260 bestand. In dieses weitgehend siedlungsleer gewordene Gebiet sind im Laufe der folgenden Generation Alamannen eingewandert. Diese im Ostalbgebiet siedelnden Germanen werden in ihrer Herkunft als „elbgermanisch" bezeichnet.

Die alamannische Siedlung hat in dieser frühen Zeit keinerlei erkennbare politische Struktur. Ob sich ein alamannisches Kleinkönigtum in diesem Raum herausgebildet hat, wie es sich im Breisgau und wohl auch beim Runden Berg bei Bad Urach abzeichnet, lässt sich nicht belegen, wenn auch die Kapfenburg wiederholt thesenhaft als Sitz eines solchen Kleinkönigs in Anspruch genommen wurde. Die Archäologie konnte bislang auf der Kapfenburg keine entsprechenden Nachweise führen.

Die Ostalb wurde nach der Einbeziehung der Alamannen in das Merowingerreich im Zeitraum zwischen etwa 500 und 537 zum siedlungsmäßigen und wohl auch politischen Grenzgebiet zum sich im 6. und 7. Jahrhundert entwickelnden fränkischen Siedlungsraum im Norden und Nordosten der Ostalb. In der zweiten Hälfte des 7. Jahrhunderts scheint der Einfluss des merowingischen Königtums im Rahmen seines Machtverlustes auch in diesem Grenzgebiet zurückgegangen zu sein. Die archäologischen Funde beweisen immer wieder enge Beziehungen zum innerfränkischen Kulturraum. Die Reihengräberfriedhöfe zeigen im Laufe des 7. Jahrhunderts die Entwicklungen der sog. Adelsgräber, d. h. Gräber, die sich in den Friedhöfen deutlich aus der Zahl der übrigen Beigesetzten abhoben. Wenn man sicherlich auch nicht pauschal behaupten kann, dass diese entstehende neue Schicht unter der alamannischen Bevölkerung entweder aus der ansässigen Bevölkerung sozial aufgestiegen oder aus dem innerfränkischen Raum zugewandert ist, lässt sich nach den Quellenberichten über die Familie der Waltrame im vorderen Rheintal und die Familie der Bertholde in der Baar eine Zuwanderung aus dem innerfränkischen Raum nachweisen. Das erklärt natürlich nicht von sich aus auch die Herkunft der alamannischen Adeligen z. B. in Wittislingen, Lauchheim „Mittelhofen" und Niederstotzingen. Jedoch scheint eines allen gemeinsam gewesen zu sein: eine gewisse Verbindung zum innerfränkischen Merowingerreich. Dieses und die im frühen 8. Jahrhundert nachweisbare Verbindung zur alamannischen Herzogsfamilie im Ostalbbereich deuten auf eine, wenn auch zeitweise wohl recht lockere Verbindung zum innerfränkischen Merowingerreich hin.

Somit ist der Bereich der Ostalb in der gesamten Merowingerzeit als ein Bestandteil des Frankenreiches anzusehen, wobei sich die Verbindungen anscheinend zwischen dem Beginn des 8. Jahrhunderts und dem Cannstatter Gerichtstag von 746 vermutlich infolge der Gegnerschaft zwischen den alamannischen Herzögen und den karolingischen Hausmeiern besonders gelockert hatten. Das, was seit rund zwei Jahrhunderten politisch zusammengehörte, wuchs mit Beginn der Karolingerzeit dann wieder sofort zu einer Einheit zusammen. Die Gründung des Klosters Ellwangen durch eine Adelssippe mit Beziehungen zu Bayern und zum fränkischen Raum zeigt diese Entwicklung.

Die Besiedlung der Ostalb

Die Integration der Alamannen in das Merowingerreich hat deren „Landnahme" abgeschlossen. Vor dem ausgehenden 5. Jahrhundert geht die Forschung nicht

165 Am Platz der spätromanischen Basilika im Stadtzentrum von Ellwangen wurde 764 das Kloster Ellwangen gegründet. Die Familie der Klostergründer Hariolf und Erlolf stand offenbar in enger Beziehung zur alamannischen Herzogsfamilie, wie sich aus einer Untersuchung verschiedener Ortsnamen in der Umgebung ergab.

von einer kontinuierlichen Besiedlung aus. Auch haben sich seit dieser Zeit die alamannischen Stammes-, Kultur- und Sprachgrenzen entwickelt. Die ältesten Siedlungen auf die Silben -ingen und -heim sind im Bereich des Ostalbkreises überwiegend in dem ehemals römischen Gebiet innerhalb des Limes zu finden. Zwischen Rems und Kocher sind mit Iggingen, Göggingen und Schechingen -ingen-Orte entstanden, die außerhalb des Limes liegen. Römische Siedlungen und römischer Straßenverlauf haben die Ansiedlung der Alamannen in vielen Einzelheiten mitbestimmt. Die Ansiedlung im Bereich des Ostalbkreises und des Kreises Heidenheim ist auf diese Weise in ihrer Frühzeit geformt worden. Es spricht nichts dagegen, dass sich auch die Besiedlung des östlich sich anschließenden Raumes des Rieses und des übrigen alamannisch besiedelten Gebietes des heutigen Bayerisch Schwaben relativ ähnlich vollzogen hat.

Umfassendere Untersuchungen der frühen Ortsnamen im Altsiedelland des Ostalbkreises, aber auch des Landkreises Heidenheim und des östlich davon gelegenen bayerischen Landkreises Donau-Ries beweisen, dass die Ortsgründungen durch Adelsfamilien vorgenommen wurden, die teilweise in verwandtschaftlicher Verbindung zur alamannischen Herzogsfamilie gestanden haben. Dieser Familienkreis hat dann auch 764 das Kloster Ellwangen gegründet und mit der neuen Königsfamilie der Karolinger zusammengearbeitet, wie die Ernennung des Sippenmitgliedes Erlolf zum Bischof von Langres als Nachfolger des Halbbruders von König Pippin beweist.

Die zahlreichen auf die Silben -ingen und -heim endenden Ortschaften in diesem Raum sind in ihrer hauptsächlichen Entstehungszeit zwar einzugrenzen, doch wenn die Orte mit der Endsilbe -ingen für die Alamannen und die Orte mit der Endsilbe -heim für die Franken als Gründer beansprucht werden, hat die Forschung diesen Thesen bislang keine endgültige Zustimmung geben können. Auffällig ist jedoch im Vergleich zu anderen Siedlungsräumen im Bereich der Ostalb die große Dichte von -ingen und -heim-Orten, die für eine relativ früh erfolgte, großräumige Besiedlung des Gebietes sprechen. Es ist für die Anlage dieser Ortschaften nach eingehender Prüfung vieler Ortsnamen ein Zeitraum zwischen etwa 500 bis mindestens um 700 anzunehmen. Die Ortschaften mit Endsilben auf -hausen, -stetten, -hofen u. a. Endsilben haben sich vielleicht in der Spätzeit der sich ausbildenden -ingen und -heim-Orte neben diesen parallel entwickelt. Man könnte hier an die zweite Hälfte des 7. Jahrhunderts denken. Zu den jeweiligen Ortschaften gehören Pfarrkirchen, deren Patrozinien und damit deren Altersstruktur eine gewichtige Bedeutung für die Besiedlung des gesamten Gebietes haben. Es fällt dabei auf, dass viele Pfarreien des Raumes Patrozinien besitzen, die in eine wesentlich spätere Zeit weisen, als der Siedlungsbeginn annehmen lässt. Man wird in einer Reihe dieser Fälle davon ausgehen müssen, dass im Hochmittelalter ursprüngliche, d. h. alte Patrozinien gegen moderne der damaligen Zeit ausgetauscht wurden. Denkbar wäre auch, dass diese Pfarreien erst im Hochmittelalter eigenständige Pfarrbezirke geworden sind. Man muss sich demnach in jedem Einzelfall mit der Entwicklung von Siedlung und Kirche beschäftigen, um zu einem abschließenden Urteil zu gelangen.

Eine grenzüberschreitende, also auch die benachbarten bayerischen Räume miterfassende Siedlungsgeschichte, die auf die Ortsnamen aufbaut, fehlt bislang. Sie ist für eine künftige umfassende Siedlungsgeschichte des Raumes aber unerlässlich. Die Grenze zwischen Bayern und Baden-Württemberg zerschneidet den alten historischen Siedlungsraum in zwei Hälften und orientiert ihn auf neue Zentren, was die Forschung erschwert oder sogar verhindert.

Besitzstrukturen der Alamannenzeit

Im Ries in Deiningen bei Nördlingen ist z. B. 760 Königsgut nachweisbar, das König Pippin dem Kloster Fulda schenkte. Dieses große Reichskloster hatte auch in einer Reihe weiterer Ortschaften des Siedlungsraumes umfangreichen Besitz, den es bis ins Hochmittelalter behalten konnte. Neben Fulda wurden auch das Kloster Lorsch und die Abtei St. Denis in der Region als Grundbesitzer erwähnt. Diese Nachrichten sind teilweise sehr früh, wenn man z. B. an das Königsgut Deiningen denkt, sind aber dennoch zu spät, um aus ihnen eine Frühgeschichte der Region mit urkundlicher Absicherung zu schreiben. Der Besitz weist aber auf die bereits vorgestellte Anzahl von Adelssippen hin, die die von ihnen gegründeten Ortschaften an die Reichsklöster verschenkten. Damit lässt sich der Kreis der Adelssippen zwischen dem 6./7. Jahrhundert und dem frühen 9. Jahrhundert als die tragende Schicht der Kolonisatoren in unserem Raum nachweisen. Da die nach den Ortsnamen in diesem Zusammenhang besonders tätigen Adelssippen mit der alamannischen Herzogsfamilie in einem nicht näher definierten Verwandtschafts-, in der Spätzeit vielleicht auch Lehnsverhältnis standen, haben die Besitzübertragungen an die Reichsabteien die Struktur des Raumes zwischen 760/80 und wohl dem frühen 9. Jahrhundert entscheidend verändert. Der vorliegende Aufsatz kann mit den Ortsgründungen und deren Patrozinien nur auf Rahmenbedingungen hinweisen, da der Quellenmangel in dieser frühen Zeit keine eindeutigen Aussagen zulässt. Sicher ist jedoch, dass die Reichsklöster im 8./9. Jahrhundert eine weitere Kolonisation des Raumes vorgenommen haben. Es wäre daher die Frage zu stellen, ob diese Kolonisation, die sich in ihrem Namensgut bislang nicht von der ersten Welle der Ortsgründungen des 6./7. und frühen 8. Jahrhundert unterscheidet, wiederum von Adelssippen im Auftrag der jeweiligen Abtei oder von den Abteien selbst mit Angehörigen ihrer *familiae* durchgeführt wurde. Dabei haben die Adelssippen aber die grundlegende Struktur des Raumes geschaffen und diese vermutlich auch durch ihren Besitz neben dem erkennbaren Besitz der Abteien eine längere Zeit hindurch mitbestimmen können.

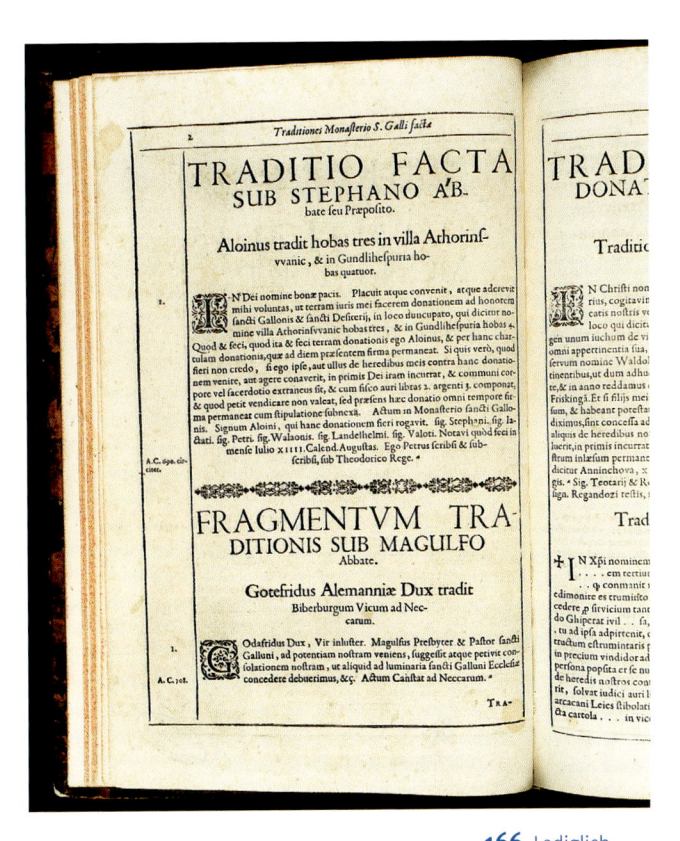

166 Lediglich eine urkundliche Äußerung des Alamannenherzogs Gotfrid blieb erhalten. Zwischen 700 und 707 übertrug er dem Kloster St. Gallen Einkünfte für den Lichterdienst.

Literatur
Eberl 2004; Paulsen 1967; Scholz 2009; Heidenheim 1999.

Literatur

Ade 2008 | D. Ade, Unter fränkischer Herrschaft. Alles unter Kontrolle? – Archäologische Indizien einer Herrschaftsübernahme. In: D. Ade/B. Rüth/A. Zekorn (Hrsg.), Alamannen zwischen Schwarzwald, Neckar und Donau. Begleitband zur Ausstellung Sulz a. Neckar–Glatt/Neuhausen ob Eck/Hechingen/Ehingen/Freudenstadt/Reutlingen (Stuttgart 2008) 48–55.

Adelmann u.a. 1973 | G. S. Graf Adelmann/H. W. Böhme/K. Böhner u.a., Aalen, Lauchheim, Ellwangen. Führer zu vor- und frühgeschichtlichen Denkmälern 22 (Mainz 1973).

Ahrens 2001 | C. Ahrens, Die frühen Holzkirchen Europas. Schriften des Archäologischen Landesmuseums Bd. 7 (Stuttgart 2001).

Alamannen 1997 | Die Alamannen. Begleitband zur Ausstellung Stuttgart/Zürich/Augsburg, hrsg. vom Archäologischen Landesmuseum Baden-Württemberg (Stuttgart 1997).

Angenendt 1995 | A. Angenendt, Das Frühmittelalter. Die abendländische Christenheit von 400 bis 900 (Stuttgart/Berlin/Köln 1995).

Banck-Burgess 1997 | J. Banck-Burgess, An Webstuhl und Webrahmen. Alamannisches Textilhandwerk. In: Die Alamannen. Begleitband zur Ausstellung Stuttgart/Zürich/Augsburg, hrsg. vom Archäologischen Landesmuseum Baden-Württemberg (Stuttgart 1997) 371–378.

Becker/Riesch 2002 | K. Becker/H. Riesch, Untersuchungen zu Metallurgie und Effizienz merowingerzeitlicher Lamellenpanzer. Archäologisches Korrespondenzblatt 32, 2002, 597–606.

Behr 1975 | B. Behr, Das alemannische Herzogtum bis 750. Geist und Werk der Zeiten Bd. 41 (Bern/Frankfurt a. M. 1975).

Bemmann 2003 | J. Bemmann, Romanisierte Barbaren oder erfolgreiche Plünderer? Anmerkungen zur Intensität, Form und Dauer des provinzialrömischen Einflusses auf Mitteldeutschland während der jüngeren Römischen Kaiserzeit und der Völkerwanderungszeit. In: A. Bursche/R. Ciolek (Hrsg.), Antyk i Barbarzycy (Warschau 2003) 53–108.

Biel 1987 | J. Biel, Neue Untersuchungen zu einer frühgeschichtlichen Siedlung bei Heidenheim-Großkuchen. Archäologische Ausgrabungen in Baden-Württemberg 1986 (1987) 184–186.

Bierbrauer 2005 | V. Bierbrauer, Archäologie der Langobarden in Italien. Ethnische Interpretation und Stand der Forschung. In: W. Pohl/P. Erhard (Hrsg.), Die Langobarden. Herrschaft und Identität (Wien 2005) 21–66.

Billamboz/Becker 2001 | A. Billamboz/B. Becker, Die frühmittelalterlichen Grabkammern von Lauchheim im dendrochronologischen Datennetz Südwestdeutschlands. Fundberichte aus Baden-Württemberg 25, 2001, 831–870.

Bofinger/Bollacher 2009 | J. Bofinger/Ch. Bollacher, Seltene Grabfunde auf der Trasse der NATO-Pipeline in Baden-Württemberg. Vorbericht zu den Ausgrabungen im Ostalbkreis und im Kreis Heidenheim. In: J. Biel/J. Heiligmann/D. Krausse (Hrsg.), Landesarchäologie. Festschrift für Dieter Planck zum 65. Geburtstag. Forschungen und Berichte zur Vor- und Frühgeschichte in Baden-Württemberg 100 (Stuttgart 2009) 107–130.

Bogolte 1984 | M. Borgolte, Geschichte der Grafschaften Alemanniens in fränkischer Zeit. Vorträge und Forschungen Sonderbd. 31 (Sigmaringen 1984).

Bogolte 1986 | M. Borgolte, Die Grafen Alemanniens in merowingischer und karolingischer Zeit. Eine Prosopographie. Archäologie und Geschichte. Freiburger Forschungen zum ersten Jahrtausend in Südwestdeutschland Bd. 2 (Sigmaringen 1986).

Böhm u.a. 1995 | M. Böhm/A. Hauptmann/M. Kempa u.a., Beiträge zur Eisenverhüttung auf der Schwäbischen Alb. Forschungen und Berichte zur Vor- und Frühgeschichte in Baden-Württemberg 55 (Stuttgart 1995).

Böhme 1974 | H. W. Böhme, Germanische Grabfunde des 4. bis 5. Jahrhunderts zwischen unterer Elbe und Loire. Münchner Beiträge zur Vor- und Frühgeschichte 19 (München 1974).

Böhme 1993 | H. W. Böhme, Adelsgräber im Frankenreich. Archäologische Zeugnisse zur Herausbildung einer Herrenschicht unter den merowingischen Königen. Jahrbuch des Römisch-Germanischen Zentralmuseums Mainz 40, 1993, 397–534.

Böhme 1994 | H. W. Böhme, Der Frankenkönig Childerich zwischen Attila und Aëtius. Zu den Goldgriffspathen der Merowingerzeit. In: C. Dobiat (Hrsg.), Festschrift für Otto-Herman Frey zum 65. Geburtstag. Marburger Studien zur Vor- und Frühgeschichte 16 (Marburg 1994) 69–110.

Böhme 1998 | H. W. Böhme, Goldblattkreuze. Reallexikon der Germanischen Altertumskunde Bd. 12, 2. Aufl. (Berlin/New York 1998) 312–318.

Böhme 2002 | H. W. Böhme, Germanen im Römischen Reich. Die Spätantike als Epoche des Übergangs. In: W. Menghin/D. Planck (Hrsg.), Menschen – Zeiten – Räume. Archäologie in Deutschland. Begleitband zur Ausstellung Berlin/Bonn (Stuttgart 2002) 295–305.

Böhme 2005 | H. W. Böhme, Südwestdeutschland: Von der römischen Provinz zum militärischen Vorfeld. Schwäbische Heimat 56/4, 2005, 418–425.

Böhme 2008 | H. W. Böhme, Zur Bedeutung von Aschaffenburg im frühen Mittelalter. In: U. Ludwig/Th. Schilp (Hrsg.), Nomen et Fraternitas. Festschrift für Dieter Geuenich zum 65. Geburtstag. Ergänzungsbände zum Reallexikon der Germanischen Altertumskunde Bd. 62 (Berlin/New York 2008) 363–382.

Böhme 2009 | H. W. Böhme, Migrantenschicksale. Die Integration der Germanen im spätantiken Gallien. In: T. Kölzer/R. Schieffer (Hrsg.), Von der Spätantike zum frühen Mittelalter: Kontinuitäten und Brüche, Konzeptionen und Befunde. Vorträge und Forschungen 70 (Ostfildern 2009) 35–59.

Brather 2004 | S. Brather, Ethnische Interpretationen in der frühgeschichtlichen Archäologie. Geschichte, Grundlagen und Alternativen (Berlin/New York 2004).

Brather 2005 | S. Brather, Alter und Geschlecht zur Merowingerzeit. Soziale Strukturen und frühmittelalterliche Reihengräber. In: J. Müller (Hrsg.), Alter und Geschlecht in ur- und frühgeschichtlichen Gesellschaften. Vom Neolithikum bis zum Frühmittelalter. Universitätsforschungen zur prähistorischen Archäologie 126 (Bonn 2005) 157–187.

Brather 2008a | S. Brather (Hrsg.), Zwischen Spätantike und Frühmittelalter. Archäologie des 4. bis 7. Jahrhunderts im Westen (Berlin/New York 2008).

Brather 2008b | S. Brather, Bestattungsrituale zur Merowingerzeit – frühmittelalterliche Reihengräber und der Umgang mit dem Tod. In: C. Kümmel/B. Schweizer/U. Veit (Hrsg.), Körperinszenierung – Objektsammlung – Monumentalisierung: Totenritual und Grabkult in frühen Gesellschaften. Tübinger Archäologische Taschenbücher Bd. 6 (Münster/New York/München/Berlin 2008) 151–177.

Brather u. a. 2009a | S. Brather, Grabausstattung und Lebensalter im frühen Mittelalter. Soziale Rollen im Spiegel der Bestattungen. Fundberichte aus Baden-Württemberg 30, 2009, 273–378.

Brather 2009b | S. Brather, Memoria und Repräsentation. Frühmittelalterliche Bestattungen zwischen Erinnerung und Erwartung. In: S. Brather/D. Geuenich/Ch. Huth (Hrsg.), Historia archaeologica. Festschrift für Heiko Steuer zum 70. Geburtstag (Berlin/New York 2009) 245–282.

Brather 2009c | S. Brather, Rang und Lebensalter. Soziale Strukturen in der frühmittelalterlichen „Alemannia" im Spiegel der Bestattungen. In: A. Bihrer/M. Kälble/H. Krieg (Hrsg.), Adel und Königtum im mittelalterlichen Schwaben. Festschrift für Thomas Zotz zum 65. Geburtstag (Stuttgart 2009) 29–44.

Brather-Walter 2010 | S. Brather-Walter, Schlange, Seewesen, Raubvogel? Die S-förmigen Kleinfibeln der Merowingerzeit. Zeitschrift für Archäologie des Mittelalters 37, 2009 (2010) 47–110.

Bücker 1999 | Ch. Bücker, Frühe Alamannen im Breisgau. Untersuchungen zu den Anfängen der germanischen Besiedlung im Breisgau während des 4. Jahrhunderts n. Chr. Archäologie und Geschichte. Freiburger Forschungen zum ersten Jahrtausend in Südwestdeutschland Bd. 9 (Sigmaringen 1999).

Bücker u.a. 1997 | Ch. Bücker/M. Hoeper/M. Höneisen/M. Schmaedecke, Hof, Weiler, Dorf. Ländliche Siedlungen im Südwesten. In: Die Alamannen. Begleitband zur Ausstellung Stuttgart/Zürich/Augsburg, hrsg. vom Archäologischen Landesmuseum Baden-Württemberg (Stuttgart 1997) 311–322.

Christlein 1991 | R. Christlein, Die Alamannen. Archäologie eines lebendigen Volkes, 3. Aufl. (Stuttgart/Aalen 1991). Der Landkreis Heidenheim, Band 1, bearb. von der Außenstelle Stuttgart der Abteilung Landesforschung in der Landesarchivdirektion Baden-Württemberg, Aalen 1991.

Dick 2008 | St. Dick, Der Mythos vom „germanischen" Königtum. Studien zur Herrschaftsorganisation bei den germanischsprachigen Barbaren bis zum Beginn der Völkerwanderungszeit. Ergänzungsbände zum Reallexikon der Germanischen Altertumskunde Bd. 60 (Berlin/New York 2008).

Dienemann-Dietrich 1970 | I. Dienemann-Dietrich, Der fränkische Adel in Alemannien im 8. Jahrhundert. In: Grundfragen der alemannischen Geschichte (Sigmaringen 1970) 149–192.

Dobler 2009 | E. Dobler, Spätmerowingischer Adel in Südalamannien. Zeitschrift für die Geschichte des Oberrheins 157, 2009, 1–40.

Dollhopf 2004 | K.-D. Dollhopf, Ein neu entdeckter frühmittelalterlicher Friedhof in Aalen-Unterkochen. Archäologische Ausgrabungen in Baden-Württemberg 2003 (2004) 161–164.

Drauschke 2008 | J. Drauschke, Handelsgut, Geschenke, Subsidien. Zu den Vermittlungsfaktoren ostmediterraner und orientalischer Objekte im Merowingerreich. Archäologische Informationen 31/1&2, 2008, 33–43.

Drauschke (im Druck) | J. Drauschke, Zwischen Handel und Geschenk – Studien zur Distribution von Waren im östlichen Merowingerreich des 6. und 7. Jahrhunderts anhand orientalischer und lokaler Produkte. Diss. Freiburg 2005 (im Druck).

Drinkwater 2007 | J. F. Drinkwater, The Alamanni and Rome 213–496 (Caracalla to Clovis) (Cambridge 2007).

Dumitrache/Schurig 2000 | M. Dumitrache/R. Schurig, Aalen. Archäologischer Stadtkataster Baden-Württemberg Bd. 4 (Stuttgart 2000).

Düwel 1994 | K. Düwel, Runische und lateinische Epigraphik im süddeutschen Raum zur Merowingerzeit. In: K. Düwel u.a. (Hrsg.), Runische Schriftkultur in kontinental-skandinavischer und -angelsächsischer Wechselbeziehung. Ergänzungsbände zum Reallexikon der Germanischen Altertumskunde Bd. 10 (Berlin/New York 1994) 229–308.

Düwel 2002 | K. Düwel, Niederstotzingen. Runologisches. Reallexikon der Germanischen Altertumskunde Bd. 21, 2. Aufl. (Berlin/New York 2002) 194.

Eberl 2004 | I. Eberl, Der heutige Ostalbkreis zwischen Alamannenzeit und Reformation. In: K. Pavel (Hrsg.), Der Ostalbkreis (Aalen 2004) 223–246.

Eismann 2004 | St. Eismann, Frühe Kirchen über römischen Grundmauern. Untersuchungen zu ihren Erscheinungsformen in Südwestdeutschland, Südbayern und der Schweiz. Freiburger Beiträge zur Archäologie und Geschichte des ersten Jahrtausends Bd. 8 (Rahden/Westf. 2004).

Fehr 2010 | H. Fehr, Germanen und Romanen im Merowingerreich. Frühgeschichtliche Archäologie zwischen Wissenschaft und Zeitgeschichte (Berlin/New York 2010).

Filtzinger/Planck/Cämmerer 1986 | Ph. Filtzinger/Planck/Cämmerer (Hrsg.), Die Römer in Baden-Württemberg, 3. Aufl. (Stuttgart/Aalen 1986).

Fingerlin 1997a | G. Fingerlin, Kirchen und Kirchengräber in der frühmittelalterlichen Alamannia Südwestdeutschlands. Denkmalpflege in Baden-Württemberg. Nachrichtenblatt der Landesdenkmalpflege 26/1, 1997, 44–53.

Fingerlin 1997b | G. Fingerlin, Vom Schatzgräber zum Archäologen. Die Geburt einer Wissenschaft. In: Die Alamannen. Begleitband zur Ausstellung Stuttgart/Zürich/Augsburg, hrsg. vom Archäologischen Landesmuseum Baden-Württemberg (Stuttgart 1997) 45–51.

Fingerlin 2009 | G. Fingerlin, Das völkerwanderungszeitliche Gräberfeld von Wyhl am Kaiserstuhl (Oberrhein). Ein Beitrag zu den „foederati" im Vorfeld der spätrömischen Reichsgrenze. In: J. Biel/J. Heiligmann/D. Krausse (Hrsg.), Landesarchäologie. Festschrift für Dieter Planck zum 65. Geburtstag. Forschungen und Berichte zur Vor- und Frühgeschichte in Baden-Württemberg 100 (Stuttgart 2009) 503–529.

Gassmann 2005 | G. Gassmann, Forschungen zur keltischen Eisenerzverhüttung in Südwestdeutschland. Forschungen und Berichte zur Vor- u. Frühgeschichte in Baden-Württemberg 92 (Stuttgart 2005).

Geuenich 1996 | D. Geuenich, Chlodwigs Alemannenschlacht(en). In: Chlodwig und die „Schlacht bei Zülpich". Geschichte und Mythos 496–1996. Begleitbuch zur Ausstellung Zülpich, hrsg. vom Zülpicher Geschichtsverein (Euskirchen 1996).

Geuenich 2005 | D. Geuenich, Geschichte der Alemannen, 2. Aufl. (Stuttgart/Berlin/Köln 2005).

Gross 1997 | U. Gross, Das Zeugnis der handgemachten Tonware. Fränkische Siedlungspolitik im Spiegel der südwestdeutschen Rippen- und Buckelkeramik. In: Die Alamannen. Begleitband zur Ausstellung Stuttgart/Zürich/Augsburg, hrsg. vom Archäologischen Landesmuseum Baden-Württemberg (Stuttgart 1997) 233–236.

Gut 2004 | A. Gut, Alamannen in Ostwürttemberg – die Zeit vor der Ellwanger Klostergründung. Ellwanger Jahrbuch 39, 2001–2003 (2004) 267–278.

Gut 2006 | A. Gut, Alamannenmuseum Ellwangen (Lindenberg 2006).

Härke 2003 | H. Härke, Beigabensitte und Erinnerung: Überlegungen zu einem Aspekt des frühmittelalterlichen Bestattungsrituals. In: J. Jarnut/M. Wemhoff (Hrsg.), Erinnerungskultur im Bestattungsritual. MittelalterStudien Bd. 3 (München 2003) 108–125.

Hartmann 2003 | W. Hartmann, Die Eigenkirche: Grundelement der Kirchenstruktur bei den Alemannen? In: S. Lorenz/B. Scholkmann (Hrsg.), Die Alemannen und das Christentum. Zeugnisse eines kulturellen Umbruchs. Schriften zur südwestdeutschen Landeskunde Bd. 48, Quart. 2. Veröffentlichungen des Alemannischen Instituts Nr. 71 (Leinfelden-Echterdingen 2003) 1–12.

Heege 1987 | A. Heege, Grabfunde der Merowingerzeit aus Heidenheim-Großkuchen. Materialhefte zur Vor- und Frühgeschichte in Baden-Württemberg 9 (Stuttgart 1987).

Landkreis Heidenheim 1999 | Der Landkreis Heidenheim, Band 1, bearb. von der Außenstelle Stuttgart der Abteilung Landesforschung in der Landesarchivdirektion Baden-Württemberg, Stuttgart 1999.

Hildebrand 2004 | B. Hildebrand, Der Ostalbkreis in der Vor- und Frühgeschichte. In: K. Pavel (Hrsg.), Der Ostalbkreis (Aalen 2004) 191–211.

Hoeper 2001 | M. Hoeper, Alemannische Siedlungsgeschichte im Breisgau. Zur Entwicklung von Besiedlungsstrukturen im frühen Mittelalter. Freiburger Beiträge zur Archäologie und Geschichte des ersten Jahrtausends Bd. 6 (Rahden/Westf. 2001).

Hoeper 2003 | M. Hoeper, Völkerwanderungszeitliche Höhenstationen am Oberrhein. Geißkopf bei Berghaupten und Kügeleskopf bei Ortenburg. Archäologie und Geschichte. Freiburger Forschungen zum ersten Jahrtausend in Südwestdeutschland Bd. 12 (Ostfildern 2003).

Imperium Romanum 2005a | Imperium Romanum. Römer, Christen, Alamannen – Die Spätantike am Oberrhein. Begleitband zur Großen Landesausstellung Baden-Württemberg (Karlsruhe/Stuttgart 2005).

Imperium Romanum 2005b | Imperium Romanum. Roms Provinzen an Neckar, Rhein und Donau. Begleitband zur Großen Landesausstellung Baden-Württemberg (Esslingen 2005).

Jäggi 1996 | C. Jäggi, Vom römischen Pantheon zur christlichen Kirche. In: A. Furger/C. Jäggi/M. Martin/R. Windler, Die Schweiz zwischen Antike und Mittelalter. Archäologie und Geschichte des 4. bis 9. Jahrhunderts (Zürich 1996) 61–126.

Jänichen 1972 | H. Jänichen, Der alemannische und der fränkische Siedlungsraum (Stuttgart 1972).

Jänichen 1972–1988 | H. Jänichen, Beiwort zu den Karten IV, 1–2. Der alemannische und fränkische Siedlungsraum: 1. Ortsnamen auf -ingen, -heim und -dorf, 2. Ortsnamen auf -hausen, -stetten, -statt und -weiler. In: Historischer Atlas von Baden-Württemberg, hrsg. von der Kommission für geschichtliche Landeskunde in Baden-Württemberg (Stuttgart 1972–1988) 1–4.

Kania 2010 | K. Kania, Kleidung im Mittelalter. Materialien – Konstruktion – Nähtechnik. Ein Handbuch (Köln/Weimar/Wien 2010).

Keller 1989 | H. Keller, Alamannen und Sueben nach den Schriftquellen des 3. bis 7. Jahrhunderts. Frühmittelalterliche Studien 23, 1989, 89–111.

Keller 1998 | H. Keller, Strukturveränderungen in der westgermanischen Welt am Vorabend der fränkischen Großreichsbildung. Fragen, Suchbilder, Hypothesen. In: D. Geuenich (Hrsg.), Die Franken und die Alemannen bis zur „Schlacht bei Zülpich" (496/97). Ergänzungsbände zum Reallexikon der Germanischen Altertumskunde Bd. 19 (Berlin/New York 1998) 581–607.

Kempa 1991 | M. Kempa, Antike Eisenverhüttung auf der Ostalb. Zwei Jahre archäometallurgische Forschungen. Archäologische Informationen aus Baden-Württemberg 20 (Stuttgart 1991).

Knaut 1987 | M. Knaut, Ein merowingerzeitliches Frauengrab mit Töpferstempel aus Bopfingen, Ostalbkreis. Fundberichte aus Baden-Württemberg 12, 1987, 463–478.

Knaut 1988a | M. Knaut: Bopfingen im Ostalbkreis – Zum Stand der wissenschaftlichen Auswertung des alamannischen Reihengräberfeldes. Archäologische Ausgrabungen in Baden-Württemberg 1987 (1988) 351–355.

Knaut 1988b | M. Knaut, Frühe Alamannen in Baden-Württemberg. In: Dieter Planck (Hrsg.), Archäologie in Württemberg. Ergebnisse und Perspektiven archäologischer Forschung von der Altsteinzeit bis zur Neuzeit (Stuttgart 1988) 311–331.

Knaut 1990 | M. Knaut, Ostwürttemberg im frühen Mittelalter. Grundlagen und Ziele der archäologischen Erforschung einer Fundlandschaft. Denkmalpflege in Baden-Württemberg. Nachrichtenblatt der Landesdenkmalpflege 19/1, 1990, 9–17.

Knaut 1993a | M. Knaut, 1863–1992. Zum Abschluß der Ausgrabungen im alamannischen Gräberfeld „An der Steig" in Bopfingen, Ostalbkreis. Archäologische Ausgrabungen in Baden-Württemberg 1992 (1993) 249–250.

Knaut 1993b | M. Knaut, Die alamannischen Gräberfelder von Neresheim und Kösingen, Ostalbkreis. Forschungen und Berichte zur Vor- und Frühgeschichte in Baden-Württemberg 48 (Stuttgart 1993).

Knaut 2003 | M. Knaut, Die Goldblattkreuze als Zeichen der Christianisierung. In: S. Lorenz/B. Scholkmann (Hrsg.), Die Alemannen und das Christentum. Zeugnisse eines kulturellen Umbruchs. Schriften zur südwestdeutschen Landeskunde Bd. 48, Quart. 2. Veröffentlichungen des Alemannischen Instituts Nr. 71 (Leinfelden-Echterdingen 2003) 55–64.

Knaut/Blumer 1991 | M. Knaut/R.-D. Blumer, Zum Edelmetallguß in Ossa-Sepia-Formen im Frühmittelalter. Fundberichte aus Baden-Württemberg 16, 1991, 545–553.

Koch 1987 | U. Koch, Der Runde Berg bei Urach VI. Die Glas- und Edelsteinfunde aus den Plangrabungen 1967–1983. Heidelberger Akademie der Wissenschaften. Kommission für Alamannische Altertumskunde Bd.12 (Sigmaringen 1987).

Koch 1997a | U. Koch, Der Ritt in die Ferne. Erfolgreiche Kriegszüge im Langobardenreich. In: Die Alamannen. Begleitband zur Ausstellung Stuttgart/Zürich/Augsburg, hrsg. vom Archäologischen Landesmuseum Baden-Württemberg (Stuttgart 1997) 403–415.

Koch 1997b | U. Koch, Ethnische Vielfalt im Südwesten. Beobachtungen in merowingerzeitlichen Gräberfeldern an Neckar und Donau. In: Die Alamannen. Begleitband zur Ausstellung Stuttgart/Zürich/Augsburg, hrsg. vom Archäologischen Landesmuseum Baden-Württemberg (Stuttgart 1997) 219–232.

Kokkotidis 2008 | K. G. Kokkotidis, Gesellschaftsstruktur des frühen Mittelalters. In: D. Ade/B. Rüth/A. Zekorn (Hrsg.), Alamannen zwischen Schwarzwald, Neckar und Donau. Begleitband zur Ausstellung Sulz a. Neckar–Glatt/Neuhausen ob Eck/Hechingen/Ehingen/Freudenstadt/Reutlingen (Stuttgart 2008) 96–101.

Körber-Grohne 1987 | U. Körber-Grohne, Nutzpflanzen in Deutschland. Kulturgeschichte und Biologie (Stuttgart 1987).

Krause 1998 | R. Krause, Frühe Alamannen am Sauerbach – neue Siedler nach Abzug des römischen Militärs in Aalen, Ostalbkreis. Archäologische Ausgrabungen in Baden-Württemberg 1997 (1998) 135–139.

Krause/Gross/Schurig (1998) | R. Krause/U. Gross/R. Schurig, Die frühmittelalterliche Keimzelle Aalens bei der St. Johann-Kirche Aalen, Ostalbkreis. Archäologische Ausgrabungen in Baden-Württemberg 1997 (1998) 152–159.

Leinthaler 2003 | B. Leinthaler, Eine ländliche Siedlung des frühen Mittelalters bei Schnaitheim, Lkr. Heidenheim. Materialhefte zur Archäologie in Baden-Württemberg 70 (Stuttgart 2003).

Lemant 1985 | J.-P. Lemant, Le cimetière et la fortification du Bas-Empire de Vireux-Molhain, Dép. Ardennes (Mainz 1985).

Lorenz 2003 | S. Lorenz, Die Alamannen auf dem Weg zum Christentum. In: S. Lorenz/B. Scholkmann (Hrsg.), Die Alemannen und das Christentum. Zeugnisse eines kulturellen Umbruchs. Schriften zur südwestdeutschen Landeskunde Bd. 48, Quart. 2. Veröffentlichungen des Alemannischen Instituts Nr. 71 (Leinfelden-Echterdingen 2003) 65–111.

Löwe 1970 | H. Löwe, Deutschland im fränkischen Reich. In: Gebhardt, Handbuch der deutschen Geschichte Bd. 1, 9. Aufl. (Stuttgart 1970) 92–215.

Lüdemann 1994 | H. Lüdemann. Mehrfachbelegte Gräber im frühen Mittelalter. Ein Beitrag zum Problem der Doppelbestattungen. Fundberichte aus Baden-Württemberg 19/1, 1994, 421–589.

Luik/Schach-Dörges 1993 | M. Luik/H. Schach-Dörges, Römische und frühalamannische Funde von Beinstein, Gde. Waiblingen, Rems-Murr-Kreis. Fundberichte aus Baden-Württemberg 18, 1993, 349–432.

Martin 1997a | M. Martin, Kleider machen Leute. Tracht und Bewaffnung in fränkischer Zeit. In: Die Alamannen. Begleitband zur Ausstellung Stuttgart/Zürich/Augsburg, hrsg. vom Archäologischen Landesmuseum Baden-Württemberg (Stuttgart 1997) 349–358.

Martin 1997b | M. Martin, Zwischen den Fronten. Alamannen im römischen Heer. In: Die Alamannen. Begleitband zur Ausstellung Stuttgart/Zürich/Augsburg, hrsg. vom Archäologischen Landesmuseum Baden-Württemberg (Stuttgart 1997) 119–124.

Martin 2004 | M. Martin, Kontinentalgermanische Runeninschriften und „alamannische Runenprovinz" aus archäologischer Sicht. In: H.-P. Naumann (Hrsg.), Alemannien und der Norden. Ergänzungsbände zum Reallexikon der Germanischen Altertumskunde Bd. 43 (Berlin/New York 2004) 165–212.

Maurer 2000 | H. Maurer, Das Bistum Konstanz und die Christianisierung der Alemannen. In: W. Berschin/D. Geuenich/ H. Steuer (Hrsg.), Mission und Christianisierung am Hoch- und Oberrhein (6.–8. Jahrhundert). Archäologie und Geschichte. Freiburger Forschungen zum ersten Jahrtausend in Südwestdeutschland Bd. 10 (Ostfildern 2000) 139–163.

Menghin 1983 | W. Menghin, Das Schwert im frühen Mittelalter. Chronologisch-typologische Untersuchungen zu Langschwertern aus germanischen Gräbern des 5. bis 7. Jahrhunderts n.Chr. Wissenschaftliche Beibände zum Anzeiger des Germanischen Nationalmuseums Bd. 1 (Stuttgart 1983).

Menninger u.a. 2004 | M. Menninger/M. Scholz/I. Stork/ J. Wahl, Im Tode vereint. Eine außergewöhnliche Doppelbestattung und die frühmittelalterliche Topografie von Giengen a. d. Brenz-Hürben, Kreis Heidenheim. Archäologische Ausgrabungen in Baden-Württemberg 2003 (2004) 158–161.

Moosburger-Leu 1972 | R. Moosbrugger-Leu, Die Schweiz zur Merowingerzeit. Die archäologische Hinterlassenschaft der Romanen, Burgunder und Alamannen. Handbuch der Schweiz zur Römer- und Merowingerzeit Bd. A und B, hrsg. von A. Alföldi (Bern 1972).

Müller/Knaut 1987 | W. Müller/M. Knaut, Heiden und Christen. Archäologische Funde zum frühen Christentum in Südwestdeutschland. Kleine Schriften zur Vor- und Frühgeschichte Südwestdeutschlands Bd. 2 (Stuttgart 1987).

Nawroth 2001 | M. Nawroth, Das Gräberfeld von Pfahlheim und das Reitzubehör der Merowingerzeit. Wissenschaftliche Beibände zum Anzeiger des Germanischen Nationalmuseums 19 (Nürnberg 2001).

Neuffer 1970 | E. M. Neuffer, Die Ausgrabungen in den alamannischen Reihengräberfriedhöfen von Bopfingen und Kirchheim/Ries, Kreis Aalen. Ellwanger Jahrbuch 23, 1969/70 (1970) 31–60.

Neuffer-Müller 1966 | Ch. Neuffer-Müller, Ein Reihengräberfriedhof in Sontheim an der Brenz (Kreis Heidenheim). Veröffentlichungen des Staatlichen Amtes für Denkmalpflege Stuttgart A 11 (Stuttgart 1966).

Neuffer-Müller 1983 | Ch. Neuffer-Müller, Der alamannische Adelsbestattungsplatz und die Reihengräberfriedhöfe von Kirchheim am Ries (Ostalbkreis). Forschungen und Berichte zur Vor- und Frühgeschichte in Baden-Württemberg 15 (Stuttgart 1983).

Oeftiger/Wagner 1985 | C. Oeftiger/E. Wagner, Der Rosenstein bei Heubach. Führer zu archäologischen Denkmälern in Baden-Württemberg 10 (Stuttgart 1985).

Paulsen 1967 | P. Paulsen, Alamannische Adelsgräber von Niederstotzingen (Kreis Heidenheim). Veröffentlichungen des Staatlichen Amtes für Denkmalpflege Stuttgart A 12 (Stuttgart 1967).

Paulsen/Schach-Dörges 1978 | P. Paulsen/H. Schach-Dörges, Das alamannische Gräberfeld von Giengen an der Brenz (Kreis Heidenheim). Forschungen und Berichte zur Vor- und Frühgeschichte in Baden-Württemberg 10 (Stuttgart 1978).

Peek/Ebinger-Rist/Stelzner 2009 | C. Peek/N. Ebinger-Rist/ J. Stelzner, Zur Bearbeitung frühmittelalterlicher Grabfunde des Friedhofs von Lauchheim (Ostalbkr.). Möglichkeiten und Grenzen digitaler Untersuchungsmethoden. Archäologisches Korrespondenzblatt 39, 2009, 559–578.

Quast 1997 | D. Quast, Vom Einzelgrab zum Friedhof. Beginn der Reihengräbersitte im 5. Jahrhundert. In: Die Alamannen. Begleitband zur Ausstellung Stuttgart/Zürich/Augsburg, hrsg. vom Archäologischen Landesmuseum Baden-Württemberg (Stuttgart 1997) 171–190.

Quast 1999 | D. Quast, Auf der Suche nach fremden Männern. Die Herleitung schmaler Langsaxe vor dem Hintergrund der alamannisch-donauländischen Kontakte der zweiten Hälfte des 5. Jahrhunderts. In: Th. Fischer/G. Precht/J. Tejral (Hrsg.), Germanen beiderseits des spätantiken Limes. Spisy Archeologického Ústavu AV ČR Brno 14 (Köln/Brünn 1999) 115–128.

Quast 2002a | D. Quast, Höhensiedlungen – donauländische Einflüsse – Goldgriffspathen. In: J. Tejral (Hrsg.), Probleme der frühen Merowingerzeit im Mitteldonauraum. Spisy Archeologického Ústavu AV ČR Brno 19 (Brünn 2002) 273–295.

Quast 2002b | D. Quast, Kriegerdarstellungen der Merowingerzeit aus der Alamannia. Archäologisches Korrespondenzblatt 32, 2002, 267–280.

Quast 2002c | D. Quast, Niederstotzingen. Archäologisches. Reallexikon der Germanischen Altertumskunde Bd. 21, 2. Aufl. (Berlin/New York 2002) 192–194.

Quast 2006 | D. Quast, Die frühalamannische und merowingerzeitliche Besiedlung im Umland des Runden Berges bei Urach. Forschungen und Berichte zur Vor- und Frühgeschichte in Baden-Württemberg 84 (Stuttgart 2006).

Reinhard 1999 | E. Reinhard, Mittelalterliche und neuzeitliche Besiedlung. In: Der Landkreis Heidenheim Bd. I, hrsg. von der Landesarchivdirektion Baden-Württemberg (Ostfildern 1999) 145–163.

Reuter 2007 | M. Reuter, Das Ende des raetischen Limes im Jahre 254 n.Chr. Bayerische Vorgeschichtsblätter 72, 2007, 77–149.

Riemer 1997 | E. Riemer, Im Zeichen des Kreuzes. Goldblattkreuze und andere Funde mit christlichem Symbolgehalt. In: Die Alamannen. Begleitband zur Ausstellung Stuttgart/Zürich/Augsburg, hrsg. vom Archäologischen Landesmuseum Baden-Württemberg (Stuttgart 1997) 447–454.

Riemer 1999 | E. Riemer, Zu Vorkommen und Herkunft italischer Folienkreuze. Germania 77, 1999, 609–636.

Roth 1978 | H. Roth, Archäologische Beobachtungen zum Grabfrevel im Merowingerreich. In: H. Jahnkuhn/H. Nehlsen/H. Roth (Hrsg.), Zum Grabfrevel in vor- und frühgeschichtlicher Zeit. Untersuchungen zum Grabraub und „haugbrot" in Mittel- und Nordeuropa. Abhandlungen der Akademie der Wissenschaften Göttingen. Philologisch-Historische Klasse. 3. Folge, Bd. 113 (Göttingen 1978) 53–84.

Rummel von 2007 | Ph. von Rummel, *Habitus barbarus*. Kleidung und Repräsentation spätantiker Eliten im 4. und 5. Jahrhundert n. Chr. (Berlin/New York 2007).

Schach-Dörges 1997 | H. Schach-Dörges, „Zusammengespülte und vermengte Menschen". Suebische Kriegerbünde werden sesshaft. In: Die Alamannen. Begleitband zur Ausstellung Stuttgart/Zürich/Augsburg, hrsg. vom Archäologischen Landesmuseum Baden-Württemberg (Stuttgart 1997) 79–102.

Schach-Dörges 1998 | H. Schach-Dörges, Zu süddeutschen Grabfunden frühalamannischer Zeit. Versuch einer Bestandsaufnahme. Fundberichte aus Baden-Württemberg 22, 1998, 627–654.

Schach-Dörges 1999 | H. Schach-Dörges, Zur frühalamannischen Siedlung nordwestlich der Altstadt von Kirchheim unter Teck, Kr. Esslingen. Fundberichte aus Baden-Württemberg 23, 1999, 261–305.

Schach-Dörges 2007 | H. Schach-Dörges, Zum frühmerowingerzeitlichen Begräbnisplatz bei Stetten auf den Fildern, Lkr. Esslingen. Fundberichte aus Baden-Württemberg 29, 2007, 603–642.

Schmidt 1970 | L. Schmidt, Geschichte der deutschen Stämme bis zum Ausgang der Völkerwanderung Bd. 2: Die Westgermanen, Nachdruck (München 1970).

Schneider 2008 | T. Schneider, Mehrfachbestattungen von Männern in der Merowingerzeit. Zeitschrift für Archäologie des Mittelalters 36, 2008, 1–32.

Schneider (im Druck) | T. Schneider, Die Frauengräber von Niederstotzingen. In: Amazonen – Geheimnisvolle Kriegerinnen. Begleitband zur Ausstellung Speyer, hrsg. vom Historischen Museum der Pfalz Speyer (im Druck).

Scholkmann 1997 | B. Scholkmann, Kultbau und Glaube. Die frühen Kirchen. In: Die Alamannen. Begleitband zur Ausstellung Stuttgart/Zürich/Augsburg, hrsg. vom Archäologischen Landesmuseum Baden-Württemberg (Stuttgart 1997) 455–464.

Scholkmann 2003a | B. Scholkmann, Frühmittelalterliche Kirchen im alemannischen Raum. Verbreitung, Bauformen und Funktion. In: S. Lorenz/B. Scholkmann, Die Alamannen und das Christentum. Zeugnisse eines kulturellen Umbruchs. Schriften zur südwestdeutschen Landeskunde Bd. 48, Quart. 2. Veröffentlichungen des Alemannischen Instituts Nr. 71 (Leinfelden-Echterdingen 2003) 125–152.

Scholkmann 2003b | B. Scholkmann, Die Kirche als Bestattungsplatz. Zur Interpretation von Bestattungen im Kirchenraum. In: J. Jarnut/M. Wemhoff (Hrsg.), Erinnerungskultur im Bestattungsritual. MittelalterStudien Bd. 3 (München 2003) 189–218.

Scholkmann 2008 | B. Scholkmann, Aus Holz und Stein. Der frühmittelalterliche Kirchenbau in Alamannien. In: D. Ade/B. Rüth/A. Zekorn (Hrsg.), Alamannen zwischen Schwarzwald, Neckar und Donau. Begleitband zur Ausstellung Sulz a. Neckar–Glatt/Neuhausen ob Eck/Hechingen/Ehingen/Freudenstadt/Reutlingen (Stuttgart 2008) 144–150.

Scholz 2009 | M. Scholz, Die spätantike Besiedlung der östlichen Schwäbischen Alb. In: J. Biel/J. Heiligmann/D. Krausse (Hrsg,), Landesarchäologie. Festschrift für Dieter Planck zum 65. Geburtstag. Forschungen und Berichte zur Vor- und Frühgeschichte in Baden-Württemberg 100 (Stuttgart 2009) 469–501.

Schreg 2006 | R. Schreg, Dorfgenese in Südwestdeutschland. Das Renninger Becken im Mittelalter. Materialhefte zur Archäologie in Baden-Württemberg 76 (Stuttgart 2006).

Schreg 2008a | R. Schreg, Die Erschließung der Siedlungslandschaft. In: D. Ade/B. Rüth/A. Zekorn (Hrsg.), Alamannen zwischen Schwarzwald, Neckar und Donau. Begleitband zur Ausstellung Sulz a. Neckar – Glatt/Neuhausen ob Eck/Hechingen/Ehingen/Freudenstadt/Reutlingen (Stuttgart 2008) 56–61.

Schreg 2008b | R. Schreg, Wohin die Toten gingen ... Begräbnisformen des frühen Mittelalters. In: D. Ade (Hrsg.), Alamannen zwischen Neckar und Donau. Begleitband zur Ausstellung Sulz a. Neckar – Glatt/Neuhausen ob Eck/Hechingen/Ehingen/Freudenstadt/Reutlingen (Stuttgart 2008) 127–131.

Schreg 2009 | R. Schreg, Siedlungen in der Peripherie des Dorfes. Ein archäologischer Forschungsbericht zur Frage der Dorfgenese in Südbayern. Berichte der Bayerischen Bodendenkmalpflege 50, 2009, 293–317.

Siegmund 2000 | F. Siegmund, Alemannen und Franken. Ergänzungsbände zum Reallexikon der Germanischen Altertumskunde Bd. 12 (Berlin/New York 2000).

Siegmund 2004 | F. Siegmund, Die Alemannia aus archäologischer Sicht und ihre Kontakte zum Norden. In: H.-P. Naumann (Hrsg.), Alemannien und der Norden. Ergänzungsbände zum Reallexikon der Germanischen Altertumskunde Bd. 43 (Berlin/New York 2004) 142–164.

Spors-Gröger 1997 | S. Spors-Gröger, Der Runde Berg bei Urach XI. Die handgemachte frühalamannische Keramik aus den Plangrabungen 1967–1984. Heidelberger Akademie der Wissenschaften. Kommission für Alamannische Altertumskunde Bd. 17 (Sigmaringen 1997).

Spors-Gröger 2009 | S. Spors-Gröger, Frühalamannisches Gehöft und hallstattzeitlicher Rechteckhof. Zu den Grabungsergebnissen von Sontheim/Stubental, Gde. Steinheim a. A. Fundberichte aus Baden-Württemberg 30, 2009, 187–246.

Spors-Gröger (in Vorb.) | S. Spors-Gröger, Die vor- und frühgeschichtliche Siedlung von Heidenheim-Großkuchen (in Vorb.).

Sprandel 1957 | R. Sprandel, Der merowingische Adel und die Gebiete östlich des Rheins. Forschungen zur oberrheinischen Landesgeschichte Bd. 5 (Freiburg i. Br. 1957).

Steidl 2000 | B. Steidl, Die Wetterau vom 3. bis 5. Jahrhundert n. Chr. Materialien zur Vor- und Frühgeschichte von Hessen 22 (Wiesbaden 2000).

Steidl 2006 | B. Steidl, „Römer" rechts des Rheins nach „260"? Archäologische Beobachtungen zur Frage des Verbleibs von Provinzialbevölkerung im einstigen Limesgebiet. In: S. Biegert/A. Hagedorn/A. Schaub (Hrsg.), Kontinuitätsfragen. Mittlere Kaiserzeit – Spätantike – Frühmittelalter. British Archaeological Reports, International Series 1468 (Oxford 2006) 77–87.

Steuer 1988 | H. Steuer, Standortverschiebungen früher Siedlungen – von der vorrömischen Eisenzeit bis zum frühen Mittelalter. In: G. Althoff/D. Geuenich/O. G. Oexle/J. Wollasch (Hrsg.), Person und Gemeinschaft im Mittelalter. Festschrift für Karl Schmid zum 65. Geburtstag (Sigmaringen 1988) 25–59.

Steuer 1990 | H. Steuer, Höhensiedlungen des 4. und 5. Jahrhunderts in Südwestdeutschland. Einordnung des Zähringer Burgberges, Gemeinde Gundelfingen, Kreis Breisgau-Hochschwarzwald. In: H. U. Nuber/K. Schmid/H. Steuer/Th. Zotz (Hrsg.), Archäologie und Geschichte des ersten Jahrtausends in Südwestdeutschland. Archäologie und Geschichte 1 (Sigmaringen 1990) 139–205.

Steuer 1997a | H. Steuer, Krieger und Bauern – Bauernkrieger. Die gesellschaftliche Ordnung der Alamannen. In: Die Alamannen. Begleitband zur Ausstellung Stuttgart/Zürich/Augsburg, hrsg. vom Archäologischen Landesmuseum Baden-Württemberg (Stuttgart 1997) 275–287.

Steuer 1997b | H. Steuer, Handel und Fernbeziehungen. Tausch, Raub und Geschenk. In: Die Alamannen. Begleitband zur Ausstellung Stuttgart/Zürich/Augsburg, hrsg. vom Archäologischen Landesmuseum Baden-Württemberg (Stuttgart 1997) 389–402.

Steuer 1998 | H. Steuer, Theorien zur Herkunft und Entstehung der Alemannen. Archäologische Forschungsansätze. In: D. Geuenich (Hrsg.), Die Franken und die Alemannen bis zur „Schlacht bei Zülpich" (496/97). Ergänzungsbände zum Reallexikon der Germanischen Altertumskunde Bd. 19 (Berlin/New York 1998) 270–324.

Steuer 2003a | H. Steuer, Ringschwerter. Reallexikon der Germanischen Altertumskunde Bd. 25, 2. Aufl. (Berlin/New York 2003) 22–24.

Steuer 2003b | H. Steuer, Pferdegräber. Reallexikon der Germanischen Altertumskunde Bd. 23 (Berlin/New York 2003) 80–96, darin § 4. Pferdegräber der Merowingerzeit und Karolingerzeit, 74–89.

Steuer 2003c | H. Steuer, Kriegerbanden und Heerkönige – Krieg als Auslöser der Entwicklung zum Stamm und Staat im ersten Jahrtausend n. Chr. in Mitteleuropa. Überlegungen zu einem theoretischen Modell. In: W. Heizmann/A. van Nahl (Hrsg.), Runica – Germanica – Mediaevalia. Ergänzungsbände zum Reallexikon der Germanischen Altertumskunde Bd. 37 (Berlin/New York 2003) 824–853.

Steuer 2004 | H. Steuer, Adelsgräber, Hofgrablegen und Grabraub um 700 im östlichen Merowingerreich – Widerspieglung eines gesellschaftlichen Umbruchs. In: H. U. Nuber/H. Steuer/Th. Zotz (Hrsg.), Der Südwesten im 8. Jahrhundert aus historischer und archäologischer Sicht. Archäologie und Geschichte. Freiburger Forschungen zum ersten Jahrtausend in Südwestdeutschland Bd. 13 (Ostfildern 2004) 193–217.

Steuer 2008 | H. Steuer, Archäologische Belege für das Fehdewesen in der Merowingerzeit. In: U. Ludwig/Th. Schilp (Hrsg.), Nomen et Fraternitas. Festschrift für Dieter Geuenich zum 65. Geburtstag. Ergänzungsbände zum Reallexikon der Germanischen Altertumskunde Bd. 62 (Berlin/New York 2008) 343–362.

Steuer 2009 | H. Steuer, Archäologie und Geschichte. Die Suche nach gemeinsam geltenden Benennungen für gesellschaftliche Strukturen im Frühmittelalter. In: A. Bihrer/M. Kälble/H. Krieg (Hrsg.), Adel und Königtum im mittelalterlichen Schwaben. Festschrift für Thomas Zotz zum 65. Geburtstag (Stuttgart 2009) 3–27.

Stork 1988 | I. Stork, Die Merowingerzeit in Württemberg. In: D. Planck (Hrsg.), Archäologie in Württemberg. Ergebnisse und Perspektiven archäologischer Forschung von der Altsteinzeit bis zur Neuzeit (Stuttgart 1988) 333–353.

Stork 1993 | I. Stork, Zum Fortgang der Untersuchungen im frühmittelalterlichen Gräberfeld, Adelshof und Hofgrablege bei Lauchheim, Ostalbkreis. Archäologische Ausgrabungen in Baden-Württemberg 1992 (1993) 231–239.

Stork 1995 | I. Stork, Fürst und Bauer – Heide und Christ. 10 Jahre archäologische Forschungen in Lauchheim/Ostalbkreis. Archäologische Informationen aus Baden-Württemberg 29 (Stuttgart 1995), Neuauflage als Schriften des Alamannenmuseums Ellwangen 1 (Ellwangen 2001).

Stork 1997a | I. Stork, Friedhof und Dorf, Herrenhof und Adelsgrab. Der einmalige Befund Lauchheim. In: Die Alamannen. Begleitband zur Ausstellung Stuttgart/Zürich/Augsburg, hrsg. vom Archäologischen Landesmuseum Baden-Württemberg (Stuttgart 1997) 290–310.

Stork 1997b | I. Stork, Als Persönlichkeit ins Jenseits. Bestattungssitte und Grabraub als Konstrast. In: Die Alamannen. Begleitband zur Ausstellung Stuttgart/Zürich/Augsburg, hrsg. vom Archäologischen Landesmuseum Baden-Württemberg (Stuttgart 1997) 418–432.

Stork 2001a | I. Stork, Fürst und Bauer – Heide und Christ. 10 Jahre archäologische Forschungen in Lauchheim/Ostalbkreis. Schriften des Alamannenmuseums Ellwangen 1 (Ellwangen 2001).

Stork 2001b | I. Stork, Lauchheim. Reallexikon der Germanischen Altertumskunde Bd. 18, 2. Aufl. (Berlin/New York 2001) 131–136.

Stork 2002 | I. Stork, Lauchheim im frühen Mittelalter. Ein einzigartiges Ensemble. In: W. Menghin/D. Planck (Hrsg.), Menschen – Zeiten – Räume. Archäologie in Deutschland. Begleitband zur Ausstellung Berlin/Bonn (Stuttgart 2002) 321–330.

Stork 2004 | I. Stork, Wer bestattet beim Hof? – Soziale Aspekte von Siedlungsbestattungen in Lauchheim „Mittelhofen". In: H. U. Nuber/H. Steuer/Th. Zotz (Hrsg.), Der Südwesten im 8. Jahrhundert aus historischer und archäologischer Sicht. Archäologie und Geschichte. Freiburger Forschungen zum ersten Jahrtausend in Südwestdeutschland Bd. 13 (Ostfildern 2004) 219–232.

Stork 2006 | I. Stork, Goldener Abschied – zum Ende der Grabungen in der Dorfwüstung Mittelhofen, Stadt Lauchheim, Ostalbkreis. Archäologische Ausgrabungen in Baden-Württemberg 2005 (2006) 174–177.

Teichner 1999 | F. Teichner, Kahl a. Main. Siedlung und Gräberfeld der Völkerwanderungszeit. Materialhefte zur bayerischen Vorgeschichte A 80 (Kallmünz/Opf. 1999).

Tejral 1998 | J. Tejral, Die Besonderheiten der germanischen Siedlungsentwicklung während der Kaiserzeit und der frühen Völkerwanderungszeit in Mähren und ihr Niederschlag im archäologischen Befund. In: A. Leube (Hrsg.), Haus und Hof im östlichen Germanien. Universitätsforschungen zur prähistorischen Archäologie 50 (Bonn 1998) 181–207.

Theune 2004 | C. Theune, Germanen und Romanen in der Alamannia. Strukturveränderungen aufgrund der archäologischen Quellen vom 3. bis 7. Jahrhundert. Ergänzungsbände zum Reallexikon der Germanischen Altertumskunde Bd. 45 (Berlin/New York 2004).

Theune-Großkopf 1997 | B. Theune-Großkopf, Der lange Weg zum Kirchhof. Wandel der germanischen Bestattungstradition. In: Die Alamannen. Begleitband zur Ausstellung Stuttgart/Zürich/Augsburg, hrsg. vom Archäologischen Landesmuseum Baden-Württemberg (Stuttgart 1997) 471–480.

Theune-Großkopf 2005 | B. Theune-Großkopf, Krieger oder Apostel – Bilderwelt im frühen Mittelalter. In: Bernd Päffgen, Ernst Pohl, Michael Schmauder, (Hrsg.), Cum grano salis. Beiträge zur europäischen Vor- und Frühgeschichte. Festschrift für Volker Bierbrauer zum 65. Geburtstag (Friedberg 2005) 303–315.

Theune-Großkopf 2006 | B. Theune-Großkopf, Die vollständig erhaltene Leier des 6. Jahrhunderts aus Grab 58 von Trossingen, Ldkr. Tuttlingen, Baden-Württemberg. Germania 84, 2006, 93–142.

Theune-Großkopf/Nedoma 2008 | B. Theune-Großkopf/ R. Nedoma, Stuhlbeigabe in völkerwanderungs- und merowingerzeitlichen Gräbern im Spiegel eines neuen Befundes mit Runeninschrift aus Trossingen, Lkr. Tuttlingen. Archäologisches Korrespondenzblatt 38, 2008/3, 423–436.

Veeck 1931 | W. Veeck, Die Alamannen in Württemberg. Germanische Denkmäler der Völkerwanderungszeit 1 (Leipzig/Berlin 1931).

Wahl/Stork 2009 | J. Wahl/I. Stork, Außergewöhnliche Gräber beim Herrenhof. Merowingerzeitliche Siedlungsbestattungen aus Lauchheim „Mittelhofen". In: J. Biel/J. Heiligmann/D. Krausse (Hrsg.), Landesarchäologie. Festschrift für Dieter Planck zum 65. Geburtstag. Forschungen und Berichte zur Vor- und Frühgeschichte in Baden-Württemberg 100 (Stuttgart 2009) 531–556.

Weiss 1971 | R. Weiss, Chlodwigs Taufe: Reims 508. Versuch einer neuen Chronologie für die Regierungszeit des ersten christlichen Frankenkönigs unter Berücksichtigung der politischen und kirchlich-dogmatischen Probleme seiner Zeit. Geist und Werk der Zeiten Bd. 29 (Bern/Frankfurt a. M. 1971).

Wieland 1999 | G. Wieland, Ur- und Frühgeschichte. In: Der Landkreis Heidenheim Bd. I, hrsg. von der Landesarchivdirektion Baden-Württemberg (Ostfildern 1999) 125–144.

Willmy 2008 | A. Willmy, Lebensformen. Leben auf dem Lande – die Siedlungen. In: D. Ade/B. Rüth/A. Zekorn (Hrsg.), Alamannen zwischen Schwarzwald, Neckar und Donau. Begleitband zur Ausstellung Sulz a. Neckar–Glatt/Neuhausen ob Eck/Hechingen/Ehingen/Freudenstadt/Reutlingen (Stuttgart 2008) 78–81.

Zekorn 2008 | A. Zekorn, Gräber und Ortsnamen. Zeugnisse der Alamannenzeit zur Siedlungsgeschichte im Raum des Zollernalbkreises. In: D. Ade/B. Rüth/A. Zekorn (Hrsg.), Alamannen zwischen Schwarzwald, Neckar und Donau. Begleitband zur Ausstellung Sulz a. Neckar–Glatt/Neuhausen ob Eck/Hechingen/Ehingen/Freudenstadt/Reutlingen (Stuttgart 2008) 62–67.

Zeller 2000 | M. Zeller, Molekularbiologische Geschlechts- und Verwandtschafts-Bestimmung in historischen Skelettresten. Diss. Tübingen 2000 (ungedr.).

Bildnachweis

1 Heimatmuseum Oettingen. Foto: P. Frankenstein, H. Zwietasch; Landesmuseum Württemberg, Stuttgart; **2, 3** Vorlage H.W. Böhme; **4** H. Dannheimer, Die germanischen Funde der späten Kaiserzeit und des frühen Mittelalters in Mittelfranken. Germ. Denkmäler Völkerwanderungszeit A 7 (Berlin 1962) Taf. 19.; **5** H.W. Böhme, in: Menschen – Zeiten – Räume. Ausstellungs-Handbuch Berlin (Stuttgart 2002) 298 Abb. 9; **6** A. Heege, Grabfunde der Merowingerzeit aus Heidenheim-Großkuchen. Materialhefte Vor- u. Frühgesch. Baden-Württemberg 9 (Stuttgart 1987) 14 Abb. 4.; **7, 10, 14, 55, 60, 61, 86, 87, 113, 114, 115, 116, 117, 120, 121, 127, 136, 137, 160** P. Frankenstein, H. Zwietasch; Landesmuseum Württemberg, Stuttgart; **8** F.-R. Herrmann, in: Neue Ausgrabungen in Bayern. Probleme der Zeit. Zeitschrift für Wissenschaft, Wirtschaft und Kultur 1970 (München 1970) Abb. 36 und Abb. 38; **9** Grundlage Karte Knaut 1993, S. 220 Abb. 134. Thematisch ergänzt vom Autor (Fundorte Nr. 123-131); **11, 13, 15, 16, 17, 19, 20, 46, 50, 51, 54, 58, 82, 83, 84, 85, 87, 88, 91, 93, 102, 103, 104, 105, 108, 111, 125, 128, 129, 130, 131, 132, 133, 135, 149, 150, 151a,b,c, 158, 161,** Landesamt für Denkmalpflege im Regierungspräsidium Stuttgart; **12** Hariolf Fink; **18, 21, 118, 119, 159** Landesamt für Denkmalpflege im Regierungspräsidium Stuttgart, Yvonne Mühleis; **22** Grundlage Karte Knaut 1990, S. 9 Abb. 1. Thematisch ergänzt vom Autor (Siedlung Heidenheim-Fürsamen); **23** Die Alamannen. Begleitband zur Ausstellung Stuttgart/Zürich/Augsburg (Stuttgart 1997) 96 Abb. 82; **24** aus: Spors-Gröger, Fundberichte aus Baden-Württemberg 30, 2009, 209 Abb. 5 u. 6; **25** aus: Archäologische Ausgrabungen Baden-Württemberg 2006, 77 Abb. 58; **26** aus: Böhm u. a., Beiträge zur Eisenverhüttung auf der Schwäbischen Alb (Stuttgart 1995) 18 Abb. 2; **27** aus: Böhm u. a., Beiträge zur Eisenverhüttung auf der Schwäbischen Alb (Stuttgart 1995) 324 Abb. 3.; **28** aus: Spors-Gröger, Der Runde Berg bei Urach XI (Sigmaringen 1997) 61 Abb. 5; dies., Fundberichte aus Baden-Württemberg 30, 2009, 235 Abb.11,10 u. 246 Abb. 22,2; **29** aus: Die Alamannen. Begleitband zur Ausstellung Stuttgart/Zürich/Augsburg (Stuttgart 1997) 333 Abb. 361; **30, 31** aus: Die Alamannen. Begleitband zur Ausstellung Stuttgart/Zürich/Augsburg (Stuttgart 1997) 323 Abb. 348 u. 349, **32** Beitrag M. Scholz in: Festschrift Planck 2009, 476 Abb. 6; **33** aus: Schreg, Materialhefte zur Archäologie in Baden-Württemberg 76 (Stuttgart 2006) 173 Abb. 64; **34** aus: Spors-Gröger, Fundberichte aus Baden-Württemberg 30, 2009, 190 f. Abb. 3; **35** aus: Scholz, Forschungen und Berichte zur Vor- und Frühgeschichte in Baden-Württemberg 100 (Stuttgart 2009) 2009, 475 Abb. 5; **36** aus: Steidl, in: A. Haffner/S. von Schnurbein (Hrsg.), Kelten, Germanen, Römer m Mittelgebirgsraum zwischen Luxemburg und Thüringen (Bonn 2000) 103 Abb. 7; **37** aus: Scholz, Forschungen und Berichte zur Vor- und Frühgeschichte in Baden-Württemberg 100 (Stuttgart 2009) 474 Abb. 3; **38** aus: Die Alamannen. Begleitband zur Ausstellung Stuttgart/Zürich/Augsburg (Stuttgart 1997) 83 Abb. 65; **39** aus: Die Alamannen. Begleitband zur Ausstellung Stuttgart/Zürich/Augsburg (Stuttgart 1997) 133 Abb. 134; **40** aus: Schreg, Materialhefte zur Archäologie in Baden-Württemberg 76 (Stuttgart 2006) 165 Abb. 61; **41** aus: Spors-Gröger, Fundberichte aus Baden-Württemberg 30, 2009, 240 Abb. 16 oben; **42** aus: Spors-Gröger, Fundberichte aus Baden-Württemberg 30, 2009, 189 Abb. 1., Kartengrundlage: Topographische Karte 1:25 000, Ausschnitt aus Bl. 7326, Landesvermessungsamt Baden-Württemberg, Az.: 2851.3-A/218; **43** aus: Spors-Gröger, Fundberichte aus Baden-Württemberg 30, 2009, 189 Abb. 2; **44** aus: Die Alamannen. Begleitband zur Ausstellung Stuttgart/Zürich/Augsburg (Stuttgart 1997) 127 Abb. 125; **45** aus: Spors-Gröger, Fundberichte aus Baden-Württemberg 30, 2009, 233 Abb. 9,3 u. 243 Abb. 19,1; **47** aus: Böhm u.a., Beiträge zur Eisenverhüttung auf der Schwäbischen Alb (Stuttgart 1995) 172 Abb. 19. Kartengrundlage: Topographische Karte 1:25 000, Ausschnitt aus Bl. 7227. Hrsg. Landesvermessungsamt Baden-Württemberg, Stuttgart. Vervielfältigung genehmigt unter Az.: 5.11/878; **48** aus: Planck, in: Archäologie und Geschichte des ersten Jahrtausends in Südwestdeutschland. Freiburger Forschungen zum ersten Jahrtausends in Südwestdeutschland Bd. 1 (Sigmaringen 1990) 91 Abb. 19; **49** aus: Heege, Materialhefte zur Vor- und Frühgeschichte in Baden-Württemberg 9 (Stuttgart 1987) 69 Abb. 29; **52** aus: Bernhard, Der Runde Berg bei Urach. Führer zu archäologischen Denkmäler in Baden-Württemberg 14 (Stuttgart 1991) 162 Abb. 81; **53** aus: Quast, Forschungen und Berichte zur Vor- und Frühgeschichte in Baden-Württemberg 84 (Stuttgart 2006) Taf. 110 B; **56** Brather 2009 S. Brather, Rang und Lebensalter. Soziale Strukturen in der frühmittelalterlichen „Alemannia" im Spiegel der Bestattungen. In: A. Bihrer/M. Kälble/H. Krieg (Hrsg.), Adel und Königtum im mittelalterlichen Schwaben. Festschrift für Thomas Zotz zum 65. Geburtstag (Stuttgart 2009) 29–44. Abb.1; **57, 59** Vorlage des Autors; **62, 155** Archäologisches Landesmuseum Baden-Württemberg; **63** Caisse nationale des monuments historiques et des sites / SPADEM; **64a** Stiftsbibliothek St. Gallen; **64b** Zentralbibliothek Zürich; **65** 1. Nach Alamannenkatalog: Cod. Sang. 731, p. 324, nach Schott S. 31; **66** Cod. 731, p. 295, Stiftsbibliothek St. Gallen; **67** Nach Hoeper, Schober; **68** Faksimile I, Bibl. Fol. 23; **69** Zentralbibliothek Zürich; **70** Keller, Reichenau; **71** Stiftsbibliothek St. Gallen; **72** Stiftsarchiv St. Gallen; **73** H. Vogl; **74, 80** Landesamt für Denkmalpflege im Regierungspräsidium Stuttgart, Otto Braasch; **75, 79, 81** Klaus Mikiffer; **89** nach Neuffer-Müller (1983) Taf. 52; **90** nach Paulsen; **92a** und **b** nach Knaut (1993) Abb. 175 und 179; Entwurf: Johann Banck-Burgess. Gemälde: Cora Dunja Schmidt; **94** Archäologisches Landesmuseum Baden-Württemberg, Zentrales Fundarchiv Rastatt. Foto: Matthias Hoffmann; **95** Archäologisches Landesmuseum Baden-Württemberg. Zeichnung. Schober und Reinhardt; **96, 101** Archäologisches Landesmuseum Baden-Württemberg. Foto: Manuela Schreiner; **97** Stuttgarter Psalter (Faksimile); **98** Archäologisches Landesmuseum Baden-Württemberg. Foto: Manuela Schreiner. Foto Rekonstruktion des Bettes Fürst und Bauer S. 61, Abb. 71; **99** Zeichnung LAD Esslingen; **100** Archäologisches Landesmuseum Baden-Württemberg. Foto: Yvonne Mühleis LAD; **106, 107, 109, 110, 123** Landesmuseum Württemberg, Stuttgart; **112, 122** nach Paulsen; **124** nach Neuffer-Müller; **126a, b** nach Max Martin, S. Sutt; **134** Faksimile I, Bibl. Fol. 23; **138a, b** nach Max Martin, S. Sutt; **139** Alamannenmuseum Ellwangen, Konrad Rainer; **140** nach Steuer; **141** nach G. und W. Lindenschmit; **142** nach Ursula Koch; **143** nach H. Lehmann; **144** nach Heiko Steuer; **145** nach Frank Siegmund, verändert; **146** Stuttgarter Psalter nach Faksimile I, Bibl. Fol. 23; **147, 148** nach Sebastian Brather; **152** Entwurf Barbara Scholkmann, Zeichnung Achim Frey; **153a,b** nach Barbara Scholkmann; **154** nach Claus Ahrens, Umzeichnung Achim Frey; **156** nach Faksimile I, Bibl. Fol. 23; **157** Foto Mozer; **162** nach Rainer Schreg; **163** nach Beate Leinthaler; **164** nach Beate Leinthaler, Rekonstruktion Klaus Scholkmann; **165** Stadt Ellwangen; **166** Stiftsbibliothek St. Gallen